中国国家控股商业银行
公司治理研究

主　编　丁忠明　副主编　杜　斌

ZHONGGUO GUOJIA KONGGU SHANGYE YINHANG
GONGSI ZHILI YANJIU

合肥工業大學出版社

目　录

第 1 章　导论 …………………………………………………… (1)

1.1　研究的背景和意义 ………………………………………… (1)

1.2　研究对象及相关概念的界定 ……………………………… (5)

1.3　研究思路与结构安排 ……………………………………… (10)

第 2 章　文献综述 ……………………………………………… (12)

2.1　商业银行治理目标研究 …………………………………… (12)

2.2　商业银行治理机制研究 …………………………………… (14)

2.3　小结 ………………………………………………………… (21)

第 3 章　商业银行治理的一般理论 …………………………… (22)

3.1　公司治理理论的发展 ……………………………………… (22)

3.2　公司治理的基础理论 ……………………………………… (23)

3.3　我国商业银行治理理论 …………………………………… (29)

3.4　小结 ………………………………………………………… (32)

第 4 章　商业银行治理模式 …………………………………… (33)

4.1　英美商业银行治理模式 …………………………………… (33)

4.2　日德商业银行治理模式 …………………………………… (49)

4.3　转轨经济国家商业银行治理模式——以俄罗斯为例 …… (62)

4.4　家族控制商业银行治理模式 ……………………………… (69)

4.5　小结 ………………………………………………………… (75)

第 5 章　中国国家控股商业银行治理的特殊性 …………………………… (76)

5.1　商业银行的特殊性 ……………………………………………… (76)
5.2　商业银行治理的特殊性 ………………………………………… (78)
5.3　我国国有商业银行治理的特殊性 ……………………………… (84)
5.4　小结 ……………………………………………………………… (89)

第 6 章　中国国家控股商业银行治理的内部结构 ………………………… (90)

6.1　股东大会 ………………………………………………………… (90)
6.2　董事会 …………………………………………………………… (99)
6.3　经理层 …………………………………………………………… (105)
6.4　监事会 …………………………………………………………… (111)
6.5　其他利益相关者 ………………………………………………… (115)
6.6　小结 ……………………………………………………………… (120)

第 7 章　中国国家控股商业银行治理的外部机制 ………………………… (122)

7.1　证券市场 ………………………………………………………… (122)
7.2　机构投资者 ……………………………………………………… (129)
7.3　产品市场和经理人市场 ………………………………………… (134)
7.4　外部监督 ………………………………………………………… (138)
7.5　小结 ……………………………………………………………… (142)

第 8 章　商业银行治理与绩效的实证分析 ………………………………… (143)

8.1　文献回顾与研究现状 …………………………………………… (143)
8.2　国有商业银行治理与绩效的实证研究 ………………………… (151)
8.3　小结 ……………………………………………………………… (171)

第 9 章　金融危机与商业银行治理 ………………………………………… (172)

9.1　金融危机的形成与特点 ………………………………………… (172)
9.2　商业银行与金融危机 …………………………………………… (183)
9.3　后金融危机时代商业银行治理的新趋势 ……………………… (186)
9.4　小结 ……………………………………………………………… (194)

第 10 章　商业银行治理指引 …………………………………… (196)

10.1　OECD 公司治理原则 …………………………………… (196)
10.2　OECD 国有企业公司治理指引 …………………………… (201)
10.3　亚洲银行公司治理政策摘要 ……………………………… (204)
10.4　巴塞尔委员会《强化公司治理指导原则》 ………………… (214)
10.5　各公司治理指引的适用性评述 …………………………… (217)
10.6　小结 …………………………………………………… (221)

第 11 章　完善中国国家控股商业银行治理的对策建议 ……………… (223)

11.1　中国国家控股商业银行治理的内部完善 ………………… (223)
11.2　中国国家控股商业银行治理的外部优化 ………………… (231)
11.3　小结 …………………………………………………… (235)

参考文献 …………………………………………………… (236)

第1章 导 论

1.1 研究的背景和意义

1.1.1 研究背景

尽管国外关于公司治理的研究已有相当的广度和深度，但这些研究大多集中于分析非银行企业，有关商业银行公司治理的研究在早期并未引起人们的重视。在早期的研究中，人们习惯于将银行的公司治理等同于一般企业的公司治理，忽视了银行公司治理的特殊性。到了 1997 年，东南亚金融危机的爆发，使得人们开始关注商业银行自身的公司治理问题。2007 年开始的次贷危机以及之后的欧债危机，使人们更加认识到银行公司治理的特殊性及重要性。从已有的文献来看，自 20 世纪末亚洲金融危机之后，西方学者便逐渐开始结合商业银行的特殊性来对公司治理进行研究。Benny Simon（2001）以危机后的印度尼西亚为研究对象，分析了当地银行的公司治理状况，并对未来公司治理的改进提出了建议。Macey 和 O'Hara（2003）从银行特殊的高负债经营的资本结构出发对商业银行公司治理的特殊性进行了研究。Arun 和 Turner（2002，2004）从银行的信息不透明性着手评述了银行治理的特殊性。他们认为由于银行的信息有很多是不易披露的，故其信息不对称要比一般企业严重得多，这便使得银行的管理者具有充分的动机和可能去从事高风险投资活动，侵害股东和债权人的利益。Capiro 和 Levine（2002）认为信息不对称将使得银行的竞争要远远小于一般企业，而许多国家和地区的银行也正是处于自然垄断地位。政府监管作为银行特殊的治理机制给银行带来了与一般企业不同的治理问题。La Porta（1999）通过研究发现商业银行中政府参股是一种普遍现象，认为在一些产权保护机制弱、政府干预性强以及金融体系不发达的国家中，银行的政府持股比例较高。Andre 和 Vallelado（2008）基于对美国银行的研究发现，银行董事会的规模和结构都可能影响银行的绩效，而较大规模且不是过于独立的董事会最有利于提高银行的绩效。

在国内，对商业银行公司治理的研究时间也并不长，但随着商业银行改革的深入，商业银行的公司治理问题正逐渐成为学界和理论界研究的热点问题。早期的研究多集中在商业银行公司治理改革模式及路径的选择上（方松，2002、2003；宋泓均、朱楚珠，2003）。之后越来越多的学者开始认识到商业银行公司治理不同于一般企业的公司治理，在我国应该结合中国实际寻求改善中国商业银行公司治理的道路，众多学者纷纷从不同的角度分析了我国商业银行公司治理的特殊性（李维安、曹廷求，2003，2005；于东智，2004；夏秋，2005；曾康霖、高宇辉，2005；陈春，2008；李长征，2011；黄少安，2011）。与此同时，针对我国商业银行治理中存在的问题，许多学者也从不同角度提出了自己的观点。李小君（2005）以已上市的股份制商业银行为研究对象，通过比较研究，对其股权结构、内部治理等进行深入实证研究，提出了进一步完善我国股份制商业银行的政策建议①。周旭东（2011）对影响金融危机的公司治理方面的要素进行了简要总结，并认为商业银行公司治理目标要兼顾股东和利益相关者的利益②。敬文举、刘凯旋（2011）对国内外银行业公司治理的进展情况进行了梳理，并针对目前国内商业银行治理存在的问题提出了政策建议③。黄笠（2012）用公司治理法律策略分析在商业银行特殊的治理结构特征下解决主要权利冲突所适用的法律策略重点及选择倾向，并对适用的有效性进行分析和评价④。在商业银行公司治理效率评价方面，曹廷求、王裕瑾（2011）通过对 1997—2010 年国内外银行治理研究的 20 余篇文献进行系统研究、分析发现，尽管由于样本结构以及研究方法的差异，学者们得出了不同的研究结论，但普遍认为商业银行治理结构对治理绩效具有显著影响⑤。梁洪波、刘远亮（2012）对中国 16 家上市银行 2008—2011 年的数据进行分析，从股权集中度、董事会规模、董事独立性和监事会规模等方面反映银行的公司治理状况，并运用面板数据模型，实证分析商业银行公司治理与信用风险之间的关系⑥。

银行业的特殊性及其危机的频繁发生，也推动了一些国际组织对银行公司治理的广泛参与，从巴塞尔银行监督委员会（BCBS）到国际货币基金组织

① 李小君．我国股份制商业银行的公司治理研究［J］．商业研究，2005（2）．

② 周旭东．全球金融危机对我国商业银行公司治理的启示［J］．生产力研究，2011（2）．

③ 敬文举，刘凯旋．商业银行公司治理：进展及改革着力点［J］．财经理论与实践，2011（6）．

④ 黄笠．中国商业银行治理法律策略分析［J］．江苏社会科学，2012（2）．

⑤ 曹廷求，王裕瑾．商业银行治理结构与治理绩效关系相关研究进展［J］．现代管理科学，2011（4）．

⑥ 梁洪波，刘远亮．商业银行公司治理与信用风险：基于上市银行的实证研究［J］．金融与经济，2012（10）．

(IMF)、国际金融公司(IFC)、亚洲开发银行(ADB)以及国际公司治理论坛,都在逐步开展银行公司治理的研究。1999 年,巴塞尔委员会在此前发布的一系列专题性文件的基础上专门出台了《加强银行机构公司治理》的指导性文件(2005 年修订,2006 年重新颁发),将商业银行治理问题推到了从未有过的高度。亚洲公司治理圆桌会议的亚洲银行公司治理工作小组(2005)也为亚洲银行公司治理发布了政策摘要草案,2006 年又发布了《亚洲银行公司治理》。2010 年 10 月巴塞尔委员会再次对《健全银行的公司治理》进行了修订。这些都充分体现了国际组织对银行公司治理问题的高度重视。

与此同时,国内的监管部门也日益重视银行公司治理。中国人民银行在 2002 年颁布了《股份制商业银行公司治理指引》和《股份制商业银行独立董事、外部监事制度指引》。随后,中国银监会又先后发布了《中国银行、中国建设银行公司治理改革与监管指引》(2004)、《股份制商业银行董事会尽职指引(试行)》(2005)、《国有商业银行公司治理及相关监管指引》(2006)、《商业银行董事履职评价办法(试行)》(2010)、《商业银行公司治理指引(征求意见稿)》(2011)等,对商业银行公司治理进行了规范与约束。

1.1.2 研究意义

银行是现代经济的核心,是企业融资的重要来源,也是各类金融服务的提供者,从某种意义上说,银行也是一个国家和社会经济稳定的基础。伴随着亚洲金融危机的爆发,人们越来越认识到商业银行自身公司治理的重要性。正是因为银行在国民经济中的特殊性及重要性,所以更需要在银行内部建立一个强有力的公司治理结构。越来越多的实证研究结果表明,公司治理结构对提高商业银行的经营绩效、维护社会稳定等具有举足轻重的作用。通俗地解释,如果银行,特别是国有商业银行具有良好的公司治理结构与治理水平,则意味着管理层的尽职尽责,也就意味着银行会按照安全性、稳定性、营利性这三大基本原则良好地运作,从而有效地为社会大众服务,并促进社会经济的良态运转;反之,若商业银行,特别是国有商业银行的公司治理水平存在问题,则可能引发诸如代理成本过高、银行经营效率低下,严重时还可能影响一国经济社会的稳定并引发一系列的社会问题,妨碍经济的稳定发展,因此有必要对国有商业银行的公司治理进行深入的研究。从商业银行的特殊性来看,一方面,银行是企业,公司治理的一般理论大多可用于商业银行;但另一方面,商业银行又不同于一般的企业,拥有一般企业所没有的特性,比如信息不透明性、监管的复杂性、高杠杆经营以及外部性等。而我国的国有商业银行又因为其独特的历史背景以及所担负的社会责任导致其与一般的商业银行又有所不同。所以,针对这些特殊性,研究我国国有商业银行公司治理有着特殊的理论价值和实践意义①。

中国人民银行于2002年颁发的《股份制商业银行公司治理指引》和《股份制商业银行独立董事、外部监事制度指引》拉开了我国商业银行的股份制改造的序幕。2003年，在十六届三中全会后，政府又出台了《中共中央关于完善社会主义市场经济体制若干问题的决定》，制定了国有商业银行股份制改造的路线，以建立具有国际竞争力的现代化股份制商业银行为改革目标的国有商业银行股份制改造拉开了序幕。自那时起，我国商业银行股份制改革已经走过了10个年头。我国的国有商业银行在经历了改革初期的摸索适应之后，正表现出良好的发展势头。根据美国《财富》杂志2012年评出的全球最大500家企业数据，除我国传统的五大行中农工建交之外，招商银行等其他一些股份制金融机构也在500强名单之中，这表明了中国的国有商业银行股份制改革已经取得了令世界瞩目的成就。

表1-1 2012年财富世界500强排行榜（中国国有股份制商业银行排名）

单位：百万美元

排名	上年	公司名称（中英文）	营业收入	利润
54	77	中国工商银行（INDUSTRIAL & COMMERCIAL BANK OF CHINA）	109039.6	32214.1
76	88	中国建设银行（CHINA CONSTRUCTION BANK）	89648.2	26180.6
83	98	中国农业银行（AGRICULTURAL BANK OF CHINA）	84802.7	18859.5
92	122	中国银行（BANK OF CHINA）	80230.4	19208.3
325	315	交通银行（BANK OF COMMUNICATIONS）	33871.6	7847.6
497	473	招商银行（CHINA MERCHANTS BANK）	22093.8	5588.4

资料来源：根据2012年财富中文网相关数据整理。

在西方发达国家严重的金融危机的冲击下，我国的国有商业银行能够保持良好的经营态势，这与国有商业银行的股份制改造以及日渐成熟的公司治理状况是密不可分的。但是这样的经营业绩又是与我国国有商业银行的特殊性密不可分的，这种特殊性涵盖了其特有的国有控股背景、特殊的业务结构以及所处环境的文化传统特点等等。从这个意义上来讲，良好的经营业绩又不能完全归功于国有商业银行的治理状况。需要弄清的是，我们的国有商业银行虽然安然渡过了最近

① 有关商业银行公司治理特殊性的内容，详见本书第5章“中国国家控股商业银行治理的特殊性”。

的两次金融危机，但这是否真正能表明国有商业银行的治理水平已经达到或超过国际上的金融机构？这样的治理状况对国有商业银行来说有没有改进的可能？若有可能改进，具体该如何改进？随着商业银行股份制改革的深入，这些都是亟待解决的问题。因此，在当前进一步研究我国国有商业银行治理，有着非常重要的现实意义。

1.2 研究对象及相关概念的界定

1.2.1 国有商业银行概念的界定

国有商业银行有狭义和广义之分。狭义的国有商业银行仅指传统的四家“国”字号商业银行。而从国有控股的角度，即终极所有权的角度来看，我国绝大多数银行都是国有控股银行。根据银监会 2011 年年报的数据显示，截至 2011 年底，我国银行业金融机构包括 2 家政策性银行及国家开发银行，5 家大型商业银行，12 家股份制商业银行，144 家城市商业银行，212 家农村商业银行，190 家农村合作银行，2265 家农村信用社，1 家邮政储蓄银行，4 家金融资产管理公司，40 家外资法人金融机构，66 家信托公司，127 家企业集团财务公司，18 家金融租赁公司，4 家货币经纪公司，14 家汽车金融公司，4 家消费金融公司，635 家村镇银行，10 家贷款公司以及 46 家农村资金互助社。我国银行业金融机构共有法人机构 3800 家，从业人员 319.8 万人。

基于研究数据的可得性，本书的研究，特别是实证部分的研究，主要是针对目前在我国证券市场上市的 16 家商业银行。

1.2.2 公司治理概念的界定

一般认为，最早提出与公司治理类似概念的是 Williamson（1975），当时威廉姆森提出的是“治理结构”（governance structure）的概念，与公司治理的含义已经比较接近，他将“治理结构”归于制度范畴。而“公司治理”（corporate governance）的概念最早出现在 20 世纪 80 年代中期。国内外学者对于公司治理概念的解释，主要是从以下三个角度展开的：

一是基于委托代理理论从所有权和控制权的角度出发对公司治理的概念进行界定。Eugene F. Fama 和 Michael C. Jensen（1983）在《所有权和控制权分离》一文中指出，公司治理研究的是所有权与经营权分离情况下的“代理人问题”。如何降低代理成本，是公司治理要解决的中心问题。Oliver Hart（1996）也从委托-代理的角度对公司治理理论进行了分析，他在《公司治理理论与启示》中提出了公司治理理论的分析框架。他认为，只要存在代理问题，即组织成员之间存在利害冲突，并且交易费用之大使代理问题不可能通过合约解决，那么公司治理问题就必然在一个组织中产生。Hart 指出，在合约不完全的情况下（代理问题也将出现），治理结构确实有它的作用。

二是从利益相关者的相互制衡角度出发来界定公司治理。Phlip L. Cochran 和 Steven L. Wartick（1988）在《公司治理——文献回顾》一文中指出，公司治理问题包括高级管理阶层、股东、董事会和公司其他利益相关者的相互作用中产生的具体问题。构成公司治理问题的核心包括两个问题，一是谁从公司决策中受益，二是谁应该从公司决策中受益。当二者之间存在不一致时，一个公司的治理问题就会出现。

吴敬琏（1994）在《现代公司与企业改革》一书中认为，“所谓公司治理结构，是指由所有者、董事会和高级执行人员即高级经理三者组成的一种组织结构。在这种结构中，上述三者之间形成一定的制衡关系。通过这一结构，所有者将自己的资产交由公司董事会托管；公司董事会是公司的决策机构，拥有对高级经理人员的聘用、奖惩和解雇权；高级经理人员受雇于董事会，组成在董事会领导下的执行机构，在董事会的授权范围内经营企业”[①]。

三是从制度安排、治理机制的角度对公司治理的概念进行界定。Myer（1996）在《市场经济和过渡经济的企业治理机制》一文中，把公司治理定义为：“公司赖以代表和服务于它的投资者的一种组织安排。它包括从公司董事会到执行经理人员激励计划的一切东西。……公司治理的需求随市场经济中现代股份有限公司所有权和控制权相分离而产生”。Sheikh（1993）认为，一种有效的公司治理制度应提供能够规制董事义务的机制，以防止董事滥用手中权力，从而确保他们为广义上的公司最佳利益而行动。布莱尔（1999）认为公司治理是法律、文化和制度性安排的有机整合，任何一个公司治理制度内的关键问题都是力图使管理人员能够对企业资源贡献者负有义不容辞的责任。

钱颖一（1995）认为“公司治理结构是一套制度安排，用来支配若干在企业中有重大利害关系的团体，包括投资者、经理、工人之间的关系，并从中实现各自的经济利益。公司治理结构应包括：如何配置和行使控制权；如何监督和评价董事会、经理人员和职工；如何设计和实施激励机制”[②]。张维迎（1996）认为，狭义的公司治理结构指有关公司董事会的功能、结构、股东的权利等方面的制度

① 吴敬琏．现代公司与企业改革［M］．天津：天津人民出版社，1994.

② 钱颖一．企业的治理结构改革和融资结构改革［J］．经济研究，1995（1）．

安排，广义的公司治理指企业所有权安排的具体化，企业所有权是公司治理结构的一个抽象概括①。周小川（1999）也从这一角度对公司治理给出了相应的概念，他认为公司治理结构是来自出资人和利益相关者对公司的控制，大体上是指股东大会、董事会如何通过制度性安排监督和控制高层经理人员的经营，也可以理解为在所有权和控制权分离状态下的一系列制度安排②。李维安（2005）在认可权力制衡和机制安排的公司治理内涵基础上进一步提出，公司治理应从相互制衡向科学决策转化，治理结构向治理机制转化，并将公司治理定义为“通过一套包括正式的、内部或外部的制度或机制来协调公司与所有利益相关者之间的利益关系，以保证公司决策的科学化，从而最终维护公司各方面的利益的一种制度安排”③。

世界经济合作与发展组织（OECD）对公司治理的定义为：公司治理是一种据以对工商业公司进行管理和控制的体系。它明确规定了公司各参与者的责任和权力分布，诸如董事会、经理层、股东和其他利益相关者，并且清楚说明了决策公司事务时应遵循的规则和程序。同时，它还提供了一种结构，使之用以设置公司目标，也提供了达到这些目标和监控运营的手段。

从上述各类公司治理的概念来看，一个较为完善的公司治理概念应包含以下三个内容，一是基于所有权和控制权分离下的委托代理问题；二是要避免权力失控而在公司内部形成一个完善的利益相关者相互制衡的组织结构；三是要在解决上述两个问题的前提下建立一整套完整科学的公司制度，并形成保证公司良好运转的运行机制。基于此，本书将公司治理定义为：公司治理是为了解决所有权和经营权的分离问题，通过建立以股东大会、董事会、监事会、高级管理层为治理主体的组织架构，并建立与之相适应的一整套法律、文化和制度性安排，以此规范、协调公司内外各利益相关者的关系，最终保证公司形成管理科学、决策高效、约束与激励并存的良好运行机制。

1.2.3 商业银行治理概念的界定

本书所指商业银行治理不同于一般的银行经营管理，而是商业银行的公司治理。国内外对商业银行公司治理的研究起步较晚，对商业银行公司治理的内涵理解也各有不同，现有的绝大多数文献并没有给出明确的商业银行治理的概念，而是套用一般公司治理的概念，比如将概念界定为“建立以股东大会、董

① 张维迎．所有制，治理结构及委托-代理关系：兼评崔之元和周其仁的一些观点［J］．经济研究，1996（9）．

② 周小川．经济学中的微观制度概念［J］．经济社会体制比较，1999（3）．

③ 李维安．公司治理学［M］．北京：高等教育出版社，2005.

事会、监事会、高级管理层等机构为主体的组织架构和保证各机构间独立运作、有效制衡的制度安排，以及建立科学、高效的决策激励和约束机制（徐龙华，2002）”[①]，或将公司治理理解为“可以从金融行业的内部治理、外部治理两个方面进行分析。所谓内部治理，是指股东大会、董事会、高级管理层等公司内部组织架构的相互制约；外部治理是指金融机构面临的外部中介、法律环境、监管等外部机制对公司治理的约束（周旭东，2011）”[②]。也有从剩余索取权和剩余控制权的角度，将商业银行治理定义为“指有关影响银行控制权和剩余索取权分配的一整套法律、文化和制度安排（曾康霖，高宇辉，2005）”[③]。但绝大多数的研究基本上都是在认同普通公司治理概念的同时强调了商业银行治理与一般公司治理的特殊性，特别是有关股份制商业银行治理特殊性的研究，在最近的几年正逐渐增多。

于东智（2004）从商业银行的风险控制、委托代理关系、外部监管、外部治理成本、存款保险制度以及制度性风险等六个方面对商业银行治理的特殊性进行了分析[④]。李小君（2005）也认同商业银行公司治理应当符合一般公司治理的特性，但也同时指出，商业银行治理在存款人利益、风险控制、董事和高管人员的素质、市场及竞争程度的特殊性、并购成本以及金融监管等方面不同于一般企业[⑤]。夏秋、黄荣东（2005）从信息不对称、商业银行垄断性和高风险性、商业银行的监管特点以及资本结构的高杠杆性对商业银行治理的特殊性进行了分析[⑥]。陈春（2008）通过分析商业银行治理的委托代理关系、产权主体、利益相关者的保护、存款保险制度、外部人控制以及商业银行的剩余控制权和剩余索取权，对商业银行治理的特殊性进行了研究[⑦]。李长征（2011）认为，与一般企业相比，银行业具有独特的行业特征，在一定程度上对构成商业银行内外部公司治理机制的各要素产生了影响，使商业银行公司治理机制与一般企业公司治理机制产生差异。银行业的行业特征，主要表现为资本结构的特殊性、银行资产的信息不对称性和严格的行业管制等三个方面[⑧]。黄少安（2011）结合商业银行的特殊性，从公司治理主体的角度，依据利益相关者、剩余索取权、剩余控制权来对过去公司治理分析的观点进行了批判，并认为以往的概念界定太过宽泛，并没有很

① 徐龙华．中外商业银行公司治理准则的比较和启示［J］．上海金融，2002（4）．

② 周旭东．全球金融危机对我国商业银行公司治理的启示［J］．生产力研究，2011（1）．

③ 曾康霖，高宇辉．中国转型期商业银行公司治理研究［M］．北京：中国金融出版社，2005.

④ 于东智．商业银行治理：特殊性与改革着力点［J］．经济理论与经济管理，2004（2）．

⑤ 李小君．我国股份制商业银行的公司治理研究［J］．商业研究，2005.

⑥ 夏秋，黄荣东．商业银行公司治理的特殊性及其政策含义［J］．商业研究，2005（2）．

⑦ 陈春．我国商业银行治理结构特殊性研究［J］．商业研究，2008（8）．

⑧ 李长征．商业银行公司治理机制的特殊性［J］．经济导刊，2011（7）．

好地将公司治理与公司管理的概念加以区分，同时他也认为这两者的边界“不能完全分开”，有鉴于此，他将公司治理的概念界定为“为了维护公司治理主体——经营风险最终承担者的利益而设立的一套制度安排”[①]。

通过学者们对商业银行治理特殊性的分析不难看出，商业银行治理的特殊性是基于商业银行特有的行业特点，这种行业特点首先表现在商业银行内部委托代理关系。由于商业银行内部的委托代理关系更为复杂，原有公司治理内涵中股东至上的理念显然不再适用，因此在进行概念界定时不能简单地从解决委托代理关系的角度入手进行分析，相反的应更多地关注利益相关者的利益。其次，由于商业银行治理并没有摆脱一般公司治理的本质，因此原有的公司治理的主体、客体并没有发生改变，即原有的围绕股东大会、董事会、监事会、管理层来建设公司的组织结构并没有发生太大的变化。第三，由于商业银行资本的高杠杆性、高垄断性、高风险性以及监管的严厉性等行业特征，公司治理的目标也应该有所变化，不能再单一强调营利性目标，要在营利性、安全性、流动性三大目标中找到一个平衡点。

从国际组织对银行公司治理的规范指引来看，巴塞尔委员会早在1999年就专门发布《健全银行的公司治理》文件，并于2006年2月和2010年10月先后两次对《健全银行的公司治理》做了修订。我国银监会也早在2002年就参照OECD公司治理原则和巴塞尔协议发布了《股份制商业银行公司治理指引》，其中明确规定商业银行公司治理应当遵循以下五项基本准则：①完善的股东大会、董事会、监事会、高级管理层的议事制度和决策程序；②明确股东、董事、监事和高级管理人员的权利、义务；③建立、健全以监事会为核心的监督机制；④建立完善的信息披露制度；⑤建立合理的薪酬制度，强化激励约束制度。

有鉴于此，参照之前对公司治理概念的界定，本研究将商业银行治理的概念界定为：商业银行治理是在保证商业银行稳健经营的前提下，兼顾股东与利益相关者的利益，通过建立以股东大会、董事会、监事会、高级管理层为治理主体的银行组织架构，并建立与之相适应的一整套法律、文化和制度性安排，以此规范、协调银行内外各利益相关者的关系，最终保证形成管理科学、决策高效、约束与激励并存的良好运行机制。

① 黄少安．对公司治理基本理论问题的重新思考［J］．理论学刊，2011（8）．

1.3 研究思路与结构安排

1.3.1 研究思路

本研究从梳理国内外商业银行治理文献入手，对商业银行治理的理论基础进行分析，同时对国外几种主要的商业银行治理模式进行剖析，接着讨论中国国家控股商业银行公司治理的特殊性，并分别对国有商业银行的内部治理机制和外部治理机制进行分析，在此基础之上，设计中国国家控股商业银行治理绩效评价体系，并根据设计的评价指标体系对中国国家控股商业银行公司治理绩效进行实证研究，结合历史上的历次金融危机对我国商业银行公司治理新趋势进行分析，同时对目前国内外有关商业银行治理的指引规范进行梳理，据此，提出完善中国国家控股商业银行治理的对策建议。

1.3.2 结构安排

本研究共十一章。

第一章“导论”，介绍本研究的背景和意义、研究对象及相关概念的界定、研究思路与结构安排。

第二章“文献综述”，主要从商业银行治理的目标研究、商业银行治理的机制研究等方面对商业银行治理的文献进行梳理。

第三章“商业银行治理的理论基础”，主要从公司治理的一般理论和商业银行治理的理论入手对商业银行治理的理论进行分类整理评述。

第四章“商业银行治理模式”，主要从英美模式、日德模式、转轨经济国家、家族控制模式四个方面对国外商业银行的治理模式进行分类整理。

第五章“中国国家控股商业银行治理的特殊性”，本章结合我国实际，从商业银行的特殊性、商业银行治理的特殊性以及我国国有商业银行治理的特殊性三个方面，逐层递进地对我国国有商业银行治理的特殊性进行剖析。

第六章“中国国家控股商业银行治理的内部结构”，从股东大会、董事会、经理、监事会及其他利益相关者五个方面对中国国家控股商业银行治理的内部结构进行分析。

第七章“中国国家控股商业银行治理的外部机制”，从证券市场、机构投资者、产品市场与经理人市场及外部监督四个方面对中国国家控股商业银行治理的外部机制进行阐述。

第八章“中国国家控股商业银行治理的绩效研究”，主要是通过实证的方法，对中国国家控股商业银行治理的绩效进行研究。

第九章“金融危机与商业银行治理”，分别从金融危机的形成与特点入手，理清商业银行与金融危机的关系，并分析后金融危机时代商业银行治理的新趋势。

第十章“商业银行治理指引”，主要介绍 OECD 公司治理原则、OECD 国有企业公司治理指引、亚洲银行公司治理政策摘要以及巴塞尔委员会《强化公司治理指导原则》，并对各商业银行治理指引的适用性进行评述。

第十一章“完善中国国家控股商业银行治理的对策建议”，是本研究的总结，主要从外部治理和内部治理两个方面对完善中国国家控股商业银行治理提出对策建议。

第2章　文献综述

2.1　商业银行治理目标研究

研究商业银行治理问题的目的，一般来说主要是为了解决保护银行、银行股东、存款人和债权人等利益相关者的利益的问题，除此之外还包括引入外资的需要，提高金融监管效率等等。因此，研究银行治理首先就是要搞清楚做好银行治理工作是为了谁、谁获利以及谁付出了代价等问题。然而，国内外的学者在对这些问题的认识上存在分歧。具体而言，对银行治理目标的观点主要分为股东利益说和利益相关者说两派。前者认为银行也是现代企业，是所有者委托代理人行使管理权，银行治理的目标理所当然是为了实现股东利益最大化；而后者从银行特殊性的角度，认为银行自有资本占比较小，大部分是从存款人手中获得的存款，另外银行关系到国民经济命脉，需要为社会经济整体发展做出贡献，因此利益相关者的利益更应该作为银行治理的目标。

2.1.1　股东利益说

股东利益说认为，商业银行始终是公司的一种，其经营的目标是为了实现股东利益最大化，只有保证股东利益的最大化，才有可能实现其他人利益。这一理论在公司治理理论的发展过程中已相对完善，并且在过去较长的时间内一直是欧美发达国家公司治理的主要原则。该理论主张企业剩余权（剩余索取权和剩余控制权）应集中对称分布于物质资本所有者，它认为企业是由股东这一非人力资本的投资者所创立的。他们承担着企业的剩余风险，企业应为股东所有，所以公司治理的目标应以股东价值为导向，企业经营过程中必须采取各种合法、有效的手段和方法，使作为企业所有者的股东的财富达到最大[①]。

① 纪建悦等．股东财富最大化与利益相关者价值最大化的差异和相容性分析［J］．会计师，2008（2）．

该理论还认为，以股东财富最大化作为企业的理财目标符合股东创立企业的目的，有利于企业价值的实现。王瑞迎和郑红民（2003）认为，股东价值优先解决的是一个目标问题，如果将整个企业价值比作一个蛋糕，那么股东价值优先所关注的并非切分比例，其真正的魔力在于能够焙制一个更大的蛋糕供广大利益相关者来分享①。在我国，商业银行绝大多数是国有股份，即使是股份制银行，国有股的比例也是不少，这就需要企业在完成自身发展的同时，还需要承担很大一部分的社会责任，无疑加大了银行治理的难度。银行管理层需要在股东价值、储户和社会大众之间的利益进行协调发展。但是社会责任、雇员利益和消费者利益，都需要管理层去实现，而管理层受到最多的约束来自于股东，因此股东价值优先的情况还需要持续。

2.1.2 利益相关者说

根据利益相关者说，银行的信息不透明使得存款人难以直接监督银行的行为，因此为了抑制银行可能存在的道德风险，就要求银行建立更完善的公司治理结构，把公司治理的目标扩大到包括存款人在内的全部投资者。Macey 和 O'Hara（2001）指出因为银行的特有契约形式，银行的治理机制必须包含存款人和股东。银行的特殊性要求不仅仅需要一个更广泛的公司治理视角，而且需要政府干预以达到约束银行管理行为的目的。存款人不知道银行贷款投资组合的真实价值，因为这些信息是不对外交流的，并且获取是需要很大成本的，这说明银行的贷款资产组合是可以单独替代的（Bhattacharya 等，1998）。同时由于信息不对称，银行管理者在任何时期都有投资风险资产的冲动，为了可信地保证他们不会剥削存款人的利益，银行需要以信誉资本或者品牌进行投资。但是这些不能给存款人带来信心，特别是当契约是有限契约，折扣率又非常大的时候（Hickson 和 Turner，2003）。结果就是理想的存款人在存款之前要求银行做出各种保证，政府都会用明确的或者含糊的形式提供担保，保证存款人把财富存入某个银行，作为政府推动的道德风险的替代部分。然而，尽管有政府的担保，银行管理层仍然有机会主义的冲动来增加他们的风险收益，但是这是以政府的利益为代价的。

欧洲管理学家弗洛蒙德·马里克教授认为，中国企业目前不宜学习美国以股东价值最大化为目标的管理，这样对公司具有破坏性。他表示美国的管理因为坚持股东利益最大化，导致管理层为企业股票的市值负责，而不是为企业的长期发展负责。实际上，用股票的市值来计算企业的观点也是错误的。张建伟（2002）

① 王瑞迎，郑红民．谈股东价值优先［J］．辽宁经济，2003（7）．

认为“股东至上主义”逻辑显然不适用于中国商业银行的公司治理，在商业银行的治理中摈弃“股东至上主义”而强调“债权人主义”具有重要意义。李维安(2003)认为商业银行的公司治理存在诸多特殊性，不能简单地拿一般公司治理理论来套商业银行的公司治理，商业银行的公司治理应更多地关注利益相关者的利益，而不能仅仅局限于股东本身。

本书认为，我国商业银行正处在飞速发展阶段，商业银行的公司治理机制虽已初步建立，但在某些方面仍处在探索阶段，考虑到我国社会主义国家的国家性质，照抄西方发达国家的公司治理目标显然不妥。商业银行，特别是国有商业银行还肩负着社会责任，因此本书赞同李维安教授的观点，即商业银行的公司治理应更多的关注利益相关者的利益。

2.2 商业银行治理机制研究

对公司治理机制的研究可以分为内部机制研究和外部机制研究两个方面。内部机制的研究主要集中于董事会、股权结构、两职合一和高管薪酬方面，外部治理机制集中于证券市场、机构投资者、产品市场和经理人市场以及外部监督方面。

2.2.1 内部治理机制的研究

2.2.1.1 董事会的研究

麦肯锡咨询公司2003年的一份投资者报告显示，3/4的投资者认为他们在选择投资对象时，公司治理结构特别是董事会结构和绩效至少与公司财务绩效和指标一样重要。80%的投资者愿意对公司治理结构好的企业支付更高的价钱。这表明投资者开始意识到，财务数据仅仅能反映一些已经发生的行为，而公司未来的行为和价值则主要依靠企业的治理结构。关于商业银行董事会的研究主要是从董事会规模、董事会构成、董事会行为、董事会与CEO关系、董事会独立性、董事会持股与银行绩效方面进行的。

丁忠明(2010)对国家控股商业银行董事会进行了全面的研究，从理论基础入手，全面地剖析了中国国家控股商业银行的现状及治理特征，研究了中国国家控股商业银行董事会制度的现状与规范，得出了国家控股商业银行董事会具有党委在公司治理中扮演核心角色、董事产生的行政化及董事会成员的内部化、董事会权力弱化及董事会职责边界不清、独立董事独立性不足等治理特征。

在董事会规模方面，Andres Gonzalez(2006)研究显示，董事会规模与银行绩效之间存在着倒“U”形曲线关系。丁忠明和胡志强（2007）的研究表明董事会规模在 10%显著水平上对银行贷款增长率成负相关。潘敏和李义鹏（2008）选取美国上市银行为研究样本，研究董事会在商业银行治理中的作用，发现董事会规模与银行绩效之间存在非线性的倒“U”形曲线关系，但外部董事的比例对银行绩效的影响不显著；董事长与总经理两职合一、董事会次级委员会的数量、外部董事拥有的董事席位数均与银行绩效显著负相关；董事持股比例与银行绩效之间存在非线性的关系，而总经理任职年限对银行绩效的影响不显著。朱博文和潘旭（2011）认为，董事会内生性问题，导致董事会规模与银行资产规模显著正相关，与银行贷款领域的个数显著负相关。于一和何维达（2012）证明了商业银行董事会规模与经营复杂性有显著的正相关关系，当经营复杂性越高，信息不对称就越严重，因此需要大的董事会去监督和决策。

董事会构成方面，魏华、刘金岩（2005）实证研究发现外部董事比例与银行绩效正相关。朱建武（2005）用 EVA 作为银行绩效指标回归，说明执行董事比例对 EVA 回报率有正相关。于一和何维达（2012）从内生性和外生合规性方面来分析董事会结构问题，支持企业规模越大，董事会人数越多，越倾向于采用专门委员会来明确分工，减少“搭便车”的行为。

董事会独立性方面，丁忠明和胡志强（2007）的研究表明独立董事比例在 10%显著水平上对银行净资产收益率成负相关，在 5%显著水平上对银行贷款增长率成负相关。朱博文和潘旭（2011）认为董事会独立性与银行多样化经营程度显著正相关，与以资产收益率和行长年龄衡量的 CEO 谈判力量负相关。于一和何维达（2012）的研究表明，由于我国商业银行内部科层结构，大的商业银行会选择大的董事会，但是独立性并没有提高，内部协调成本升高，导致内部派系斗争，从而失去了对独立董事会的激励。

董事会与 CEO 关系方面，在公司治理中，关于两职合一的争论始终存在，支持两职合一的学者主要基于效率和成本理论，认为这种机制可以保证企业决策和执行的效率，减少协调成本，以便在市场竞争中更加灵活和迅速；反对者主要基于委托代理人理论和经理层霸权理论，说明两职合一会加剧内部人控制，特别是大股东控制的董事会，掏空行为不可避免。为了保证董事会的职能，两职分设是最好的选择。丁忠明和胡志强（2007）实证结果表明，两职合一对银行业绩影响不大。

董事会行为方面，Vafeas Nikos（1999）认为董事会的行为强度与公司的价值呈负相关关系，公司业绩越差，公司董事会的会议次数就越多。丁忠明和胡志强（2007）认为董事会会议次数对银行贷款增长率在 5%显著水平上成负相关，这从另一个方面说明董事会会议是在银行业绩下降后所采取的行动。潘敏和李义鹏（2008）认为商业银行董事会会议频率对当年度银行绩效的影响不显著，但与前一会计年度的绩效之间存在显著的负相关关系。

总体来说关于国内有关商业银行董事会的研究很多，国内外的专家学者对商业银行公司治理的各个方面都进行了系统的研究，对完善商业银行董事会制度提出了很好的框架建议。从这些文献中我们不难看出，要建立完善的商业银行董事会制度，需要从职权进行规范，对董事会会议程序进行规范，建立科学合理的董事会结构，发挥专业委员会的决策与制衡作用，同时还要建立董事会的评价机制。可以说，建立完善的商业银行董事会制度是一个长期的、重大的工程。

2.2.1.2 股权结构

股改前，我国商业银行的类型主要有国有商业银行、股份制商业银行和信用合作社三种。我国银行股权治理的研究多是基于这三种类型进行的。于良春和鞠源（1999）认为，我国银行业目前虽已打破垄断，但竞争水平不高，放松行业进入的管制应将重点放在准许非国有产权主体的建立和发展上。黄宪和王方宏（2003）指出，国有独资银行的资产收益率和资产回报率大大低于股份制商业银行。魏华和刘金岩（2005）更进一步的研究发现，第一大股东的国有性质和股权集中度与银行绩效负相关，相对于其他公司治理机制，银行的股权结构对经营绩效有正面的影响。张本照（2009）以股权集中度为标准，结合股权性质和股权制衡度分析了股权高度集中下的国有控股商业银行公司治理问题，得出我国国有控股银行缺乏多元股权制衡机制、法人股比重大的比法人股比重少的业绩要好这两个结论。王涛和蒋再文（2011）分析了股权结构、治理机制与银行资产配置行为的关系，得出的结论是股权集中度与资产配置风险呈显著的“U”形关系，第一大股东的政府性质有助于银行谨慎经营；治理机制中，股权制衡有利于抑制银行资产配置中的风险行为，而独立董事及管理者持股对资产配置风险未产生显著影响。

2.2.1.3 高管薪酬

高管薪酬是企业契约理论和激励理论的应用，高管根据与企业的契约，完成企业目标，创造股东价值，同时要获得相应的报酬。企业内部治理机制的重要内容就是设计最优契约形式，Bebchuk 和 Fried（2003）认为最优契约理论至少应该满足董事会的有效谈判、市场有效约束及股东可以行使权力三个前提条件。Nam（2004）总结了商业银行激励机制的主要方式，认为股权激励是缓和管理者和股东之间利益冲突的重要途径，能够降低监督成本。宋增基、卢溢洪和杨柳（2009）指出银行业的 CEO 货币报酬与绩效的关联敏感度要高于一般企业，并且银行 CEO 报酬与相对业绩没有明显的关系。银行 CEO 货币报酬的设定仅仅与银行自身业绩变化挂钩，没有更多考虑其他因素对业绩的影响，这种评价方式欠合理，值得进一步商榷，同时银行业中对广大分散的债权人的保护还存在一定的缺失。李永淼（2009）指出我国商业银行在激励机制方面，存在经济激励的不科学和行政干预经营者选拔等问题。朱明秀（2010）研究上市银行高管薪酬差距与组织绩效之间呈现正相关性；上市银行资本充足率对组织绩效和高管薪酬差距均具有显著影响。管征（2010）研究转型期我国城市商业银行高管薪酬，指出高管薪酬不仅取决于公司业绩增长和规模扩张，还取决于公司的风险因素及流动性因素等监管指标，且与公司绩效、规模和流动性之间存在显著的正相关关系，与不良贷款率之间存在显著的负相关。这说明目前城商行董事会薪酬委员会在确定高管薪酬时，不仅考虑公司业绩指标，还将风险等监管指标作为确定高管薪酬水平的重要依据。葛春尧（2011）研究了我国商业银行高管薪酬激励的有效性，建议完善内部激励机制的同时，还要与建设外部治理机制相结合，比如发展经理人市场、完善银行信息披露机制等方面的工作。孙君阳和徐娜（2011）指出我国上市银行已经建立起基于业绩的高管薪酬制度，上市银行的薪酬体制越来越向市场化激励靠近，但是高管薪酬绩效敏感性高于一般上市公司，主要采取了“高报酬-业绩敏感性”激励机制。石凯和刘力臻（2011）的研究表明，管理层人均薪酬同商业银行经营效率显著正相关，证明可以在差异化平均基础上，设计管理层激励与约束机制，采取总量控制和适度区别方法，完善CEO薪酬和其他高管人员激励体系设计。

我国商业银行的薪酬体系，虽然向市场化发展，但是还有诸多问题，比如为大众诟病的银行高管高薪低效，比如银行管理层的官员身份导致其权力滥用而增加个人收入等。设计合理的薪酬激励体系也是银行治理的重要内容之一。

2.2.2 外部治理机制的研究

外部治理机制的研究主要集中于证券市场、机构投资者、产品市场和经理人市场以及外部监督等四个方面。

2.2.2.1 证券市场

宋永新和杨蓉（2002）认为，关于证券市场对公司治理的有效性的争论，关键在于证券市场本身的有效性问题。市场有效理论认为，资本价格在证券价格的形成中能够“充分而准确”地反映全部信息。陈小悦、陈晓和顾斌（1997）证明了我国证券市场达到了弱型效率。然而，高雷虹（2004）对我国市场有效理论提出了批判，指出对证券市场效率内涵的模糊认识以及侧重于信息效率分析的理论不足，使得基于“有效市场理论”的研究不能准确指出我国证券市场效率低下的制度性根源。

证券市场对公司治理的一大作用是作为控制权转移市场来对企业的公司治理

产生影响，因此国内的许多学者针对公司治理的控制权问题进行了研究。陆磊（2004）认为银行体制冲突的焦点是法人治理结构，法人治理结构的关键点是“控制权”，而控制权的核心冲突在于名义所有权与实际控制权的对立。彭洁和谢润邦（2005）基于不完全契约理论对国有商业银行的控制权转移问题建立了一个动态博弈模型，从产权主体的人格化、增加透明度等完善内外部治理机制的角度出发，考虑优化国有商业银行的公司治理结构，保证国家的剩余控制权和剩余收益权。武传德和雷良海（2005）认为鉴于我国国有上市银行的特殊股权结构，剩余索取权呈分散状态，剩余索取权和控制权呈分离状态，控制权形式上呈复杂状态，实际上却是向高级经理层转移和集中。因此，一定要注意运用控制权市场、代理权争夺、敌意接管、完善股票市场定价和股票期权制度等一系列的控制权约束机制，来优化国有上市银行的控制权配置。史瑞卿（2012）在其博士论文中指出控制权市场机制对中国商业银行治理确实存在显著的绩效提升作用。其中，股份制银行的提升效果要整体优于四大国有银行。通过多元回归分析证明，控制权市场机制的作用有赖于目标银行在内部治理结构方面做出必要的调整，比如管理科层、董事会、监事会以及股权结构等，只有通过以上机制的传导才能使控制权市场机制发挥相应的效力。四大国有银行较弱的治理绩效，反映出该类银行在内部治理结构调整方面存在着显著的刚性因素。刘家松（2012）对外资银行参股中资银行进行研究，说明通过企业控制权机制，可以提升企业治理结构。外资机构虽然在五大商业银行派驻有董事和管理人员，具有一定的话语权，但由于席位很少，对中资银行的影响还是有限。并且如果发生债务清偿危机，外资机构不能像国有银行那样有国家信用担保，因此会对存款人等利益相关者的利益产生影响。

总体说来，证券市场对我国商业银行治理的影响主要是通过控制权市场和信息披露机制产生的。但是商业银行控制权转移还受到多方面限制，因为我国银行属于管制行业，且国有股份占很大比例，这就为控制权转移产生了阻力。证券市场的作用要进一步发挥，还需要进一步的产权改革和发展。

2.2.2.2 机构投资者

伍伟和刘惠好（2008）研究机构投资者股权对银行公司治理与绩效的影响，指出在机构投资者对银行进行投资时，不同类型的机构投资者具有不同的表现。其中，QFII、证券公司、社保和保险基金都能影响银行的公司治理，促进其综合业绩的提高；证券投资基金和企业不能对这两个方面产生显著影响。在选择银行股时，证券投资基金注重银行过去综合业绩的表现，企业、社保基金和保险基金注重银行过去市场价值的增长，QFII 和证券公司同时考虑了这两个方面。沈文娟（2010）分析表明 QFII、证券公司、社保和保险基金都能影响银行的公司治理，促进其综合业绩的提高；证券投资基金和企业不能对这两个方面产生显著的影响。吕钦和刘红娟（2012）通过研究机构投资者与董事会之间交互治理效应后，指出机构投资者和独立董事没有独立促进公司治理，但却通过交互影响来间接发挥改善公司治理的作用；董事会领导权结构既没有表现出独立的治理作用，也没体现出交互效应。卢晖、肖婧和张伟（2012）研究机构投资者参与公司治理的传导途径，指出中国的机构投资者参与公司治理不能直接促进公司业绩，而是通过抑制上市公司的控股股东掏空行为，间接地提升公司业绩。上市公司投资者保护执行行为在此发挥了中介作用，有效地约束了上市公司控股股东的掏空行为。但是，机构投资者对高管层过度的在职消费和薪酬操纵等代理行为不能发挥治理作用。其政策含义是，加强投资者保护执行力度以及完善机构投资者本身的治理机制，有利于上市公司治理的改善。

2.2.2.3 产品市场和经理人市场

产品市场方面，谭云清和朱荣林（2007）研究表明，产品市场竞争能够有效降低企业代理成本，提高企业代理效率，并且对我国国有企业作用效果尤其显著。李小斌（2007）指出，充分竞争的产品市场能够对职业经理人形成良好的激励。谭云清、刘志刚和朱荣林（2008）通过 Hotelling 模型对中国上市公司数据进行的分析表明，产品市场竞争和管理者激励能有效提高管理者努力水平，促进公司营运效率的提升，并且产品市场竞争与管理者激励互为补充地作用于公司绩效，竞争越激烈，管理者激励的改善对于提高公司绩效的边际效率越高。石晓烽（2009）指出银行业有效竞争对消费者利益的改善主要是为了解决信息不对称导致的银行市场的道德风险问题，与银行相比，消费者在银行市场中一般处于劣势，容易被欺诈和漠视，属于弱势群体。银行服务提供者利益的获得必须建立在银行消费者利益提高的基础上，如果消费者没有进行足够的比较并做出理性选择，银行之间的竞争就未必有效。谭云清（2010）通过研究产品市场竞争与公司治理有效性发现，企业面临的市场需求规模越大，委托人给予管理者的工资和激励强度就越高，管理者付出的努力水平也就越高；产品市场竞争能够提高经理人激励水平及其努力水平，进而促进企业绩效提升，产品市场竞争同时可以发现经理人能力水平的高低，并且促使经理人使用产品差异化战略来提高企业利润，竞争越激烈，企业价格越低，市场需求越大，均衡努力水平、监督水平和工资水平就越高，产品市场竞争与监督水平呈互补关系；成本方面，在不完全信息下，产品市场竞争可以有效提高产品质量，减少企业代理人成本；大股东占用行为方面，产品市场竞争可以有效降低信息不对称和加强内部治理，从而减少大股东资金占用。薛峰（2011）研究银行竞争度问题，指出竞争度水平没有最优值，已有文献表明无论是竞争度极高的（完全竞争）市场，还是竞争度极低（垄断）的市场，都不是最优的选择，而在两者之间的市场状态才是相对较优的。

经理人市场方面，陈立新（2000）认为，国有商业银行产权模糊和所有者虚置情况下，没有一套有效的激励约束机制，使得经营管理人员在个人目标的实现与其贡献两者不对称达到一定的程度时，有可能使其寻找其他方式来寻求平衡：一是转换环境，到体制外“另谋高就”；二是以“灰色收入”、“黑色收入”与巨额的在职消费来弥补合法收入之不足；三是采取“在其位不谋其政”的方法，少释放自身潜能，少操些“闲心”。因此，承认并尊重经理人的资本价值，并由市场决定其身价，形成经理人竞争的市场对于提高银行治理、防止“内部人”控制是非常关键的。张智慧和梁志坚（2004）对职业经理人制度及其发展进行分析，并结合花旗银行的职业经理人经验，提出在上市银行的管理层中引进职业经理人制度的管理新思路。他们指出，我国银行经理制度与发达国家相比，一是缺乏良好的经理人市场，管理者约束和威胁小；第二是激励方式方面，国外是市场化的，比如货币收入和期权股票等未来价值激励，而我国的激励方式是职务晋升，是非市场化的。闫景园和黄安仲（2008）指出在我国外部经理人市场尚不完善的情况下，外部经理人市场上的声誉作为经理人显性激励契约的替代作用有限。在不存在外部经理人市场的前提下，经理人市场对经理人产生激励的方式和影响因素表明，内部经理人市场的考核晋升机制和不同职位的隐性收益对经理人的行为有重要影响。徐冯璐（2011）用两阶段动态模型对银行分支机构绩效考核的棘轮效应、引入内外部经理人市场后经理人效用函数变化对棘轮效应改善进行分析，得出相对于外部经理人市场而言，完善的内部经理人市场能更有效改善棘轮效应，激励经理努力工作。他还建议实施与绩效挂钩的职务性货币收益，建立控制权约束机制，减小隐性控制权收益。综上所述，对经理人的研究，多数认为银行经理人市场还不完备，未能对现有的银行经理人造成外部威胁。在我国，进入银行业从业需要诸多条件，一旦进入，职业稳定性较强，因此，仅仅从内部晋升和收入进行激励，而没有约束机制。经理人市场的公司治理机制还不能完全发挥。

2.2.2.4 外部监督

对商业银行的外部监督，是通过外部行政或法律手段，提高银行公司治理的有效途径。邹武鹰（2005）从外部监督的法律基础上入手，讨论公司治理的外部监督，指出外部监督可以有效弥补内部监督的缺陷，有利于促使公司关注其外部利益，减少损害外部主体利益的违法行为，尽到更多的社会责任。在我国国有企业公司制的特殊背景下，加强公司治理的外部监督可以促使公司的内部治理取得实质性的成效。周尚军（2010）认为，我国银行外部监督机制还存在多头监管下的权责不清、行政监管模式不完善、行业指导和内部治理执行不到位等问题，外部监督对商业银行治理，特别是内部审计的作用还没有完全发挥出来，因此还需要完善监督模式、提高监督效率并建立评价监督机制。王珺威（2011）研究我国中小银行治理机制，指出我国中小商业银行的信息披露制度不完善，相应的会计和统计制度不够科学，并且披露不充分，使得外部监督机制不能发挥作用。

综上所述，商业银行外部监督机制，首先需要高效完善的行政体制和法律基础，其次需要充分发挥信息披露机制，通过信息影响股东和利益相关者的态度，并通过信息机制传到市场，迫使管理层努力与勤勉。另外，现有资料对于银行外部审计以及利益相关者监督的研究还有所欠缺。

2.3 小 结

在治理目标上，虽然股东价值最大化理论仍然占据强大地位，但是利益相关者说的发展更加迅速，直接挑战前者的地位。但是还有三个问题要解决：一是利益相关者的界定问题，由于企业的边界也是在不断变化的，利益相关者的范围也在不断扩展，给利益相关者的界定带来了新的问题。二是利益相关者的绩效评价问题，支持公司治理应采用利益相关者模式的学者其实有个隐含的前提，那就是利益相关者治理模式的公司绩效要比采用股东至上治理模式的公司的绩效要强。然而，并非所有的实证都支持利益相关者治理的绩效性，这就给利益相关者治理提出了一个挑战。三是相关利益者治理模式问题，过多的相关利益者可能导致“谁都负责任，结果谁都负不了责任”；另外让一部分利益相关者通过直接介入公司的决策机构，参与公司的战略制定，从而来保障自身的利益。但现实中到底让哪部分利益相关者参与公司治理才是合理的也没有一个定论，处理得不好又可能回到“股东至上”的老路。现有的文献涉及很少，也未就此问题达成共识，这也向利益相关者理论的可接受程度提出了挑战①。

在治理机制的研究方面，内部机制的研究主要集中于董事会、股权结构、两职合一、独立董事比例以及高管薪酬方面等，外部治理机制集中于证券市场、机构投资者、产品市场和经理人市场以及外部监督等方面。但是不同国家、不同地区、不同行业的差异性，可能导致这些机制的失灵。特别是我国现在快速发展的区域性银行，复杂的股权结构，如何去因地制宜，也是我国银行治理研究的重要课题。

① 周翼翔，郝云宏．从股东至上到利益相关者价值最大化：一个研究文献综述［J］．重庆工商大学学报（社会科学版），2008（2）．

第3章 商业银行治理的一般理论

3.1 公司治理理论的发展

早在1776年亚当·斯密在《国富论》中就认为，“不负责任和浪费”是所有权与控制权分离的后果之一。Berle和Means（1932）在《现代公司和私有财产》中提出，现代公司的普遍特征，就是所有权与控制权相分离，这是企业规模和生产发展的产物，是不可避免的趋势。从公司治理的发展来看，公司治理理论已经由最初的公司治理结构的研究，即基于产权关系的公司治理研究，开始转向公司外部关系的治理，即基于超产权关系的公司治理①。

传统的公司治理理论是“股东主权”理论，其格局委托代理理论的逻辑框架，强调的是“资本雇佣劳动”，管理者被看成所有者的代理人，他们仅仅需要完成所有者指派的任务，而不需要承担责任和风险。因此股东利益最大化就成了治理的效率标准。Berle和Means是这一理论的发起者，分散的所有权和管理权，使得股东对于企业经营的支配权弱化，投资者一旦将自己拥有的资本变成自己对某公司的股份后，他就失去了对自有资本的操控权，资本的操控权就转移到了公司经理人手中。当经理人员的目标与股东发生偏离，就会产生委托代理问题（Jensen和Meckling，1976）。Shleifer和Vishny（1997）认为公司治理就是投资者保障收回他们资本的回报方式，投资者拥有重要的权力且受法律保护，经理人需要为股东利益而努力工作。

随着公司治理理论的发展，学界越来越发现，在公司经营中，很多非股东群体对企业起到至关重要的作用，他们的权力也需要保护，于是就产生了利益相关

① 李文彬，李培亮．公司治理理论的发展研究［J］．工会论坛，2010（6）．

者理论。利益相关者（Stakeholders）的思想最早是由美国斯坦福大学的一个研究小组在 1963 年的一份备忘录中提及的①。对于那些对企业生存和发展来说起到作用的群体，企业需要他们的资源和能力，他们可能是企业员工、供应商、销售商、债权人，也可能是政府、银行等机构。利益相关者理论发展经历 20 世纪 60 年代的外部控制箱公司治理模式，到 80 年代的“能够影响一个组织目标的实现或者能够被组织实现目标过程影响的人”（Freeman，1983），再到布莱尔（1995）的“真正有某种形式的投资并且处于风险之中的人”。其逐步发展起来是一个从利益相关者影响公司生存，再到利益相关者影响公司的经营活动或公司的经营活动能够影响利益相关者的过程（李文彬、李培亮，2010）。

现在，公司治理理论更进一步，把通过现代信息技术连接起来的群体视为一个网络，产生了超越产权关系的公司治理理论：基于网络关系公司治理理论。网络组织将取代单一的企业和直线相关的群体，从而形成互相交错、互相影响的系统，公司治理的研究早已不再纠缠于“企业产权安排”上了，而是着重从更广阔的利益相关者的视野中来看待公司治理中的实际问题。

在公司治理的理论的发展过程中，形成了一系列具有代表性的理论，主要有委托代理理论、成本理论、资源依赖理论、现代管家理论、经理层控制理论、阶级霸权理论、替代性假说理论以及产权理论和垄断理论。

3.2　公司治理的基础理论

3.2.1　委托-代理理论

在早期的企业中，产权主体是单一的，企业主拥有绝对的权威和完全的所有者权益，企业生产经营的所有成果为企业主所拥有，并且企业主以其所有财产对企业债务负有无限清偿责任，在这种情况下是不存在委托代理问题的。但是随着企业规模的不断扩大，企业管理本身日趋复杂化、专业化，企业所有者受到自身精力、时间以及协调能力等因素的限制，无法对企业进行全面、系统地管理。这时，企业所有者（委托人）就会把企业资本的实际处置权委托给专业经理阶层（代理人）行使，并行使监控企业的职能，这就出现了委托代理的契约关系。从本质上说，导致委托代理关系产生的根源在于企业规模的扩大与企业所有者自身

① 李文彬，李培亮．公司治理理论的发展研究［J］．工会论坛，2010（6）．

能力与精力之间的矛盾。从另一个方面来理解，这种矛盾也可看作是委托代理双方对自身利益最大化的追求。当委托人委托其他人来处理某项事务比自己亲自处理能获得更多，如经济利益，同时代理人也能从接受委托中获得比从事其他活动更多的收益时，委托代理关系就会产生，以获得经济学上所说的“分工效益”和“规模效益”。

Jensen 和 Meckling（1976）在《企业理论：管理行为、代理成本及所有权结构》中指出，由于代理成本存在，经理人并不完全为了企业所有者服务，而会追求自身的消费。如果委托人和代理人双方都是追求效用最大化，那么这里就有理由相信，代理不是经常为委托人的最优利益为作为的，这就形成了代理冲突。这里的代理冲突是指，在委托人和代理人之间，因为信息不对称、目标函数不一致等问题导致委托人和代理人存在利益冲突的现象。代理冲突包括股东与管理层代理冲突、股东与债权人代理冲突（Jensen，1976），也包括大股东与小股东代理冲突（Shieifer 和 Vishny，1997）。Oliver Hart（1995）认为在没有代理问题的时候，每个人为了实现管理目标而去努力，并且其努力的付出都能得到合适的补偿，因此争端就不存在，激励机制也就完全不必要，合约也就是完全没有费用的。但是在当代理问题存在，且因为交易费用之大而导致几乎不能通过合约来解决代理冲突的时候，公司治理问题就产生了。事实上，我们现实中的企业都存在代理问题，并且合约费用往往很大，因此治理结构确实有它的作用。

从信息经济学角度讲，拥有私人信息的参与人成为代理人（Agent），不拥有私人信息的参与人称为委托人（Principal）；从契约论角度讲，委托人是主动设计契约形式的参与人，代理人是被动在接受或拒绝契约中选择的参与人。在代理人看来，他拥有两方面信息，一是对于自身的能力、经验、努力意向等，代理人比委托人拥有更多信息。二是由于代理人负责企业的日常经营活动，对市场和企业内部的信息了解要比委托人多，代理人可能利用这些信息优势降低努力程度，同时热衷于进行投融资活动，以企业的利益代价为自己获得更大的声誉，从而带来更多收益。可见，信息不对称导致的不完全契约，在外部环境和机会的影响下，会导致代理人的利己行为和机会主义行为。

为使代理人努力为委托人的利益而工作，就需要对代理人进行激励，设计出能够使得双方利益最大化的契约。然而，这种契约的设计往往非常困难，因为两者的目标经常不同。Fama 和 Jenson（1983）分析了不同类型组织的治理结构，得出由于声誉和外部收购市场的存在，经理们会尽心尽力地为股东服务。委托人在实现资本增值和投资利益最大化，为代理人在追求货币收益的同时，还追求非货币收益，比如声望、权力、成就、地位等等。同时，由于委托人一旦因为经营不善，造成的损失将非常大，甚至可能会以自己全部财产作为补偿来清偿债务；

而对代理人来说，最多损失收入、名望、职位，而不会损失已有的收益。再者，信息不对称也是导致契约设计困难的重要原因，委托人只能凭借外部了解、简历等方式了解代理人的能力，根据很少的信息进行设计。对于代理人来说，收益小于能力的时候，代理人是不愿接受契约的；而当收益大于能力的时候，代理人就非常乐意接受契约。这就是“逆向选择”问题。最后，由于未来的不确定性，在契约制订的时候，不可能对未来所要发生的事情进行规定，这也造成了不完备契约问题的存在。

委托代理理论在公司治理研究中，是最为广大学者接受的理论，从而得到广泛应用。在契约理论基础上发展起来的委托代理理论为公司治理问题的研究做出了重要贡献，在一定意义上奠定了治理问题研究的理论基础（陈潘武，2009）。

3.2.2　交易成本理论

英国经济学家科斯在1937年首先提出交易成本理论，其主要观点是：由于经济体系中企业的专业分工与市场价格机制的运作，产生了专业的分工。市场价格机制的成本相对较高，从而形成企业机制，来降低成本。由于人的有限理性和机会主义，使得在交易中存在多种成本，比如信息成本、议价成本、决策成本、监督成本等。要提高经济效率，就需要把这些成本降到最低，从单纯的市场形式到企业形式，降低了交易成本，但是企业中还存在决策成本、监督成本。交易成本发生的原因，来自于人性因素与交易环境因素交互影响下所产生的市场失灵现象，造成交易困难所致（Williamson，1975）。Williamson指出六项交易成本的来源：

（1）有限理性（Bounded Rationality）：指交易进行参与的人，因为身心、智能、情绪等限制，在追求效益极大化时所产生的限制约束。

（2）投机主义（Opportunism）：指参与交易进行的各方，为寻求自我利益而采取的欺诈手段，同时增加彼此不信任与怀疑，因而导致交易过程监督成本的增加而降低经济效率。

（3）不确定性与复杂性（Uncertainty and Complexity）：由于环境因素中充满不可预期性和各种变化，交易双方均将未来的不确定性及复杂性纳入契约中，使得交易过程增加不少订定契约时的议价成本，并使交易困难度上升。

（4）专用性投资（Specific Investment）：某些交易过程过于专属性（Specificity），或因为异质性（Heterogeneity）信息与资源无法流通，使得交易对象减少，市场被少数人把持，进而导致市场运作失灵。

（5）信息不对称（Information Asymmetric）：因为环境的不确定性和自利行为产生的机会主义，交易双方往往握有不同程度的信息，使得市场的先占者

(First Mover) 拥有较多的有利信息而获益，并形成少数交易。

(6) 气氛 (Atmosphere)：指交易双方若互不信任，且又处于对立立场，无法营造一个令人满意的交易关系，将使得交易过程过于重视形式，徒增不必要的交易困难及成本。

因此，正是由于这些问题是企业无法避免的（或者是避免的成本很高），公司治理的目标就是提高企业效率、降低代理成本。

Williamson (1996) 认为代理理论和交易成本理论是从不同角度来研究公司和管理者行为，两者最大不同在于使用不同的分类方法，使用了不同的术语来描述了本质上是一样的问题。例如，代理理论认为在企业管理中存在道德风险和代理成本，而成本理论认为人是投机的，存在机会主义和利己主义。代理理论认为管理者追求额外报酬，交易理论认为在交易安排的时候，管理者机会主义比较明显。

代理理论和交易理论另一个区别在于研究客体不一样。代理理论从委托代理双方出发，研究双方行为，特别是代理人的行为。它把企业视为一系列契约的集合，双方根据契约行使权力。但是由于信息不对称，双方存在不能削减的代理成本。要减少这些成本，就需要激励性的合同以及约束性的机制，这些都是需要事先安排的。而交易理论是立足于交易，从交易的获利情况来分析双方，它把企业设定为一个治理结构，通过结构的约束力，使得交易双方合理定价，使得成本最小、收益最大。这些都是在交易过程中发生的，而不是事先约定的。当然，两种理论都假定经理人的行为会偏离股东价值，都承认信息不对称和投机主义的存在，其最终的落脚点都是在约束或激励管理层，以此来实现股东利益和企业利益最大化的目标。

3.2.3 资源依赖理论

资源依赖理论是根据西方经济学的资源稀缺性假设出发的，它认为组织和企业都不可能独立在市场上存在和活动，其需要在市场上通过交换获得生存和发展的资源，而这些资源又是有限的。因此，组织对资源的需求导致了组织对外部环境的依赖。组织的成功来源于具有与外部环境相匹配的内部结构。理论上，资源依赖是扎根于开放系统框架，认为如果不了解组织运作的关键，我们就无法了解其结构和行为[①]。

资源依赖理论的基本假设是，没有组织是自给自足的，所有组织都在和环境进行交换，并由此获得生存。资源依赖理论把组织看作激励市场和竞争利益冲突

① 马迎贤．组织间关系：资源依赖视角的研究综述［J］．管理评论，2005 (2)．

的舞台。周芳和陈仕华（2008）认为产权理论可以弥补资源依赖理论所忽视的负外部性。资源依赖理论认为资源的异质性是企业获得持续经济租金的关键，但该理论只注意到由资源异质性带来的正外部性，而忽略了组成资源异质性的各方主体，即由于存在政治行为、第三方不能有效实施以及制度摩擦成本等因素而导致的负外部性问题，而产权理论可以弥补这一不足。其次，产权理论可以弥补资源依赖理论忽视的经济租金的分配问题。资源依赖理论从企业整体来考察经济租金的创造问题，而不考虑经济租金在资源所有者层面的分配问题。因此，解决公司治理问题的外部环境因素，首先就要界定产权，这对于我国国有上市公司，具有明确的借鉴意义。

另外，由于现代企业董事会，更多地引入交叉任职来提高治理水平，而采取交叉任职的方式多是出于获得社会资源的考虑，包括知识资源、人际关系资源以及其他资源。邀请新的董事加入可以增进企业聚集资本的能力，并且可以通过董事的威望来增进企业的名誉，从而减少外部威胁。同时，董事会领导权结构要根据企业面对的环境的不确定性状况而定。高效的董事会在决定领导权结构时应考虑两职设置的收益是否超出了其带来的潜在成本。其他方面，朱明秀（2007）认为，在公司治理中，根据资源依赖理论，企业的财权应该在股东、员工和顾客之间进行合理配置。由股东、员工和顾客分享企业财权的三维模式，以利益相关者利益的协调为重点，实现关键利益相关者决策的共同参与和监督的相互制约。

3.2.4 现代管家理论

管家理论是基于社会学和心理学的角度进行研究，认为人是社会动物，因此人的行为具有社会性，是有集体主义和合作倾向的。在企业中，企业管理者的行为目标也是倾向于所有者的，管理者会像管家一样，尽职尽责管理好所有者财产，实现价值最大化的目标。相对应的是，所有者对管理者的行为完全信任，全权委托其代表所有者进行商业活动。两者之间是一种互惠互利的合作关系，而不是控制与反控制的对立关系。

Donaldson（1990）认为，经理人通过获得成就感、责任、赞誉、信任、尊重以及其他精神上的收益来弥补机会主义带来的收益。因此，人并非都是唯利是图的，他们有能力也有意愿把工作做得更出色。在角色上，他们是企业的好管家。因此董事长和总经理“两职合一”能够为管理者带来更大的获利空间，促进管理效率的提高，以使得企业在市场竞争中获得发展。“两职合一”正是现代管家理论的核心思想。Brickley、Coles 和 Jarrell（1997）的研究发现董事长要从管理层获得信息和经验是需要成本的，而“两职合一”正好避免了这种成本的发生，使得企业能够更加准确地进行决策，提高企业业绩。

总体说来，现代管家理论是从人性好的方面出发，为减少企业成本和提高业绩而进行的一种阐述，该理论在某些领域和实践中确实发挥了巨大的作用，特别是在企业快速扩张和发展的期间，需要对瞬息万变的市场做出反应的时候，“两职合一”可以大大提高决策效率，而两职分设反而不利于管理层的创新能力的发挥。

3.2.5 经理层控制理论

经理层控制理论认为，公司董事会实际上是一个法律虚拟体，而不是事实上的治理团队，董事会被经理层所支配，经理层控制了董事会，使得董事会不能发挥相应的作用。因此董事会在监督管理层和替换 CEO 的作用是虚设的、无效的。由于股权分散，企业的经营权实际是由管理层所控制，股东大会任命的董事会不能完全掌握权力、获得信息，因此无法发挥相应的作用。Pfeffer（1972）指出，多数情况下，董事成员由经理人员挑选，在很多方面，经理层控制着董事会，使得董事会成为 CEO 的傀儡。同样为了增加董事会独立性而设立的外部董事和独立董事，都是由管理层选择的，在一定程度上代表了管理层的利益。外部董事不能对管理层产生实质上的影响，而仅具备一个“橡皮图章”的功能。董事会规模过大，也是导致管理层控制的重要原因，由于“搭便车”的现象，有的董事会会随波逐流，很难对管理层提出异议，或者是异议的效力很小。因此规模较大的董事会也被认为是“虚弱的”董事会。

因此，基于此种观点，经理层的统治限制了董事会的作用，董事会没有实质上参与到企业决策之中，也没有对首席执行官的绩效和整体进行控制。

3.2.6 阶级霸权理论

阶级霸权理论最初由马克思主义阶级理论发展而来，后来由葛兰西进一步发展而成。阶级霸权理论认为，代表一定经济阶级利益的群体，为了保证他们的支配地位，会干预和阻止破坏其权利的行为。法兰克福学派认为，大众传媒就是国家用来维护意识形态、传递统治阶级意志的工具，甚至它本身就是意识形态，直接履行着意识形态的社会控制职能，维护着国家统治的合法性。企业董事会基于社会地位和影响来选择合适的董事，力图寻求使得统治精英永续存在，并且通过交叉任职来使之得到强化。

3.2.7 替代性假说

替代性假说认为，投资者关系管理是财务治理的一种替代性机制，都是为了减少内部人控制，减少管理层侵占股东利益，投资者关系管理与财务治理机制可能存在负相关关系。它突破了股东和代理人问题上的相互独立的假设，认为不同治理机制是可以相互关联、相互替代的，其替代内容可以是机制也可以是手段，并且承认可能存在解决管理层和股东之间利益冲突的其他因素[①]。替代性假说理论还认为，治理结构之间是相互替代的。比如在考虑董事会治理因素时，股权制衡能力对业绩的影响显著，意味着股权结构的制衡对独立董事为保护中小股东而执行的监督能力进行了替代。Manne（1965）认为这种因素可能是公司控制权市场，而 Fama（1980）认为是公司内部人员之间的竞争。曹廷求和钱先航（2007）就银行机构公司治理机制的替代效应进行了研究，分别就外部董事、管理层持股、董事长/总经理两职分离、大股东和监管机构这五种监督机制的替代效应进行研究，指出了外部监督机制存在显著的替代效应，内部监督机制中的外部董事比例与外部监督机制之间也存在替代效应，但是其他两个内部监督机制并没有表现出这种效应，而内部监督机制之间则存在显著的互补效应。

3.3　我国商业银行治理理论

商业银行治理的理论在很长一段时间都与一般公司治理理论相混淆。两者之间的差异直到最近几年，才逐步为理论界和实践界所认识。我国学者近些年来也对商业银行治理进行了大量的研究。史瑞卿（2009）认为，虽然不同国家存在差异，但总体上的研究仍主要集中于行业竞争结构、银行内部治理结构以及外部制度环境的变迁三个方面，并采用短期和长期两种绩效考核方法对中国银行业控制权市场的绩效予以分析和验证。本书将以我国理论界和实践界讨论最多的两方面，即产权理论和垄断理论，对商业银行治理理论进行阐述。

3.3.1　产权理论

产权理论来自于对古典经济学和新古典经济学的继承和发展，对旧制度学派的批判。科斯于 1937 年出版的《企业的性质》被认为是西方产权理论的开端。此后经阿尔钦（Alchain）、威廉姆森（Williamson）、张五常、苏尔茨、斯诺等人发展，形成了产权经济学。

科斯认为，在不考虑交易成本的情况下，私有产权下的市场具有克服自身外

① 罗莉．企业资金流整合分析模型［J］．会计之友，2009（4）．

部性缺陷的功能。之后，他认为权利必须得到界定，才有可能进行交换，在交易成本为零的前提下，权利的初始界定不影响最大化的最终结果①。

在商业银行治理方面，产权理论认为，中国商业银行治理困境的根源在于旧的产权制度的不合理。以国家作为单一出资人的国有银行股权结构必然会造成政治利益高于经济利益的情况，从而容易导致内部约束机制的失灵以及治理机制行政化和虚无化②。外部机制通常需要内部机制的响应才能发挥最终的影响力。在行业冲击事件，特别是负面冲击的诱因下，公司控制权市场具有解决全行业内部治理问题重要机制的作用，突出了公司控制权市场机制的普遍适用性。Arun 和 Turner（2004）在《发展中经济的银行公司治理》中指出，公司改革只有在审慎监管的系统中才能完全实现，银行公司治理改革是政府所有权剥离的一个先决条件。

游军涛和谢卫民（2003）从产权制度的角度对国有商业银行效率的影响因素进行了制度分析，指出产权制度是影响效率的基础因素，对中国的国有商业银行有很强的适用性。而曾康霖和高宇辉（2005）认为，商业银行治理不是简单建立产权改革那么简单。通常认为通过产权界定，就能使得股东剩余索取权内在化，从而使股东有激励去监督经营者为股东价值最大化而努力，使得代理问题得到解决。然而，没有改革配套的支撑，产权界定就无法实现，并彻底破坏初始界定后的连续界定，初始产权界定的偏差就会长期存在。没有高效的司法，没有完备的法规，产权改革就容易走向歧途，导致国有资产流失和新的私人垄断。邢雪艳（2012）指出国有商业银行产权制度的缺陷以及相应的所有者缺位、政府过度干预、选拔机制限制以及政府所有隐含的存款保险等，都会使得代理人的道德风险增加。

产权制度是建立现代银行公司治理机制的基础，没有明晰的产权，就不能界定委托-代理关系，监督和决策的主体就不能发挥作用。国有企业所有者缺失，是治理问题的根本原因。

3.3.2 垄断理论

“垄断”一词，英文是 monopoly，德文是 monopol，法文是 monopole，这些词都源于希腊文的 monopolion，意指“独占”、“垄断”、“专利”，与“垄断”相对应的就是“竞争”。垄断是市场经济发展的必然产物。马歇尔首先提出，在自

① 兰玲．现代产权理论研究述评［J］．内蒙古民族大学学报（社会科学版），2012（2）．

② 史瑞卿．公司控制权市场机制对中国商业银行内部治理的影响［D］．北京：中国社会科学院研究生院博士学位论文，2012.

由竞争条件下，追求规模经济的结果必然导致垄断，而垄断的出现又抑制市场竞争活力的发挥，从而导致经济生活的低效率，这就是著名的“马歇尔冲突”。哈耶克认为，应区分两种垄断，一种垄断具有负面效应，另一种垄断有正面效应，前者应予以制止，后者应利用其积极作用①。

在我国，商业银行垄断多是经济垄断和行政垄断所致。在前期大力发展经济的过程中，商业银行借助垄断地位，迅速获得发展，为国家经济建设作出了不可磨灭的贡献。但是随着市场经济的发展，垄断带来的低效率，公司治理中的难题就逐渐显现出来。

于良春和鞠源（1999）运用传统产业组织理论SCP范式对中国银行业规模经济问题进行统计分析，以中国商业银行经营效率指标和成本费用指标作为因变量，得出新兴中小银行的获利能力和经营绩效明显高于四大国有商业银行，指出中国银行业市场呈现高度集中的寡头垄断特征，同时存在国有银行垄断低效率的问题。杨大光（2004）认为，中国银行业的长期垄断导致经济效率的下降、创新能力的不足以及不良资产的巨额累积，造成货币政策传导效果削弱和抑制货币对经济增长的作用等宏观负效应。所以中国银行业摆脱这些困境的途径就是打破行业垄断。晏宗新（2005）从银行监管的角度，指出行业管制对市场结构、机构行为的影响，认为中国银行业结构的寡头垄断不是管制的反对目标，但管制要以市场机制作用为前提。杨中萍（2006）测度了中国银行业的市场竞争状况，认为目前的市场处于极高状态的寡头垄断阶段。但是，这种寡头垄断的局面正在逐渐被打破，呈现出垄断竞争的苗头。齐美东（2006）以建立有效竞争的银行业市场结构为目标，运用新制度经济学理论，研究了中国银行业寡头垄断的市场结构，认为结构变迁的中心线索是产权改革，提出重构中国银行业市场结构的政策建议。刘长霞（2008）认为反行政垄断是中国银行业发展的必然选择，而其关键就在于减少政府干预，合理界定银行监管边界。

产品市场竞争作为一项重要的外部治理机制，对改善商业银行治理水平具有重要的意义。但是，我们不能就此否定垄断的历史地位和现实作用。提高银行公司治理水平是多种机制的综合作用，仅仅破除垄断，非但不能提高治理能力，反而可能会使得我国的银行业受到外来资本的威胁，不利于国民经济的长期稳定发展。

① 李祥茂，郑晓曦．西方垄断理论对我国国有大企业改革的启示策略［J］．经济论坛，2012（1）．

3.4 小 结

在众多的理论中，委托-代理理论是最被广泛接受的一种学说，究其原因在于它是根据企业的发展形式，基于人的客观性和主观性相结合来研究的。委托代理理论说明了几个事实：一是人的机会主义行为，人非生而自私，但是随着自身成长，生存的压力和对自身利益的追求，利己主义逐渐产生。现代管家理论只是用制度或者伦理压力来约束人的这种本性，使得人为了追求自身利益合法性而选择了为委托人服务。并且这种服务也是需要回报的，这些回报要足够弥补其物质和精神上的付出；二是契约不完备，由于信息不对称，委托人在获得关于代理人能力、努力程度和勤勉精神方面都需要成本，如果这些成本很大，委托人可能会放弃剩余控制权，这样代理问题必然出现。经理层控制和阶级霸权只不过是基于不同视角的委托代理问题，交易成本理论只不过为委托代理理论提供了新的解释。我国商业银行的特殊性所产生的产权理论和垄断理论，都表明了委托代理理论的一个重要方面：所有者缺位，即委托人的缺失，管理者依靠政府背景和手中的权力而肆意掠夺企业资源和相关利益者的利益。因此只有明晰产权，利用现代产权理论，依法打破垄断，按照市场规律办事，商业银行的治理效果才能更好。

第 4 章　商业银行治理模式

目前理论界对于公司治理模式的分类有着不同的观点。Moerland（1995）将发达市场经济国家的不同公司体制分为“市场导向型”与“网络导向型”两种，也有学者将“网络导向型”体制称为“以银行为基础的”公司治理模式（Vladimir，1999）。在国内的研究文献中，一般将公司治理模式分为以市场为导向的英美模式和以银行为主导的日德模式两种，见吴建辉（1998）、严若森（2001）、曹廷求（2002）、杨敏华（2003）、宋增基（2004）、蓝庆（2010）等人的研究。然而随着研究的深入，也有学者发现单纯从市场导向和银行导向来分析公司治理，并不能很好地反映每个国家的治理模式的特点，因此，对公司治理模式又出现了新的划分。Vives（2001）把各国公司治理结构主要概括为三种类型：一是市场导向型（主要是美国与英国），二是银行导向型（德国及日本），三是关系导向型（主要是中等发达国家和发展中国家）。范抒（2002）将世界成熟市场经济国家公司治理机制分为三种模式，即英美模式、德日模式和新加坡及东南亚国家的家庭持股模式。杨胜刚（2001，2003）、高宇辉（2006）的模式划分则更加深入，将西方公司治理模式划分为英美市场导向模式、日德银行导向模式、家族控制模式（亚洲家族模式）及转轨经济模式四类。相比之下，我们认为商业银行作为特殊的企业，不能完全脱离一般企业的普遍特性。同时，我们在对商业银行进行治理模式的分析时，应该综合全面地考虑世界各个国家和地区的特性，不能简单地一刀切。因此，我们根据各个国家商业银行公司治理的不同特性，将商业银行的治理模式划分为英美模式、日德模式、转轨经济国家模式及家族控制治理模式四种。

4.1　英美商业银行治理模式

4.1.1　英美公司治理的发展

英国和美国的股票市场相对比较发达，企业主要由投资人（股东）控制，并为投资人（股东）服务，市场对董事会形成强有力的制衡与影响，因此，英美模式也被称为市场导向型的治理模式，除英美国家外，加拿大和澳大利亚等盎格鲁-撒克逊（Anglo-Saxon）国家[①]也普遍采用这种模式。这些国家的特点主要是金融市场非常发达、公司的股份特别分散、股票流动性高等等。

4.1.1.1 英国公司治理的发展

英国是历史悠久的资本主义国家，也是较早成立公司并建立完善的法律体系的国家。英国公司治理的发展过程伴随着英国公司组织形式的变化而不断变化，由私人公司向合伙制再向股份制悄然发生着转变。股份公司这一特殊的企业组织形式发源于16、17世纪，伴随着海上霸权的崛起，英国的商业贸易极大繁荣。在此背景之下，出现了以东印度公司为代表的一大批带有股份公司性质的远洋贸易公司，这些公司按出股比例分配利润，经营结束后退还本金。

进入18世纪之后，英国的商贸活动进一步繁荣，出现了一批非法人性质的联合公司，公司的股东并非全部参与公司的经营，但所有股东却在公司出现财务困难时需要承担公司的债务责任。由此造成了投资者与经营者的权利不对等，出现了损害投资者利益的诈骗行为。为了遏制这一现象，英国议会在1720年颁布了著名的《泡沫法案》，但是由于这一法案的规定不十分明确，英国政府在1825年废止了这项法案。

整个19世纪是英国公司治理走向规范和法制化的重要阶段，在这一过程中，为了规范公司的组织形式，英国于1825年颁布了《公司交易法》，之后分别在1837年和1844年先后颁布了《一般公司法》和《股份公司法》，对公司内部董事长、股东大会和审计员的职责进行了明确，这些法案为现在英国的公司注册、组建和规范奠定了基础，但法案并没有对股东的责任进行明确。直到1855年，英国议会通过了《有限责任法案》，并在1857年和1858年先后对此法案进行了修订，明确了股东的有限赔偿责任，由此奠定了现代公司制度的法律基础。到了1862年，英国通过对以往法案的修订，通过了《公司法》，明确了建立公司的基本原则，至此，英国公司治理的法律框架基本形成。

进入20世纪之后，与公司治理相关的法律进一步得到完善，当前英国公司治理的权力分配以及制衡机制是以1948年的公司法为基础的。公司法的不断完善使得英国公司的数量在这一时期得到了飞速地增长，随之而来也产生了一系列的诸如经营者权力滥用等问题逐步引起英国政府和学者的重视，有关英国公司治理的研究也在20世纪90年代进入高峰，英国公司治理准则也在这一时期内频繁地得到修正（表4-1）。

① 这些国家在法律上都属于普通法系国家。

以 Maxwellk 和 Polly Pec 等公司为代表的一系列财务丑闻事件，使得英国开始对本国的公司治理体系进行反思，针对当时英国企业存在的公司治理问题，英国成立了各种专门委员会，就公司治理的不同方面进行了研究，并出台了各自的研究报告，这些研究报告对于英国公司治理准则的形成起到了良好的促进作用。早期的研究报告主要有针对 Maxwellk 和 Polly Pec 等公司财务造假行为所开展的英国公司治理状况的卡德伯利报告（Cadbury Report，1992）和调查公司薪酬制定标准的格林伯利报告（Creenbury Report，1995），1998 年汉佩尔专门委员会回顾了 1992 年卡德伯利报告和 1995 年格林伯利报告的执行情况，并出台了汉佩尔报告（Hampel Report，1998），肯定了二者对英国公司治理水平提高的贡献，并着重强调了公司治理的核心议题是股东利益，所有的制度设计都应围绕股东利益最大化展开。同年，英国财务报告理事会在辨证吸收这些研究报告的基础上颁布了《英国公司治理联合准则》（下称《联合准则》），这标志着英国的公司治理进入新的发展阶段。

表 4－1　20 世纪末期以来英国公司治理的演变

时间	名称	主要内容
1992	卡德伯利报告（Cadbury Report）	针对 Maxwellk 和 Polly Pec 等公司为代表的一系列财务丑闻事件，公司治理问题开始进入公众视野。由伦敦证券交易所牵头，成立卡德伯利委员会，对英国企业公司治理状况进行调查，并出台研究报告
1995	格林伯利报告（Creenbury Report）	撒切尔政府新保守主义所采取的私有化政策和“黄金股份制度”的后遗影响，因私人垄断而损害公众利益的行为频频发生，公司内部董事会薪酬畸高，脱离了公司绩效水平。因此格林伯利委员会专门调查公司薪酬制定标准，并出台研究报告
1998	汉佩尔报告（Hampel Report）	1998 年汉佩尔专门委员会回顾了 1992 年卡德伯利报告和 1995 年格林伯利报告的执行情况，并出台了汉佩尔报告，肯定了二者对英国公司治理水平提高的贡献，并着重强调了公司治理的核心议题是股东利益，所有的制度设计都应围绕股东利益最大化展开
1998	英国公司治理联合准则（Combined Code）	整合前期的研究结果，出台英国公司治理联合准则
1999	特恩布尔报告（Turnbull Report）	英格兰和威尔士特许会计师协会（ICAEW）受伦敦证券交易所之托提交的《内部控制：综合准则董事指南》，主要针对企业内部控制

（续表）

时间	名称	主要内容
2001	迈纳斯报告（Myners Report）	保罗·迈纳斯向英国财政部提交的一份研究报告，在一定程度上将治理的焦点从董事会转移到机构投资者上来
2002	董事薪酬报告条例（The Directors' Remuneration Report Regulations）	对董事薪酬问题再次展开研究，并出台研究报告，明确了董事报酬的范围、形式以及决定方式、披露机制等等
2002	史密斯报告（Smith Report）	为预防美国安然丑闻类似事件在英国发生，英国政府设立协调小组，要求财务报告委员会全面检讨现行的会计审计制度。史密斯报告全面探讨了审计委员会的职责与责任、成员资格、任命程序、资源保障等，并就1998年公司治理联合准则的相关规定提出修改建议
2003	希格斯报告（Higgs Report ）	强调非执行董事职能
2003	英国公司治理联合准则（Combined Code）	根据史密斯报告和希格斯报告对1998年的英国公司治理联合准则进行了修订
2008	英国公司治理联合准则（Combined Code）	对2003年的英国公司治理联合准则再次修订
2009	特纳报告（Turner Review）	美国次贷危机发生后，英国政府对金融监管做出的声明
2009	沃克报告（Walker Review）	报告对英国银行业的公司治理进行了全面审查，并提出治理意见
2010	英国公司治理准则（UK Corporate Governance Code）	英国根据特纳报告和沃克报告全面修订了《联合准则》，并更名为《英国公司治理准则》，成为目前英国公司治理实践的总纲领

资料来源：① 牟文超．英国公司治理体制的演变及启示［J］．经济管理，2011（9）．
② 维基百科。

《联合准则》的出台，标志着英国公司治理进入新的历史阶段，但并不意味着英国的公司治理水平从此达到一个很高的水平。相反，这一《联合准则》比较笼统，并不能很好地指导实践。伴随着亚洲金融危机，安然丑闻等等一系列的金融事件的爆发，使得英国政府更加关注本国企业的治理状况，并加快了对《联合准则》的细化修订过程，并先后于1999年、2001年、2002年、2003年出台了关于企业内控、规范机构投资者、规范董事薪酬、规范企业审计委员会以及强调非执行董事职能的相关报告，之后在 2003 和 2008 年先后两次对《联合准则》进行了修订。在这期间，美国爆发的次贷危机使得英国政府对本国的金融行业的公司治理更加关注，并出台了针对金融监管的特纳报告（Turner Review）和针对英国银行业公司治理的沃克报告（Walker Review）。前者建议全球金融监管体系在风险管理的基础上进行重构，后者则更加强调监管的平衡性，将公司治理的重心从股东价值最大化，转移到公司的长期发展上来。之后，根据报告的建议，英国对《联合准则》进行了再一次的修订，并将其更名为《英国公司治理准则》，该准则已经成为目前英国公司治理实践的总纲领。

《英国公司治理准则》指出，“公司治理的目标，是提高企业家管理企业的有效性和审慎程度，从而促进企业的长期发展”，它的颁布意味着英国公司治理的发展进入了一个新的阶段。可以说，最近二十多年英国公司治理的发展在不断地发生着变化，这种变化是包含着严密的内在逻辑的。简而言之，这种逻辑可以概括为：

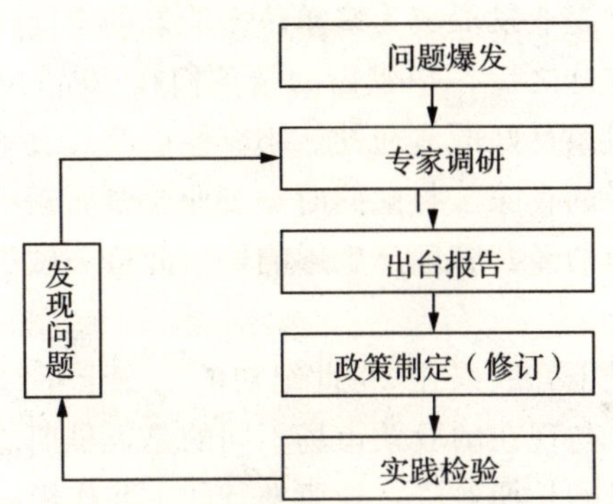

图 4－1 英国公司治理模式发展的内在逻辑图

英国公司治理模式的发展是建立在这样的循环基础之上的。这些研究报告的出台规范了英国公司治理的状况，并且和公司治理实践互相促进，因此英国公司治理模式的经验就是对这些治理报告和治理实践的总结。需要指出的是，《英国公司治理准则》的颁布本身并不意味着英国公司治理水平已经达到了十分完善的境地，只能表明英国对本国的公司治理进入了一个新的阶段。就像图 4－1 中所表明的，从英国公司治理的历史过程来看，其治理改善的过程是一个循环往复的过程，并不存在一个完全意义上的终点。

4.1.1.2 美国公司治理的发展

美国被认为是公司治理体制最完善的国家之一，其许多做法得到了世界上许多国家的推崇，并在包括我国在内的全球许多国家得到推广。虽然对公司治理问题研究主要源于 20 世纪 30 年代，但美国公司治理问题的产生要追溯到 19 世纪。

19 世纪早期的美国企业，私人业主式和合伙制是企业的主要组织形式，企业的组织形式较为简单，其公司治理机制继承了英国有关公司设立的基本制度。由于股东数量少，基本为设立公司的合伙人，因此股东掌握完全的权力，董事仅仅是受制于股东的公司代理而已[①]。

19 世纪中期开始，公司的权力逐步开始向董事会倾斜。到了 1899 年，特拉华州对其公司法进行了修改，修改后的公司法明确表明董事会中心主义的确立。该法案明确股东大会主要享有对董事的任免权，对公司章程的制定、废除、修改权，重大事项的表决权以及合并或联合批准权。该法案同时指出，公司的业务和事务均由董事会管理或在董事会的指导下进行管理。

19 世纪末，伴随着技术革命和新兴产业的兴起，企业的生产规模越来越大，原有的生产管理方式已经不能适应当时的生产规模，因此，越来越多的企业开始建立自己的管理队伍。在一些技术更复杂、资本投资更大的行业，职业经理往往会进入企业高层出任董事甚至总裁。此时的美国企业已经从早期的从事制造或销售的单一职能的地方性企业发展成为多单位多职能的全国性企业，所有权和经营权也开始出现分离。在这之后，华尔街的精英们在 19 世纪末开始为这些大企业发行工业股票。工业股票良好的流通性、小额性以及其所承担的有限责任使得这种股票受到中小投资者的青睐。与此同时，工业股票面额小的特点使得一般的股东几乎不可能对大企业的经营管理产生影响，因此这一做法也得到了许多美国企业的认同。

在各种因素的促进下，股票在 20 世纪初的二三十年时间内得到普及并飞速发展。需要注意的是，与现在的股票市场不同的是，早期的股票市场并没有为这些企业提供有重要意义的长期融资，新股发行的主要作用一是用来改变现有资产的所有权或用来重组公司的资产负债表，二是为了收购其他公司并使其股票退市[②]。这一阶段的美国企业公司治理的特点是所有权与控制权分离，经理人作为一个特殊的阶层开始介入公司的管理，外部股东和企业普通员工被逐步边缘化。

20 世纪 30 年代的大萧条，使得美国加强了对证券市场的监管，并出台了《格拉斯斯蒂格尔法案》，确立了金融机构分业经营的格局；1934 年出台的《证券交易法》明确了“内部人”的概念，并对内部人的获利进行的限制；1940 年的《投资公司法》则对投资基金对每家上市公司的投资额度给出了限制，同时董事会成员中至少有 40%的董事必须由外部人士担任。这些法律对银行等金融机构的投资行为进行了干预，造成了这些金融机构无法对公司的经营管理进行积极

① 陈东．英国公司法上的董事“受信义务”[J]．比较法研究，1998 (2)．

② 黄一文．美国公司治理一百年 [J]．新财经，2005 (2)．

的干预。这些措施一方面对混乱的金融市场起到了规范的作用，另一方面重振了股市的信心，使得美国企业迅速从危机中重新崛起。1950 年，由全美律师协会起草的《美国标准公司法》正式颁布，之后又于 1969 年进行了修订。此法案的颁布进一步完善了美国的公司治理结构，大大地促进了美国企业的发展。此时美国企业从原来的经营单一业务到多元化经营阶段，多元化的经营模式催生了美国独特的事业部制的经营管理模式，并在 20 世纪 60 年代达到顶峰，形成了一大批多角化集团。然而，由于这种经营管理模式主要依靠其财务管理和人事管理的一些诀窍，容易被模仿，同时又过度依赖某一位 CEO 及其团队的能力，因此，大部分的多角化集团在 20 世纪 60 年代末均走向了没落。

在这一段时期，美国企业公司治理的特点是两权分离得到确认，企业内部管理者的控制权力得到空前的加强，公司治理的重点偏向于企业内部的管理者。同时，由于股东对企业的具体经营业务没有干预的权利，因此为了保证代理人——公司高管的利益与股东利益保持一致，从 20 世纪 50 年代开始，股票期权成为一种普遍的高管激励方式。

进入 20 世纪 70 年代以后，美国的公司受到了外国公司特别是日本公司的强烈挑战。机构投资者的兴起源于美国金融结构的悄然变化。伴随着美国家庭投资习惯的变化，金融资产在美国家庭中所占比重越来越大，越来越多的美国家庭将资产投入养老基金和共同基金，使得二者在 20 世纪 70 年代初得到了飞速发展。随着美国家庭对股票市场的日益依赖，机构投资者重要性不断提升，这使得企业内部的管理者受到来自外部股票市场的压力越来越强。

同时，机构投资者的兴起也为 20 世纪 80 年代“公司控制市场”的活跃注入了动力。20 世纪美国整个 80 年代又被称为“交易的十年”，金融结构的变化导致投资银行传统的盈利模式受到挑战，美国金融机构之间的竞争越来越激烈，并购业务成了这些金融机构的新的业务增长点。为了推动公司控制市场的发展，投资银行发明了杠杆收购这一金融创新工具，并在这一时期借助垃圾债券的兴起得到了飞速发展，而共同基金、保险公司、养老基金等机构投资者正是垃圾债券的重要买入者。虽然杠杆收购在 80 年代末期伴随着垃圾债券的崩溃而逐渐衰落，但不可否认的是，机构投资者在这其中扮演着极其重要的作用。

20 世纪 90 年代美国公司治理的另一大变化是工会作为另类的机构投资者开始活跃在资本市场上。由于美国资本市场上大部分机构资金的最终受益人都是工会成员，同时，这些基金的受托人是由资方和工会任命同等数量人员构成，因此，工会往往会通过谈判的方式干预养老基金的资产管理。但是，工会的作用由于受到养老基金管理人的受托责任和证券交易委员会有关股东议题的规则限制，往往变得非常有限。

公司控制市场的兴起使得企业开始重视外部治理的作用，股东的作用开始重新得到公司管理层的重视，公司高管开始重视股票市值的增加给股东带来的回报，股东价值论在20世纪90年代得到确立。股东价值得到重视的一个佐证是股息支付率从20世纪60年代到90年代的迅速增长。资料显示，美国公司的股息支付率在20世纪60年代不到40%，而这一数据到了1996年则上升到了72%，公司的利润从企业开始流向股东①。

在这一时期，公司治理变化的另一特点是管理层的激励方式发生了变化。股票期权等长期激励方式开始成为企业公司治理中管理层激励的主要方式。资料显示，美国经理人的薪酬中，股票期权及其他长期收入项目占总薪酬的比例由1965年的20%增长到了1999年的88%②。激励方式的改变在促使经理人利益与公司长远利益保持一致的同时，也引发了经理人通过会计欺诈恶意抬高股价的风险。2001年美国安然公司破产，世界通讯、施乐等大公司财务造假丑闻曝光后，这种激励方式受到了广泛的诟病。

2002年，为了打击这种行为，美国国会颁布了《萨班斯法案》，对企业公司治理等方面做出了新的规定。其突出特点在于强化了CEO的监管责任，强制性要求完善内控机制，并对相关违法行为的利益主体进行严惩。然而这一法案实施之后，美国的企业并没有一帆风顺地发展，特别是2008年的金融危机，把脱离金融监管的金融市场、过度扩张的股东价值取向推到风口浪尖。越来越多的学者开始对美国公司治理的模式进行反思③。

回顾英国和美国的公司治理的发展，我们不难看出，公司治理结构的优化是一个动态的过程，而且这一过程到目前为止并没有终止的迹象。这种优化调整的过程是一个不断发现问题、解决问题的过程。

4.1.2 英美商业银行公司治理的特征

英国和美国的商业银行的组织形式各有不同。美国施行的是单一银行制度，这是一种仅设立总行，业务活动完全由总行经营，不下设任何分支行的商业银行组织形式。这是由美国独特的联邦制国家体制决定的。联邦制的国家体制造成各州权力很大，能制定适合本州经济发展的法律。而美国联邦或各州的法律规定，不允许或限制银行跨州跨地区设立分支机构，因此美国商业银行数目最多，除少数几家大银行外，均由众多的中小银行构成。英国施行的是总分行制，即设有总

① 黄一文．美国公司治理一百年［J］．新财经，2005（2）．

② 洪功翔．美国公司治理变迁阶段研究［J］．商业研究，2009（2）．

③ 张佳康．美国公司治理沿革及对中国的启示［J］．浙江金融，2013（1）．

行的同时又在总行之下设立分支行的商业银行制度。我国以及世界上绝大多数国家所采用的都是这种银行组织形式。虽然英美两国的银行组织形式有所差异，但在公司治理方面却有着相同的特征。

4.1.2.1　英美商业银行治理的内部机制

英美公司治理的特殊发展历程决定了其治理机制的不同特点。从内部机制来看，英美商业银行公司治理主要有如下特征：

特征一，治理的目标是股东价值最大化。英美企业融资结构以股权资本为主，因此其公司治理以股东控制为主，债权人一般不参与公司治理。同时，英美商业银行的股东具有高度的分散性。英美的公司法都规定股东大会是公司的最高权力机构。由于英美股票市场起步较早，股票已经成为美国普通家庭非常重要的家庭理财方式，因此，也造就了英美商业银行股东结构的高度分散性。这种分散性带来的直接后果就是代理成本的增加，股东大会不可能对公司所有的大小事做到一事一议。在这种情况下，董事会作为股东大会的常设机构就成了经股东大会授权的公司日常决策的最高机构。而作为公司的小股东，则只能通过“用脚投票”方式对商业银行的公司治理进行评价，进而影响公司治理。

特征二，董事会治理结构比较完善。如前所述，英美的公司法将银行的日常经营决策的权利交给了董事会，因此，英美商业银行公司治理中，董事会扮演着极其重要的角色。英美商业银行的董事会采用的是单层制模式，不设监事会，董事会既是决策机构又是监督机构，通常采用委员会制度，董事会一般下设各类专门委员会，包括执行委员会、薪酬委员会、提名委员会、审计委员会等。由于没有监事会，为了加强对董事会的监督，减少内部人控制，英美商业银行通常采用两种方式，一种是通过引入独立董事制度，增强董事会的独立性，二是在董事会中引入监事，直接对董事会的行为进行监督。

从各委员会的功能来看，执行委员会主要对银行日常的经营活动进行决策，除银行购并、股息分配等重大事项外，其他事务均由其处理；执行委员会首脑被称为首席执行官（CEO），英美银行中的 CEO 一般由董事会主席兼任；薪酬委员会负责制定银行合理的薪酬政策，拟订银行高管的报酬；提名委员会主要负责推荐和批准商业银行的董事候选人并对其工作进行评估，以决定其是否留任；审计委员会负责对银行的定期审计，或在特定时候对银行的某项业务或项目进行审计安排。

特征三，完善的经理层薪酬激励机制。经理层是英美商业银行的执行机构，负责执行董事会制定的政策，组织开展日常经营活动。同时对指定的政策提出建议和意见并反馈至董事会进行讨论。经理层通常以董事长、总经理和其他高管为主，董事长通常也是银行的 CEO，这种双重身份促使董事会与执行机构之间能够协调畅通地开展工作。英美商业银行对经理层的薪酬激励机制也较为完善，厥澄宇、王一江（2005）的研究显示，英美商业银行高管的薪酬激励主要有两大特点，一是以中长期激励为主，20世纪80年代到21世纪初，美国商业银行高管中长期激励报酬的比重从微不足道上升到了接近80%，其中股票期权的价值要高于年度奖金、红利和其他激励的总和，成为美国银行高管收入的主要来源；二是薪酬总量巨大，各层级收入差距加大，各层级收入差距较大。尤其是CEO与其他高管的年度资金差距更大，平均相差3～4倍，收入差距主要体现在股权激励上。

4.1.2.2 英美商业银行治理的外部机制

首先从个人股东来看，前文中已经介绍，英美两国的证券市场非常发达，证券市场对公司治理影响巨大，这也是英美公司治理模式被称为“市场导向型”的重要原因。独特的历史背景造成了英美商业银行股权结构过于分散，流动性高。在美英，个人股东在整体上相对于机构投资者来说所持有的股权比重较小，而且个人股东由于存在专业知识不足以及“搭便车”思想的影响，使得他们在行使对银行的监控权方面比较消极。

其次，从机构投资来看，迅速发展的机构投资者在商业银行公司治理中发挥了越来越重要的积极作用，机构投资者的出现克服了一般小股东对于专业知识的匮乏，为解决股东对商业银行的监控提供了新的可能。数据显示，美国各类机构投资者的持股率在20世纪50年代到70年代间上升了14.8%，英国的机构投资者持股比率在1975到1990年间上升了18.4%①。

随着机构投资者更加积极地参与公司治理，一部分分散的小股东通过联合的方式参与公司治理，通过“用手投票”来对董事会提出要求，以维护股东利益。从英美商业银行的股权结构来看，最大的股东是养老基金、人寿保险、互助基金等机构投资者。机构投资者作为资金的代理人，首先关心的是银行的盈利水平，一般不直接参与银行的经营管理活动。另外，英美的机构投资者通常在一个特定银行中最多持有3%的股票②，这一方面是由于英美相关法律的严格限制，另一方面也是各机构投资者出于对风险控制的需求。

然而，需要看到的是，无论是个人股东还是机构投资者，由于存在“搭便车”等问题的影响，都存在消极监管的心理。特别对于机构投资者，由于受到英美法律法规的限制，对于每家商业银行的持股比率过于松散。比如美国的法律规定，保险公司在任何一个公司所持有股票不能超过公司股票总值的5%，养老基

① 李维安．公司治理［M］．南京：南开大学出版社，2006.

② 樊蓓娇．发达国家商业银行公司治理的比较分析［J］．农村金融研究，2008（10）．

金和互助基金则不能超过 10%，否则将会面临非常不利的纳税待遇[①]。因此，国内也有学者认为机构投资者在影响商业银行公司治理方面作用非常有限（樊蓓娇，2008）。

但这并不意味着股东对商业银行的公司治理失去了监督机制，如前所述，广大股东还是可以通过“用脚投票”的方式对银行进行监督，形成有效的外部监管机制。此外，我们还应看到机构投资者在对抗恶意收购中为保护中小股东利益而做出的积极努力。近年来，机构投资者已经成为各国商业银行治理难以忽视的外部利益相关者。

第三，从外部市场来看，英美两国的资本市场、公司控制市场、银行家市场、产品市场等外部市场对其商业银行公司治理形成了强有力的约束。产品市场的作用在于通过消费者对产品的选择最终筛选出符合市场需求的银行，而那些不符合市场需求的银行则会受到来自中小股东“用脚投票”的压力，进而会造成股价的下跌。股价的下跌一方面加大了银行被收购的风险，另一方面也使得以股权激励占薪酬比非常大的管理层蒙受损失。经历了 80 年代“交易的十年”，使得公司控制权市场越来越得到管理层的重视，无视股东利益的行为得到有效抑制，银行高管们不得不注重自己的管理经营绩效，增强股东对商业银行经营前景的信心。

4.1.3 案例研究一 美国花旗集团的公司治理[②]

花旗银行（Citibank）诞生于 1812 年，是花旗集团的全资子公司和核心企业。花旗银行最初创立时的名称是纽约城市银行，1865 年更名为纽约国民城市银行。1955 年，纽约城市国民银行同第一国民银行合并成立纽约第一国民城市银行。1968 年，第一国民城市银行成了当时成立不久的单一银行持股公司——第一国民城市公司的子公司。6 年后，持股公司的名称改为花旗公司。自 1976 年 3 月 1 日开始，第一国民城市银行的名字正式改为花旗银行。从那以后，花旗公司只在 1998 年 4 月花旗公司与旅行者集团合并之后，改称“花旗集团”。但是，其全资子公司花旗银行仍然保留原来的名称（Citibank）。

花旗集团是全球领先的银行，在全球超过 160 个国家和市场拥有两亿客户账户。花旗集团主要为个人、公司、政府和机构客户提供广泛的金融产品和服务，包括个人银行及信贷、公司银行与投资银行、证券经纪、交易服务和财富管理。花旗银行在成立之初只有 200 万美元的注册资本，其中有三分之一的股份由美洲银行持有，另外三分之二的股份分别由 1812 年时已经存在的纽约市两家最大的

① 李维安．公司治理［M］．南京：南开大学出版社，2006.

② 此部分内容根据花旗银行网站相关资料整理。https：//online. citibank. com/US/Welcome. c.

银行——曼哈顿银行和技工银行等额持有。2012 年，花旗集团以 18738 亿美元总资产、1029 亿美元的营业收入以及 110 亿美元的总利润在《财富》杂志评选的世界 500 强中位列第 60 位。

管理架构：花旗银行的管理层主要包括董事会和不同层次的管理委员会。在管理委员会中，既有规模庞大的“集团管理委员会”，也有为保证公司业务有效合规运行而专门设立的“集团高级管理委员会”，此外还有专门推动公司业务发展和市场开拓的“集团业务管理委员会”及其他专业委员会。

花旗银行的管理结构的独特之处在于：花旗银行可以根据公司需要在董事会中设立两个平行主席；花旗集团的总裁可以长期空缺，总裁人选必须是业务管理委员会成员，而不可以是行政管理委员会成员；花旗集团管理委员会种类特别多，各部门内部和各个业务领域，需要有不少于两个平行的第一负责人。

公司治理使命：花旗集团在其公司治理指引中将“强烈渴求达到公司治理及控制的最高标准：说到做到”作为集团的公司治理使命。同时在治理公司业务时要做到完全遵守法律、规章和监管规则的要求，并要追求报告结果的精确性与透明性。

董事会：通过对公司事务进行高效管理以实现股东利益是董事会的首要职责。同时，董事会还要平衡包括顾客、雇员、供应商及地方团体等全球不同地区利益相关者的利益。董事会所采取的一切行动都要从其商业判断出发，以使企业获得最大收益。董事会可以依靠其信赖的正直、勤勉的高级管理人员、外部顾问和审计员来履行上述义务。

董事会成员的数量与选择：花旗银行公司治理准则中将其董事会规模限定在 13～19 人，同时规定，为适应外部环境和董事会的需要，可对董事人数进行灵活调整。提名委员会、治理与公共事务委员会可根据董事会的整体组成和所需专业领域的多样性提名董事会候选人。董事由周年股东大会选举产生，每届董事任期为一年，到下一年度股东大会召开之日时届满。在两届股东大会之间，董事会可通过多数选举通过的方式增加新的董事。

董事的独立性：在董事会中应至少有三分之二的成员是独立董事。花旗银行的董事会已经采纳了详尽的独立董事标准以帮助董事做出独立决定。这些详尽的标准要与纽约证交所发布的公司治理准则相一致，还要遵守相关法律、规章和监管制度。同时，考虑到有关董事独立的时效性要求，该标准还要时时更新，满足法律法规不断变化的新要求。以实现为公司董事会和委员会服务为目的的董事，如果与公司没有实质性关系，就可把其定义为独立董事。

董事候选人必须符合的条件：辨认、评估和选择候选人是董事会最重要的职责之一。董事会下属的提名委员会、治理与公共事务委员会负责对潜在的董事候选人的资格审核，并对整个董事会提出推荐意见。董事和委员会在考核潜在的董事候选人时应考虑的因素包括：

（1）候选人所表现出来的行为是否说明其致力于最高道德标准；

（2）候选人是否具有作为商业企业、政府或非营利性机构董事长、首席执行官、首席运营官的专业经验，或等效在运营全球规模的大型金融服务企业面临一系列复杂问题时，能否对董事会的决策做出显著的立即的贡献；

（3）候选人是否具有现有董事所需的特殊技能、专长和背景，考虑到公司经营和区域的复杂性；

（4）候选人是否具有为全球范围内的多元化金融服务业务提供有效监督的专业财务知识；

（5）候选人是否已在其业务、政府或专业性活动中取得突出成绩，是否建立了能够说明其有能力做出董事会所需的重要性和敏感性判断的良好声誉；

（6）候选人是否会有效地、持续地、恰当地考虑和平衡公司所有股东和其他相关利益者的合法利益，而不是某一特定地区的利益；

（7）在共同掌权和相互信任的环境中，当建设性合作作为团队的一部分，候选人是否愿意挑战管理。

服务于其他董事会的限制：花旗银行的董事同时担任其他上市公司董事的数量应该由提名与公司治理委员会通过一对一的讨论来决定，以确保每一个董事都能有充足的时间服务于花旗银行。花旗银行董事会审计与风险控制委员会的成员最多不能担任包括花旗集团本身的审计与风险控制委员会在内的超过3个上市公司的审计委员会成员。

连锁董事关系：花旗集团的内部董事或高级管理成员不得担任花旗集团的外部董事。

持股承诺：董事会和高级管理委员会的成员都必须接受维持花旗集团最低水平股票所有权的持股承诺。董事会可以不时修改持股承诺以反映法律和业务的发展。目前，持股承诺条款将在公司年度大会上予以委托申明，其例外条款可能包括房地产规划交易和某些其他情况。

从董事会退休的期限限制：董事可以服务到他满72周岁之前一年的花旗集团的股东大会，在达到72岁之后不可以再次当选，除非董事会有合情合理的理由要求其继续留任。花旗集团对董事的任职期限没有其他限制。

对董事会业绩的评估：提名与公司治理委员会应该依据由其推荐、由董事会批准的评估指引对董事会的业绩进行年度评估。这种评估既包括对董事会整体能力的评估，也包括按照纽约证券交易所公司治理结构规则和其他法律、规章和监管制度有关董事独立性的规定来评估每个外部董事的独立性。考虑到在首次当选董事时，其责任和义务可能发生变化，这种类似因素将由委员会来决定是否用来进行评判。每个委员会（执行委员会除外）都应每年对自己的表现进行一次自我评估，并将对董事会和委员会的评估结果汇总后提交给董事会。

董事的薪酬：董事的薪酬形式和数额在基于提名、治理与公共事务委员会建议的基础之上由董事会来决定。提名、治理与公共事务委员会应该就董事的薪酬问题每年报告和评估一次。那些本身就是银行雇员的董事不应该以他们担任银行董事一职而收取任何报酬。非银行雇员的董事在没有获得提名与公司治理委员会的同意之前，不得进入银行的任何咨询管理领域。服务于审计委员会的董事不得直接或间接地因其为银行提供了相关会计、咨询、法律、投资银行或者其他金融与财务咨询服务而收取报酬。

参加会议的规定：在原则上，公司要求董事们须参加公司的年度股东大会、董事会议和他们所服务的各委员会和分委员会会议。董事们应投入必要的时间满足频繁的会议以正确履行自己的职责。在董事会召开前，分发给各董事和委员帮助其理解业务的重要信息材料，为其审阅提供时间。在确定的年度里，董事会主席应该建立一种明确日程安排的会议议程，并给出每次会议上要讨论的议题。任何董事会成员都可以将其建议列入议程项目，或可提议在会议议程中没有的内容。

对主席、CEO 和 COO 的业绩考核：根据银行章程规定，董事会的人事与薪酬委员会应每年安排一次会议以专门讨论银行主席、CEO 和 COO 的工作业绩。董事会对人事与薪酬委员会提供的相关报告要进行专题评估，以确保银行主席、CEO 和 COO 能够为了银行的长期和短期发展，提供一种最佳的领导关系。

内部交易规定：除了为满足员工股票期权计划和其他股权薪酬计划的管理和衔接之外，花旗集团通常不会从雇员手里购买本公司股票。银行的董事和高级管理人员在规定的锁定期内不得交易本公司的普通股票，因为这会影响到银行的 401 计划和退休金计划，绝大多数的银行员工都会被限制交易本行的普通股票和将资金转进或者转出银行的普通股票基金。这些都需要遵守法律和监管规则的限制，并需要满足《公司个人交易政策》条款的要求。董事和行政官员可能不会从事涉及本公司股票或由本公司发行的证券的对冲交易，包括作为薪酬授予本公司董事或行政官员的证券，或在非补偿性交易中购买、收购董事或行政官员的股票。

对董事提供贷款的限制：花旗银行不得对董事或者董事的紧密家庭成员提供任何个人贷款，例外是信用卡、支付卡和透支支票账户的使用。但对其提供这种服务时，要按照银行或者以银行的某一子公司的普通业务条件来进行，它的类型是对社会公众都可以提供的，并且按市场条件来提供的或者其条件并不比对社会公众提供这种服务的条件更优惠。

4.1.4 案例研究二 英国汇丰银行的公司治理[①]

英国汇丰银行（HSBC）隶属于汇丰集团，是一家誉满全球的国际老牌银行，其总部设在伦敦，分支机构遍布世界各地。目前，汇丰集团在欧洲、美洲、亚太地区、中东及非洲的82个国家和地区拥有约10000间附属机构。根据2012年汇丰银行年报反映，截止2012年底，该行市值达到1940亿美元，每股收益0.45美元，税前利润206亿美元。在《财富》杂志最新出炉的世界500强中汇丰以总资产25555.79亿美元，营业收入1101.41亿美元排名第53位，成为全球规模最大的银行及金融机构之一。汇丰之所以能够取得如此骄人的业绩，得益于该行建立了一套良好有效的公司治理结构。

汇丰集团是按照十分特殊的逆序模式组建的。汇丰银行先于1865年分别在上海和香港同时成立，迄今已有148年的历史，在集团中占有核心地位，而汇丰集团成立至今仅有20多年。作为世界级和亚洲第一大银行，汇丰银行建立健全了权责清晰、有效制衡、高度透明的公司管理模式，该模式为推动公司的长期发展和实现股东可持续的价值增值提供了可靠的保障。

董事会：与其他大银行的管理结构类似，汇丰银行的最高管理层是由17名董事组成的董事会，其中包括4名执行董事和13名非执行董事。董事会的主要任务是明确本集团的风险偏好，负责本集团业务管理，为本集团制定发展战略，同时为实现已设立的战略目标董事会还需对管理层提出的资本和运营计划予以批复。在汇丰银行，董事会可在相关法律、法规和公司章程的规定下行使如借款、按揭或抵押公司全部或部分的业务、财产、（现在或将来的）资产的权力。此外，为有效管理汇丰控股公司业务，董事会能够委派任何董事担任行政职务并赋予其权力，董事会亦可在任何地方和区域设立分支部门和机构，并授予其经理或委任代理相关职权。

董事的就职（induction）、委任、退任及连任：汇丰银行规定全体董事应每年重新由股东选举，所有的董事要在即将举行的股东周年大会上退任，有愿意的可重新参选连任。每个执行董事在被雇佣时都需要签订滚动合同（rolling contract），当事人中任何一方若要解除合同需提前十二个月通知对方。为使新董事熟悉公司的战略、风险偏好、风险管理、经营和内部控制，新董事需与其他董事和高级管理人员召开一系列相关会议，以全面了解董事的职责和义务。

董事会的平衡构架和董事的独立性：汇丰银行董事会包括执行董事和非执行

---

① 此部分内容根据汇丰银行网站相关资料整理。http：//www.hsbc.com/.

董事，任何个人或团体都不能主导董事会的决策。董事会的规模要与公司的区域分布和公司业务的复杂性，以及对非执行董事（特别是那些担任董事会专门委员会的成员）在时间上的要求相适应。提名委员会会定期审查董事会的架构、大小和董事会的组成（包括技能、知识和董事所需的经验）以解决集团所面临的风险问题，并向董事会提出相关建议。

汇丰董事会下设董事会的专门委员会主要包括：集团审计委员会、集团风险管理委员会、金融体系脆弱性委员会、集团薪酬委员会、提名委员会、企业可持续发展委员会和集团管理委员会。

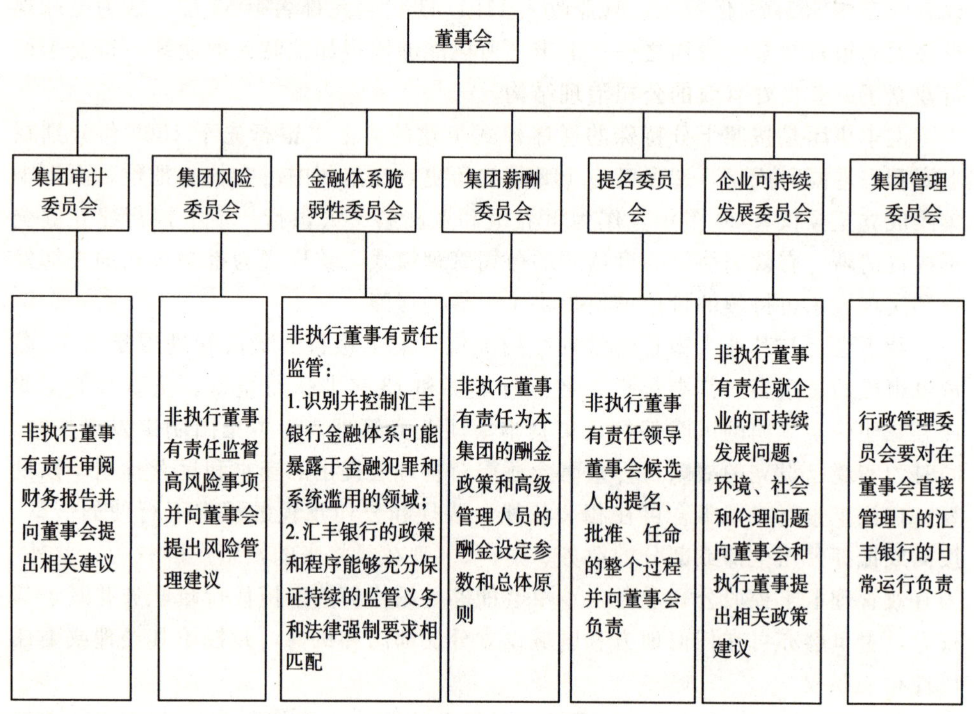

图 4-2　汇丰银行公司治理结构图

除了具有健全的以董事会和高级管理层机构为核心的公司治理结构外，汇丰银行还拥有良好的内部控制机制、风险管理机制和激励相融的薪酬政策。

作为提供金融服务的机构，汇丰银行已将风险管理融入其日常经营活动，其运营风险管理的目标是通过将银行面临的风险控制在可接受的范围内以实现回报对风险的比例最大化。汇丰银行将风险分为首要风险和新兴风险并确定了一套行之有效的基本管理框架。集团董事会作为汇丰银行的最高管理机构，负责批准集团层面及主要附属机构的风险管理框架，授权信贷及其他风险权限工作。其下由三个核心部门构成：信贷部门、审计部门及合规部门，三部门各司其职，相互配合，共同构建了汇丰坚固的风险管理基础，为汇丰银行有效的内控机制做出了巨大的贡献。

汇丰银行由薪酬委员会负责制定薪酬政策。其薪酬一般包括基本薪水福利、与业绩挂钩的年度奖金和长期的股份奖励。为保证薪酬水平的公平性，薪酬委员会还将充分考虑所在国家和地区的工资水平以及汇丰银行在当地的市场定位。2013 年初，汇丰银行在所有重要市场的财富管理销售团队中推行新的薪酬机制，新的考核制度将由原来的佣金制改为综合评分制，由意外的销售导向模式转变为以客户为导向的模式，更加注重客户体验、销售质量和价值衡量。

综上所述，汇丰集团健全的管理战略，保证了其管理模式清晰、资本充足、人员各司其职、服务全面、财务流动性始终处于稳健状态，这正是汇丰能够抵御金融危机、保持可持续发展的重要基石。

4.2 日德商业银行治理模式

4.2.1 日德公司治理的发展

德国和日本的公司治理模式被称为“网络导向型”治理模式，银行和财团是企业大量资金需求的供给方，公司（银行）则由投资人、企业及其他利益集团之间的交叉持股控制，同时政府保持着对公司（银行）强大的影响力。

4.2.1.1 日本公司治理的发展①

日本公司治理是伴随着日本社会制度的变迁而产生的，其根源产生于 1868 年的明治维新。明治维新标志着日本开始正式进入资本主义时期，明治政府借鉴了当时西方公司治理的模式，认为银行持股企业可以为企业提供较为低廉的融资成本。同时，明治家族在日本控制着大量的银行资本，可以通过银行持股来获得企业的控制权，这也是促使明治政府选择主银行制度的重要原因，银行交叉持股企业的习惯也一直延续至今。

高增长时期日本企业的融资基本是依赖银行信贷和间接金融，这一关系由于企业与银行之间的长期交易关系而长期保持，并形成了主银行联系。虽然主银行制度产生于日本资本主义改革的初期，但主银行联系的产生则是在 20 世纪三四

① 本书有关日本公司治理发展的内容部分参考了复旦大学冯剑的博士论文《日本公司治理变革中的惯性与趋同》，在此向原著者表示感谢。

十年代。Okazkai（1994）通过研究发现，战时的计划经济以及颁布于1938年的《国家总动员法》对日本主银行制度的产生起到了重要作用。桥本寿郎（2001）进一步指出，金融机构对军工产业的信心不足是日本主银行联系的产生的主要原因。银行与企业间的信息不对称使得银行产生了惜贷的现象，随后，某些城市银行为了避险开始联合融资，这推动了主银行联系制度的产生。李维安（2006）认为，日本公司治理模式的飞速发展则是建立在其对外军事扩张的基础之上的。为了解决战时本国的经济发展问题，日本当时的军政当局敦促家族银行合并，并替多数公司指定一家主银行，相应的，政府将这些银行作为政府基金流通的管道。这些银行在战时日本经济的发展中发挥了巨大的作用①。Nkamaura（2001）则认为，主银行联系的根源在于1920年至1930年日本所经历的经济危机。幸存下来的三井、三菱以及住友等财阀家族银行将剩余资金投于各种不同的企业和产业，使得其资产多样化。而其他日本财阀家族银行的主要作用是为其企业筹资，资产较为单一。这些资产状况较为单一的银行发生经济危机时抵御风险能力较差，故在上世纪20年代至30年代的危机中受企业的牵连逐步倒闭。这样，持有较多企业股份的资产多样化财阀银行在经济危机之后最终幸存下来，这些银行与企业间的长期金融联系，最终形成了日本式公司治理模式的一大特色——主银行联系。

二战结束后，美国为了瓦解日本军国主义的产业支柱，帮助日本建立起美国式的日本企业制度，对日本的企业进行了改革，力图打破财阀银行集团对日本企业的控制。为此，美国占领当局在1945年11月发出了对三菱、三井等财阀资产实行冻结的指令，之后又颁布了多项重要法律，并成立了作为解散财阀执行机构的“持股公司整理委员会”，日本企业的股权结构开始呈现出分散化的特征。

1947年，日本政府颁布《反垄断法》，规定企业不得持有股份，并限制金融机构不得持有一个公司5%以上的股票；1948年又颁布了《终止财阀家族控制法》，要求十大财阀中有影响的官僚离职，并对与财阀有关的股票进行了清算，逐步建立起以个人为中心的普遍的所有权结构。

1952年，在美军结束对日占领之后，日本企业飞速发展，上市企业增多。由于市场上股票供给的增加，导致了日本股票价格狂跌。为了重振日本经济，稳定股价，日本在1953年对《反垄断法》进行了修订，将金融机构的持股比例由原来的5%提升至10%。此后，企业银行间交叉持股大量增加，其直接影响是造成了企业所有权结构由个人为中心开始转向以机构为中心，并形成了企业之间相互交叉持股的企业集团。

进入20世纪60年代后，西方国家的并购浪潮开始影响日本，为了对抗市场

① 李维安．公司治理［M］．南京：南开大学出版社，2006.

的恶意收购行为，日本银企之间的交叉持股现象越来越普遍，最终不仅造成了三井、三菱等战前财阀的后继者恢复战前的集团组织，而且还出现了许多企业在三和、第一劝业银行（DKB）和芙蓉银行周围集中，形成了更多新的企业集团。

随着1973年第4次中东战争的爆发导致了国际市场石油价格大幅上升，造成了日本国内的通货膨胀。但在当时日本国内，物价的飞涨被看作是企业垄断行为的结果。因此，为了稳定物价，日本在1977年再次修订了《反垄断法》，将银行持有企业股票的上限从10%下降为5%。

到了20世纪80年代，日本泡沫经济进入晚期，日本企业集团中银企之间的相互交叉持股已经有了相当的发展，各种类型的交叉持股股票占日本上市公司全部股票的65%到70%，其余股票才可以在证券市场上自由买卖（Shcer，2001）。

伴随着日本泡沫经济的破灭，在进入上世纪90年代之后，日本开始反思其治理结构中的弊端，在学界和业界都掀起了向英美模式学习的呼声。独立董事制度以及董事会下设职能委员会等做法被逐步引入日本国内。然而，在经历了十多年的实践之后，这种实践的效果却在日本国内受到质疑，根据东京证券交易所《东证上市白书——公司治理白书2007》的结果显示，共有59家先后完成了转型（设立各专业委员会）。基于这个结果，白书中写道："东证上市公司中设立委员会的公司不足2.5%，大多数（97.5%）公司还是设立监事的企业。"通过对转型后企业的绩效进行实证研究发现，截止到2005年6月，完成委员会制转变的31家企业与没有实现转变的企业（原来的监事制企业）的绩效进行了比较。从2002年6月末到2005年6月末的市价总值增长来看，没有转型的企业增长不足三成，转型企业则为负（－2.8%）。从销售额和当期利润来看，原来的监事制企业要高些。2004年度ROE指标也是同样的结果①。基于此，日本国内的学者近年来也开始对之前的改革进行反思，并提出要从各国实际出发，研究适应本国实际的公司治理。这些无疑对我国商业银行公司治理的进一步改革发展提供了借鉴。

4.2.1.2　德国公司治理的发展

德国的公司治理与日本较为类似，因此国内外许多研究中都将日本和德国的模式合并称为日德模式。但是由于德国的历史比较特殊，尤其是在二战后德国分为联邦德国和民主德国，两种社会制度下公司治理形式，甚至企业的存在形式都有着天壤之别，这也造就了德国企业不同于其他资本主义国家企业的特殊的公司治理发展历程。

德国公司治理的产生有着其独特的背景，目前的德国是在1871年俾斯麦统

① 吉村典久．日本公司治理的动向［J］．产业经济评论，2008（12）．

一之后的德国。二战结束后，德国又被人为地划分为东德和西德，这种政治上的不安，不断变化的内外部压力，造就了日耳曼民族特有的合作意识，体现在德国企业的企业文化上就是对合作与良好秩序的重视。这种文化反应在公司治理层面即是对企业员工和社会责任的重视，因此，德国的实业界的管理者、董事会以及监事会成员一般都会从一个长远的角度来考虑问题。德意志银行管理委员会成员 Ellen Schneider Lenné 在《牛津经济政策评论》（1992）中的一篇文章中指出："德国公司的目标不会停留在最大化投资回报上，它们的理念是建立在'公司总体利益'这一基础上的，这是德国公司文化的一个关键性概念。"

在德国工业化的早期，企业基本是由所有者进行管理。随着企业规模的扩大，股权开始分散，许多股东从企业内部管理之中脱离出来，不再参与企业管理。与此同时，公司一般性例会的规模开始扩大，由此产生了将控制权交由股东选出的委员会中的观点。早期的股份公司由国家监管，1870 年，国家监管的做法被废止，这也意味着从那时起，德国就有了适用于一般企业的公司治理形式。

德国公司治理的发展过程中，工会扮演着重要的角色，这与德国的教育体系是分不开的。德国的教育体系崇尚知识精英，非常重视那些能将不同的人区别开来的正式的资格认证。并且在德国，人们并不认为在获得了良好教育和一流的职业技术知识而投入大量时间和金钱后，就应该去银行和政府就职，相反，大多数的德国精英都进入了德国实业界，这造就了德国企业不同于其他国家企业的超强的员工素质，这也为德国企业员工参与企业的公司治理提供了前提。因此，与英美国家不同，德国的工会、劳工理事会在企业的公司治理中发挥了更为重要的作用。1972 年制定的《劳工法案》中赋予了劳工理事会许多的权利。一般而言，德国的工会拥有组织工人罢工的权利，而劳工理事会在处理工人与雇主矛盾时则需要通过调解程序，必要时可以通过劳工法庭来解决。虽然劳工理事会并没有直接与雇主进行正式谈判的权利，但它们有权管理超出工会范围的事务。早在 1920 年，德国的法律就规定劳工理事会中有两名成员可以进入企业的监事会，但在 1934 年，纳粹取消了这一规定。到了 1947 年，由英军组建的临时政府在接受了德国工会的请求后，允许其在监事会中拥有自己的席位。此后，经过工会的不断努力，工会的力量不断加强，德国政府出台了一系列的法案来规范工会在公司治理中的地位。1976 年，德国颁布了《共同决策法案》，进一步明确了工会的作用，该法案不仅规定了监事会中职工代表和股东代表应占的比例，而且还规定公司管理委员会中要有一名董事专门负责处理有关劳工事务。

银行在德国公司治理的发展过程中同样扮演着重要的角色。德国公司治理的一大特点是全能银行制，造成这一现象的原因与德国股票市场的不活跃有很大的关系。在工业化的早期，银行甚至是中小企业获取资金的唯一渠道。银行愿意将资金提供给中小企业，更多是从长期合作的角度考虑，是典型的“关系型”融资而非“交易型”融资。银行为了获取更多的利润会更加关注企业的发展。这种趋势使得在德国，银行逐渐成为各大企业的股东。为了防止银行对企业的过度控制，1989年实施的《银行业务协调指令》第2款规定，银行持有某一公司的股份不得超过银行资本金的15%，同时，银行持有的所有股票不得超过银行资本金的60%。不过，由于存托股票投票权制度的存在，银行的实际控制权并没有因此而减少，这并未对德国的银行产生太大的影响。

纵观德国公司治理的发展历史，银行对于企业来说不仅是资金的提供方，它所提供的服务包括了储蓄、信贷、投资、外汇兑换等等，特别是在战后德国统一之后，银行对东德的新兴公司的发展起到了至关重要的作用。他们为东德的企业提供了包括资金支持在内的各种帮助，甚至为它们经营管理给出了具体的指导，这对德国的复兴起到了至关重要的作用。

4.2.2　日德商业银行治理的特征

通过回顾日德公司治理的发展历程，可以发现银行在两国的公司治理中发挥着重要作用。日本的银行体系由日本银行（日本中央银行）、一般商业银行（三菱银行、三井住友银行、瑞穗银行等）和政策性银行（日本输出入银行、日本开发银行等）构成。日本的企业一般都有一家主银行作为自己的主要贷款行并接受其金融信托及财务监控，主银行对企业拥有相机介入治理的权利，甚至可以持有企业的股份，包括有投票权的股份。德国的银行体系由德意志联邦银行（德国中央银行）和一般商业银行组成。德意志银行、德累斯顿银行和德意志商业银行、德国裕宝联合银行（2005年被意大利联合信贷银行并购）为德国的四大主要银行，业务量占50%以上。德国的商业银行又被称为全能银行，它们为客户提供的服务范围不仅仅局限于贷款，甚至还包括具体管理方面的指导等。

4.2.2.1　日德商业银行的内部治理机制

特征一，股权集中度高，交叉持股现象普遍。因为德日对法人相互持股没有法律限制，因此德日公司法人相互持股是一种普遍的经济现象。以德意志银行为例，根据德意志银行在2012年年报中列出的股东成分和股权的分布地区（表4-2）可以看出：德意志银行的股权结构中机构投资者为主要股东，股权结构较为集中，在2003年到2007年间机构投资者持有德意志银行股份均在80%以上，2008年以后机构投资者的持股比例降到了75%左右，相较于机构投资者，个人股东持股比例很小。此外，德意志银行的股权集中分布于欧洲大陆（包括德国、欧盟、瑞士等），其占比均在90%左右，美国投资者的持股比例则稳中有升，2010年后稳定在13%。这种现象的出现主要是因为德意志银行的全球化战略，特别是泛大西洋战略实施的时间较短，股东主要还是来自欧洲大陆。但随着战略的推进，外部股东特别是美国股东的持股比例可能会有较大幅度的提高。

表 4-2 德意志银行股权结构表

结构数据	年份	2003	2004	2005	2006	2007	2008	2009	2010	2011	2012
股东人数（万）		50.3	46.8	41.2	34.8	36.1	58.2	58.6	64.1	66	61.1
股东成分（%）	机构（包括银行）	81	82	84	86	86	71	74	75	74	75
	个人	19	18	16	14	14	29	26	25	26	25
地区分布（%）	德国	47	49	52	54	45	55	46	47	52	45
	欧盟（除德国）	28	28	30	30	31	25	31	31	26	33
	瑞士	13	11	6	5	9	7	6	6	6	6
	美国	11	10	11	10	13	11	16	13	13	13
	其他	1	2	1	1	2	2	1	3	3	2

资料来源：根据德意志银行 2012 年年报整理。

在日本，机构投资者不仅是企业的主要股东，而且银行和企业之间还存在着广泛的交叉持股的现象。所谓相互持股是指两公司相互持有对方公司的股票。二战后，日本企业股权结构分散化主要表现为股权所有主体多元化和股东数量迅速增长。并且股权主要是向法人集中，形成了日本企业股权法人化现象（法人持股）。日本从 1949—1984 年间，个人股东的持股率从 69.1%下降为 26.3%，而法人股东的持股率则从 15.5%上升为 67%，到 1989 年日本个人股东的持股率再下降为 22.6%，法人股东持股率则进一步上升为 72%①。正由于日本公司法人持股率占绝对比重，有人甚至将日本这种特征称为“法人资本主义”。相互持股股东持股的主要动机往往是保持交易关系的稳定，或是保持经营者对公司的控制。

特征二，独特的双层董事会制度②。日本和德国采取的都是双层董事会制度，即股东大会下设监事会和董事会，两者在实践中又不完全相同。德国双层董事会的特点表现在：首先，德国式的监事会享有非常高的地位，拥有监督权、任免权、特殊情况下的公司代表权和特定交易批准权；其次，监事会和董事会有上下级的区分，监事会在上，董事会在下。监事会由股东大会选举产生，具有任命

① 高程德．现代公司理论［M］．北京：北京大学出版社，2000.

② 有关日德商业银行监事会的详细内容可参见本书第 6.4.2 节商业银行监事会构成与职能部分的内容。

包括董事长在内的董事会成员，监督董事会执行业务，有权检查公司的财务状况，负责批准特定的交易，并在公司利益需要时召集股东会会议的权利；董事会则是按照法律和章程的规定，负责执行公司业务。公司的代表权原则上属于董事会，但在董事与公司发生诉讼、董事与公司交易时等情况下，可由监事会代表公司等等。由于银行本身持有大量的投票权和股票代理权，因而在公司监事会的选举中必然占有主动的地位，德国在1976—1977年度的一份报告中表明，在德国最大的85个公司监事会中，银行在75个监督董事会中占有席位，并在35个公司监事会中担任主席①。

日本双层董事会制度的特点主要体现在董事会主要由企业产生的内部董事组成，董事之间还因地位高低不同可细分为主席、总裁、高级常务董事、常务董事和一般董事。1997年日本修订的《商法》和《商事特别法》中规定大型股份有限公司必须设置专门的监事会，而小公司则可只设立监事。在日本，已退休或即将退休的银行高管人员通常会在董事会或监事会内部谋取职位，这不仅加剧了内部人控制现象，还会进一步造成董事会和监事会人员臃肿。虽然存在着差别，但日德两种模式还是在确定董事会中心主义和强化股东监督等基本原则上保持一致。

特征三，职工参与公司治理，存在内部人控制问题。200多年前德国早期社会主义者就提出职工民主管理的有关理论。1848年，在法兰克福国民议事会讨论《营业法》时就提议在企业建立劳工理事会作为参与决定的机构。1891年重新修订的《营业法》首次在法律上承认劳工理事会。劳工理事会的工作包括一切诸如工时、弹性工作、加班、工资、解雇等有关雇佣条件的事项。劳工理事会将与雇主就相关条款进行磋商，若协商失败，还可以由一个中立主席组建一个仲裁委员会进行仲裁，涉及解雇、员工假期中培训和员工投诉等重要事项的决策时，劳工理事会还享有共同决策权。德国设立这一制度的初衷，就是员工参与共同决策，在决定与员工相关的事项时，给予员工一些参与决策的权利。德国商业银行的治理中，职工通过选派职工代表进入监督委员会参与银行重大经营决策，通常监事会副主席由职工代表担任。监事会中的职工代表非常关注银行的未来发展，并且更愿意以合作而非对抗的态度来参与银行的决策。作为银行的内部员工，代表们对银行的经营活动看得更加长远一些，而且相对而言并不太关心会有多少股息；虽然代表们也有追求更高的工资和更好的福利待遇等独特的利益诉求，但他们的观点一般都会非常接近银行自身的观点。

日本商业银行的公司治理也存在着员工参与公司治理的情况，但形成这一结

---

① 冯根福．西方主要国家公司股权结构与股东监控机制比较研究［J］．当代经济科学，1997（6）．

果的原因与德国有较大的不同，这些董事会成员并不是员工代表，而是银行的中高层管理者。日本公司治理中对员工实行终身雇佣制和年功序列制。在终身雇佣制度下，雇员大多在退休前只在一家企业工作，同时横向的劳动力市场封闭，雇员无法转业。因此只有所任职企业的成长繁荣才可能提高雇员个人生活水准，故雇员对企业归属感高。而在年功序列制下，企业对年轻雇员的起薪支付低于市场平均薪酬水平，当雇员工作超过一定年限时，企业将支付比市场平均水准高的薪酬。从雇员生命周期角度考虑，在年功序列制度之下，雇员前半期支付不足，后半期则支付盈余，从而在长期取得平衡。因此年功序列制将提高雇员工作意愿以及长期留在同一企业的意愿，巩固终身雇佣制，加强对企业归属感。在这一背景下，银行一般将董事会中的一部分职位拿出来作为激励的重要方式，换句话说，日本员工参与公司治理，更多的是出于对员工激励的角度。而企业内部员工进入董事会带来的直接后果就是“内部人控制问题”，这一现象在日本和德国的公司治理中普遍存在。

特征四，重视中长期激励，物质激励与精神激励机制相结合。日本企业对经营者的激励主要是通过年功序列制度。日本企业法人对经营者的评价指标主要是看企业业绩，因此，经营者追求的是企业规模的扩张，而不是股价的上升。在年功序列制度下，人员的提升上主要是看他在公司内的资历，企业将进入董事会作为对员工的一种精神激励方式。在经历了金融危机的教训之后，从上世纪 90 年代起日本开始对公司治理进行改革，大幅缩减董事会规模，将董事会的监督职能和执行职能分离，引入独立董事等，并通过引入股票期权等远期激励方式，把股东回报与报酬联系起来，这样就把经营者的收入和股票价格联系起来了，公司经营者就必须努力工作，提高股票的表现，从而保护股东利益。

从整个薪酬结构来看，德国的商业银行公司治理中也非常重视对经营管理者的中长期激励。以德意志商业银行为例，在德意志商业银行，董事、高管及员工的薪酬激励机制中规定，董事会成员的薪酬的数量及结构由监事会负责。董事的报酬主要包括基本工资和奖金。其中基本工资主要依据国际同行业可比标准衡量，而在全部工资构成中占据主要份额的奖金则是按照利润率支付并与公司绩效挂钩。为了进一步激励董事，还设置了股权激励和延期支付股票利息等长期激励机制。股票期权的设立主要是为了激励员工广泛参与到银行的公司治理当中，其在全部工资中并不占据主要份额。以上对德意志商业银行公司治理特点的分析可以看出，共同治理的理念是银行公司治理的目的，社会义务是银行经营的首要目标，之后才是服务于股东①。

① 宋玮．德意志银行公司治理及其启示［N］．金融时报，2012（12）．

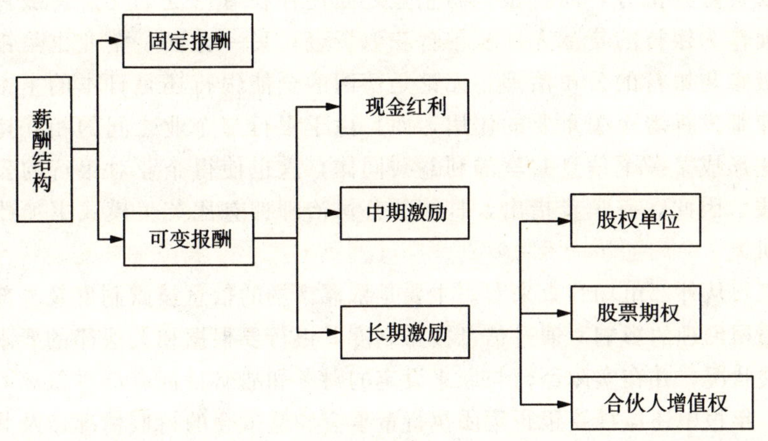

图 4-3 德国德意志银行薪酬结构图

4.2.2.2 日德商业银行的外部治理机制

首先，中小股东在商业银行治理中发挥了重要作用。回顾日本和德国两国公司治理的发展历程不难看出，机构投资者为日德公司治理的主要股东，中小股东的持股比例是很小的。根据德国中央银行 1991 年 6 月发布的德国公司股份持有情况可以看出，私人投资者仅仅占到总股份的 15.95%①。造成这种现象的原因主要有以下几点。一是德国和日本的股票市场相对英国和美国而言发展较为落后，债权融资是企业的主要融资方式。其次，法人之间的相互持股是两国公司治理的主要特征，企业股东主要为机构投资者。但这并不意味着中小股东放弃了股东大会的投票权，更不意味着中小股东对企业治理监控的减弱。以德国为例，在股东大会上，持有投票权的股东通常可以有如下三种选择：一是直接参加股东大会，二是委托别人代理（给出或不给出直接的意见），三是放弃投票权。很多小股东通常并不直接参加股东大会。因此在德国，银行往往是“自然”的代理人（德国实行了代理投票制度，银行代表存托股票的所有者参加股东大会，并将有关情况通知存托股票的所有人）。这样，原来分散的投票权通过存托股票制度集中到了银行手中，原来中小股东的“用脚投票”变成了“用手投票”。同时由于银行掌握了企业的大量信息，对公司治理的决策有更好的监督作用，这样反而加大了中小股东对企业的监控力度，使得企业受到了更加严密的监控。

其次，从机构投资者对银行约束来看。无论在日本还是德国，银行都是企

① 乔纳森·查卡姆．英美法日德公司治理的比较［M］．北京：中国人民大学出版社，2006.

业的主要资金提供方，而且银行与企业之间还存在着广泛的交叉持股现象。企业一方面作为银行的贷款人，从银行获取资金；另一方面，企业也是银行的股东，积极参与银行的公司治理。无论是德国的全能银行还是日本的主银行，对两国企业都发挥着至关重要的作用，而且由于银行与企业之间的相互持股，在银企之间形成了一个信息共享的利益共同体，这也使得企业对银行的公司治理更加关注。因此，有学者指出，日德的公司治理拥有比英美模式更加严密的股东监控机制。

第三，从外部市场约束来看，主要是依靠市场的信息披露制度及外部审计来实现对公司治理的影响。通过信息披露制度，银行要根据相关法律的要求说明未来的发展状况，并在实际经营与原来设定的财务和战略目标有严重偏离时予以及时解释。年报中还应披露银行集团执行董事会和监事会的持股情况，及其与上期比较所发生的变动情况。此外，根据相关法规的规定，各银行还应详细解释并披露规则和程序的变更，定期更新财务报告。

外部市场约束的又一重要手段是外部独立审计制度。以德国商业银行为例，德国要求各银行编制的财务报告要严格符合国际公认的会计准则。整个德国银行的公司治理关系分为内、外两层，以内层为主并结合外层治理。内层即内部治理结构，处于内部治理结构最上层的是股东大会，然后是监事会，主要负责对董事会在经营和管理方面提出建议，监督董事会行为并可决定任命或罢免董事会成员。在监事会之下的是执行董事，其主要职责是制定公司发展战略，协同监事会对该发展战略进行评估并及时披露相关信息。外层则主要是包括政府部门、中介机构、客户和投资机构在内的外部利益相关者对银行进行监督，他们可以通过履行自己的职能直接或间接地影响银行的经营管理。德国的法律制度中规定德国公司的董事会内，主席和其他成员拥有同等的地位、权利，任何内部治理决策都必须经全体董事会一致同意才可执行。德国银行的之中公司治理模式凸显了监管的地位，强调治理中的约束，充分维护了利益各方的权益①。

4.2.3 案例研究三　德意志银行的公司治理②

德意志银行（Deutsche Bank）全称德意志银行股份公司，成立于1870年，总部设在莱茵河畔的法兰克福。早在成立的最初几年，德意志银行分别在上海（1872）、横滨（1872）和伦敦（1873）设立了分支机构。1876年德意志银行收购了德意志联合银行和柏林银行协会，成为德国最大的银行。作为一家全能银

① 邹浩．德国商业银行治理结构分析及其对我国商业银行的启示［J］．现代农业科学，2008（4）．

② 此部分内容根据德意志银行网站相关资料整理。https：//www. db. com/index _ e. htm.

行，德意志银行实施全球化战略，在世界范围内从事商业银行的投资银行业务，并为其客户提供一系列的现代金融服务。根据德意志银行的年报显示，截至 2012 年 12 月 31 日，德意志银行资产总额达 20120 亿欧元，其中股东权益 540 亿欧元，资本充足率为 15.1%，一级核心资本充足率为 11.4%。此外，德意志银行营业网点遍布全球，2012 年其分支机构达到 2984 家，全球职工 98219 人，在《财富》杂志评选的世界 500 强中，德意志银行以净收入 337.41 欧元和净利润 2.91 亿欧元位列第 104 位。

德意志银行的公司治理目标立足于提升和强化德意志银行的股东、消费者、员工以及国内、国际市场上一般社会公众的信任度。德意志银行特别指出，考虑到社会经济全球化，德意志银行尊重联合国条约中的有关全球稳定增长模式下公司治理的一般准则，并履行作为一家全球性企业在公司治理方面肩负的责任。作为共同治理理念的体现，德意志银行强调在股东权益得到保证的同时，认为股东的权益只能在消费者得到满足、雇员获得激励以及银行履行了其社会义务的前提下才能实现。

德意志银行治理结构是典型的双层董事会制度，即公司由监督董事会（supervisory board）和管理董事会（management board）共同管理。

监督董事会：监督董事会成员由股东和职工选举产生，其有权对管理董事会成员进行任命和监督，并可直接参与银行的重大决策。监督董事会由 20 名成员组成，其中监督董事会的主席主要负责监督董事会的协调工作，监督董事会其他成员不能行使对机构的管理职能，也不能担任银行主要竞争对手的执行顾问。在监督董事会成员中至少要有 2 个管理董事会的前成员，且每个监督董事会成员的最大年龄不能超过 70 岁。

为科学地履行监督董事会各项职责，加强专业分工，提高履行效率，德意志银行在监督董事会下设 5 个常委会：主席委员会、仲裁委员会、审计委员会、风险委员会、提名委员会。

主席委员会：主要负责管理董事会和监事会的所有事宜，包括决定监督董事会成员的任命，管理委员会成员的任命、罢免及长期继任计划，它还要对监督董事会成员的薪酬问题提出相关建议。

提名委员会：负责向监督董事会提出选举或任命新股东代表的提案。

审计委员会：主要负责对财务会计的审核，包括会计流程，内部控制体系的有效性，风险管理，尤其是风险管理系统的有效性，以及内部审计制度的有效性和审计的年度财务报表的合规性。

风险委员会：按照监督董事会依据法律和公司章程细则做出的决议来处理贷款问题。在风险委员大会上，管理董事会将报告有关信用、市场、流动性、可操作性风险，以及诉讼风险和声誉风险等问题。此外，管理董事会还要报告风险策略、信用组合、监督董事会批准的贷款和资金来源中的风险问题。

仲裁委员会：德国法律规定，仲裁委员会主要在表决无法到达三分之二以上时向监督董事会提出聘任或解聘管理董事会成员的建议。仲裁委员会只有在其被需要时才会发挥作用。

管理董事会：负责银行的日常业务管理，其成员共同为银行的管理负责。管理董事会的职能、责任和管理程序及专门委员会的设置根据其授权范围而定。目前，管理委员会的成员有 7 名，其首要任务就是负责本集团的战略管理、资源配置、财务会计报告、风险管理和企业控制。德意志银行规定，其管理董事会成员须承诺不担任本银行以外公司的监督董事会主席的职务。

集团执行委员会：集团执行委员会成立于 2002 年，执行委员会成员由监督董事会任命，包括管理董事会成员、集团各部门、各子银行和地区业务经理，向管理董事会负责。集团委员会主要通过履行以下职责来协调各地区德意志银行的业务：①向业务发展和特定交易管理委员会提供持续信息；②定期对各业务部门进行审查；③向管理委员会提供有关战略决策的咨询建议；④编制由管理委员会做出的决定。

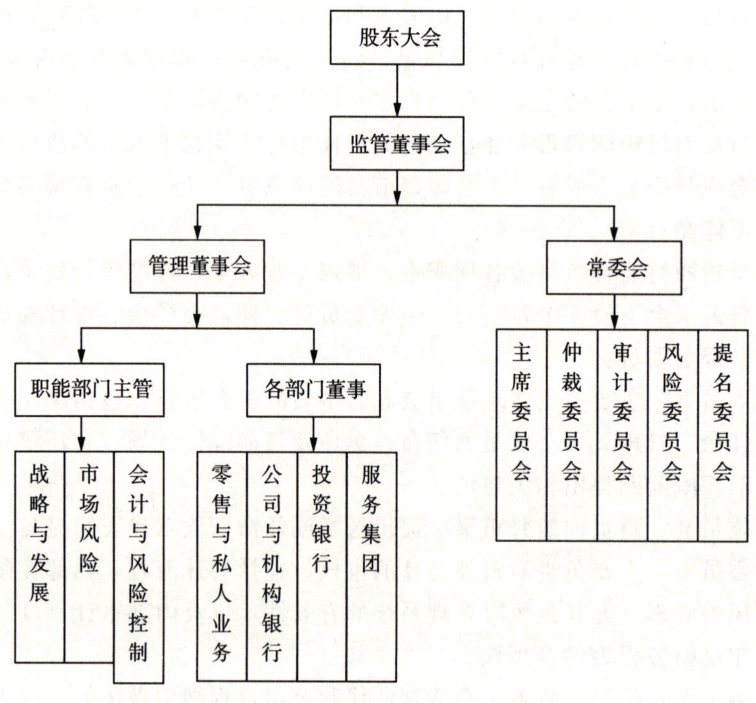

图 4－4　德意志银行治理结构图

4.2.4　案例研究四　日本三菱银行的公司治理①

三菱 UFJ 金融集团（Mitsubishi UFJ Financial Group）成立于 2005 年 10 月 1 日，是由三菱东京金融集团和日联控股合并而来，目前在日本国内有 767 家分支机构，其总资产及整体规模均位居日本金融业首位，是当今日本最大的金融机构。在 2012 年三菱 UFJ 金融集团以 627.061 亿美元的营业收入和 124.287 亿美元的利润在《财富》杂志评出的世界 500 强企业中位列 144 位，是世界上屈指可数的综合性大型金融机构之一。

公司治理基本政策：三菱 UFJ 金融集团致力于服务社会，满足广大客户的需求，为实现成为“世界最值得信赖的金融集团”这一愿景，三菱 UFJ 金融集团将“建立和运行一个适合企业的操作治理框架”作为企业最重要的管理目标。为实现这一目标，三菱 UFJ 集团成立了企业审计委员会，建立了由外部董事担任主席的自愿董事会委员制度，并组织了包括外部专家的顾问委员会。通过这些机构，三菱 UFJ 金融集团开发出一种着重从股东角度出发的稳定高效的公司治理结构。

外部董事：16 名董事会董事中有 2 名要是外部董事，以满足证交所规定中对董事/审计师的独立性要求。这可以确保外部董事作为一个整体就公司管理问题提出意见时可以加强对董事的监督。外部董事还可以通过对董事会行政职责的监督来维持和加强公司治理职能的运行。

内部审计与合规委员会及提名与薪酬委员会：三菱 UFJ 金融集团已成立内部审计与合规委员会和提名与合规委员会作为集团内部的自愿委员会。这些委员会由外部董事担任主席，其成员多是来自于外公司（外部董事、外部法律或会计专家）。内部审计及合规委员会主要对控股公司和集团子公司的内部审计和合规情况进行审议。提名及薪酬委员会主要处理有关控股公司董事候选人选举以及控股公司和集团附属公司的重要人事会议的举行，并参与控股公司和集团附属公司高级管理人员的薪酬制定。

审计委员会：三菱 UFJ 金融集团审计委员会由 5 名成员组成，其中 3 名要是来自公司外部的审计师，以满足证交所制度中对董事/审计师的独立性要求。外部审计人员可以通过在董事会会议中提出相关审计意见以提高公司审计工作的质量。

执行委员会：三菱 UFJ 金融集团通过建立执行委员会以提高操作中决策制定的有效性。执行委员会以董事会的基本政策为基础审议和决定公司管理的相关

---

①　此部分内容根据日本三菱银行网站相关资料整理。http：//www.bk.mufg.jp/global/index.html.

事项。

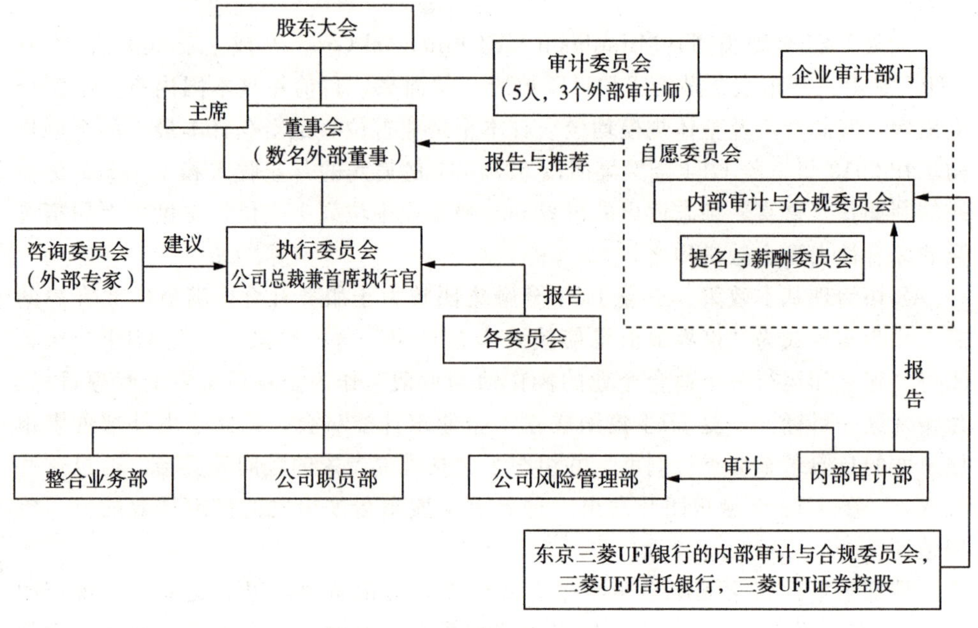

图 4-5　日本三菱银行公司治理结构

4.3　转轨经济国家商业银行治理模式——以俄罗斯为例

4.3.1　转轨经济国家公司治理的发展

传统的所有制理论认为，社会主义必须消灭私有制，生产资料的全民所有制和集体所有制是社会主义生产资料所有制仅有的两种形式，而且将生产资料的全民所有制看作最高形式，急于把集体所有制过渡为全民所有制。计划经济国家的经济事件越来越凸显奉行教条主义的所有制理论的危害性，几乎遍及全部国民经济的全民所有制和集体所有制，这些国家的经济运行缺乏必要的激励和约束，经济效率低下，与发达国家之间的差距日益扩大。苏联从 20 世纪 50 年代开始实行了一系列的经济体制改革，但直至勃列日涅夫时期，改革仍不涉及所有制问题，这一现象到 20 世纪 80 年代戈尔巴乔夫执政时期才开始有所松动。20 世纪 90 年代初，俄罗斯的经济学家对原来的所有制结构不适应市场经济的要求已形成共识，认为原国有企业私有化和非国有化是建立市场经济的基础和必要条件。基于此，在随后的几年里，俄罗斯等东欧国家开始了私有化运动，但结果却出现了不同程度的衰退。

俄罗斯企业公司治理也是伴随着“私有化”运动而产生的。早在解体前，苏联就已经开始对全民所有制企业进行改革。在 1987 年和 1988 年先后颁布了《国有企业法》和《合作社法》，对国有企业进行改革。然而，这些法案在赋予企业管理层自主权的同时，却没有给予相应的约束与责任。这直接导致了一些人利用苏联晚期的混乱形式肆无忌惮地侵吞国家财产、发展个人企业。到了 1991 年年底，俄罗斯大约已经建立了 25 万个小型私人企业[①]。但是在国家政权动荡的那个时期，国有企业的管理层往往与政府官员相互勾结，通过各种方式转移企业资产，将亏损与债务留给国家，这无疑影响了之后俄罗斯企业的正常发展。

1991 年 12 月底，俄罗斯颁布了《关于国家和地方所有企业加速私有化》的法令，为了加快私有化进程，俄政府实施了立即私有化和迅速私有化的“休克疗法”。具体方式是采取“股权证私有化”的方式在公民中分配企业股份。从 1992 年 10 月 1 日开始向每位公民发放面值为一万卢布的私有化证券。企业职工可以用其来购买企业股票，居民可将其存入投资基金，由投资基金购买经营股票，也允许卖出私有化证券换成现金或赠予他人。这一私有化过程持续到了 1994 年。到了 1994 年的夏天，大约占全国工业职工总数 10%的 1.5 万家大中型企业已经通过“股权证私有化”途径实现了产权改造。虽然俄罗斯实行“股权证私有化”的初衷是在保证公平的基础上迅速实现企业的私有化，但在实际操作过程中暴露出来的种种问题使得这一目标基本落空。

1994 年 6 月开始，由于俄罗斯居民对前期私有化过程中存在的问题严重不满，俄罗斯开始以新的“货币私有化”的形式对俄罗斯的企业进行股份制改造，即以货币购买的方式进行私有化改造，其重点在于吸收本国和外国资本，对企业进行重建和改造。但在实际运作过程中，由于本国大部分居民支付能力有限，而有投资能力的境外投资者将大量资金投入了利润丰厚的金融投机领域，因此在货币私有化的前两年，这一政策并未收到良好的效果。

1995 年俄罗斯颁布了《俄联邦股份公司法》，规定法定资本中国家股份额低于 25%的所有私有化企业均按该法的基本原则开展活动。该项法律的一个无可争辩的优点是其较高程度的细则化，具体而言，该法案规定股东大会无权决定股份公司的任何经营性问题，并对股份公司的董事会规定了许多权能和特别权限，同时还明确了进入管理机关的人员应对股份公司负责（负连带责任）等等。此外，《俄联邦股份公司法》中诸如在股东人数超过 1000 的股份公司中选举董事会

① 程伟等．转轨国家产权改革与公司治理研究［M］．北京：经济科学出版社，2007.

时必须累积表决，掌握不少于1%的所分配普通股票的股东有权对董事会成员对公司造成的损失向法院提出赔偿诉讼，掌握优先股的股东在某些情况下有表决权等条款也对保护股东（首先是中小外部股东）利益起到了重要作用①。

1997年7月，俄罗斯政府为了改善“货币私有化”前期收效不高的状况，颁布了《关于俄罗斯国有财产和地方财产私有化法令》，提出依靠“大项目交易”来保证政府的财政收入，并强调提高交易的透明度。在这一年，俄罗斯实现了财政收入最大化的目标，并且在外部人参股和提高国有资产拍卖透明度方面较前几年有所改善，但在增加投资和提高资产利用率方面并没有什么进展。

1998年金融危机之后，俄罗斯政府继续实行私有化政策，并于1999年9月通过了关于管理国家财产和私有化的构想，提出将当时的1.3万家国有独资企业进一步改造成股份公司，同时规定重组的结果是国有独资企业最终应不多于1500家。

1999年俄政府又出台《投资者权益保护法》，进一步加强了联邦证券市场委员会的监管权力。联邦证券市场委员会可代表被侵害的股东和国家对违法公司和管理人士提出诉讼。在近年来提起的130多件诉讼中，胜诉率达到了80%以上。与此同时，在俄罗斯建立了投资者保护组织。这些都体现了政府在改善公司治理方面最新的努力。

4.3.2 转轨经济国家商业银行治理的特征

在计划经济时期，苏联和东欧国家的所有银行都归国家所有，即都是“大一统”的单一银行体系。在这一体系下，国家银行同时具备中央银行和一般商业银行的职能，即银行既是货币的发行管理方，同时也从事商业银行的信贷、结算等业务。转轨之后，这些国家开始对各自的银行体制进行了改革，逐步将中央银行与商业银行分开。同时对银行业通过允许非国有资产进入银行业以及对国有银行进行私有化改造等方式进行所有制的多元化改革。但是由于银行业的特殊性，各转轨国家对银行业的改革都比较谨慎。然而在经济转轨的初期，转轨国家的银行业改革并没有取得预期的效果，甚至在某些国家还发生了严重的银行业危机，并对当地的国民经济产生了巨大的负面影响。

在俄罗斯，由于在转轨初期对建立私人银行的门槛很低，规定了很少的注册资本要求，因此到了1996年，在俄罗斯注册的银行就已经达到了2500家。这一政策的后果导致了俄罗斯商业银行普遍规模较小，且比较分散，为后来的金融危机埋下了隐患。在经历了1998年金融危机后，俄罗斯开始反思之前的改革战略。

① 朱智文，张养志．俄罗斯的公司治理结构［J］．世界经济导刊，2003（6）．

2001 年末，由央行拟定的，以实现银行体系稳定、防止系统性金融危机产生为中期目标的《俄罗斯银行部门发展战略》通过批准，由此正式确立了俄罗斯渐进式的改革方案。2004 年政府又通过了《俄罗斯银行部门改革战略》，将保证和推动经济发展作为俄罗斯银行改革的最终目标，并确定了与此相适应的提高银行部门竞争力的目标。从“发展战略”到“改革战略”，不仅推进了现有银行的兼并和重组，提高了整个银行体系的竞争力，也标志着俄罗斯银行改革开始向“复兴”方式倾斜。实践证明，在俄罗斯转型的后期，渐进式改革和“复兴”方案充分符合俄罗斯国情，这种适时、合情的战略改革和指导方针使得俄罗斯银行业的发展取得了瞩目成就①。

4.3.2.1　俄罗斯商业银行的内部治理机制

俄罗斯商业银行在进行公司治理改革时，借鉴了西方发达国家的公司治理机制。从内部治理机制来看，俄罗斯商业银行的内部治理具有如下特征：

一是股权高度集中，中小股东占比很少。以俄罗斯最大的商业银行俄联邦储蓄银行为例，该银行最大的股东为俄罗斯的中央银行——俄罗斯银行，2012 年俄联邦储蓄银行的股本结构中俄罗斯银行占比达到了 50%，而在 2011 年，这一比例更高达 57.58%。排在第二位的是境外机构投资者，占比达到 44.05%。同时，个人投资者在俄联邦储蓄银行的股本结构中的占比非常小，不超过 4%（表 4－3）。造成这种现象的原因在于 1998 年金融危机之后，俄罗斯政府和中央银行制定和实施了《俄罗斯联邦银行体系重组措施》，对危机中的银行进行重组和救助。其中就包括对中央银行直接救助以及吸引外国的投资者用证券换债务等方式，这样一方面使得中央银行对商业银行的控制进一步加强，另一方面使得原来是债权人的外国机构投资者变成了银行的股东。

表 4－3　俄联邦储蓄银行的股本结构（普通股）

	2012	2011
俄罗斯银行	50.00%	57.58%
外国机构投资者	44.05%	33.43%
国内机构投资者	2.3%	4.16%
外国个人投资者	0.01%	0.01%
国内个人投资者	3.64%	4.82%

资料来源：俄联邦储蓄银行 2012 年年报。

① 窦菲菲．转型国家银行改革及其对经济增长影响分析［D］．上海：复旦大学博士论文，2008.

二是效仿西方国家建立了银行的公司治理内部结构。以俄联邦储蓄银行为例，该银行从组织结构上更类似于德国的双层董事会模式，即建立了“股东大会—监事会—董事会—经理层”的公司治理结构。银行的监事会是股东大会下的最高权力机构，由股东大会选举产生，其成员由符合联邦法规和俄罗斯中央银行规定的资质和信誉要求的17名成员组成。监事会负责银行的综合管理事宜。被授权的监事会有权确定本行的业务议程，建立执行委员会，召开普通股股东大会，决定股息分配，定期听取首席执行官、执行董事主席有关本行的业务报告和实现优先目标方面取得的进展等事项。监事会下设监事会委员会，主要是为监事会责任下的重大事项做出初步审查并提出相关建议。监事会委员会成员每年由董事会的独立董事和外部董事组成，其建立的主要目的是促进银行各管理机构之间的交流。监事会委员会下属审计委员会、职工及薪酬委员会、战略规划委员会。因此从组织形式上看，俄罗斯商业银行的公司治理与德国商业银行的公司治理有高度的相似性。

三是在强化政府对商业银行控制的同时引入独立董事制度，对银行公司治理进行监管。从俄联邦储蓄银行监事会人员构成来看，17人中有6人来自俄罗斯中央银行，这保证了俄政府对商业银行的绝对控制。其中，监事会主席谢尔盖·伊格纳季耶夫（Sergey Ignatiev）同时也是俄罗斯中央银行的行长。为了保证商业银行公司治理的独立性，俄联邦储蓄银行的外部独立董事更是达到了9人。监事会的其他两人则来自俄联邦储蓄银行的管理层。从对整个监事会的人员构成进行分析不难看出，俄联邦储蓄银行的董事会结构还是较为合理的。至少从俄联邦储蓄银行的年报中，我们并未发现明显的内部人控制的痕迹，也就是说，转轨经济国家一般企业公司治理中普遍存在的内部人控制问题，在年报中并未体现。

四是执行董事的激励机制以直接激励为主。执行董事的工资和奖金主要根据其与银行所签订的合同支付，银行没有以任何佣金和股票期权作为执行董事薪酬。2011年至2012年，银行对其员工并没有实施股票期权、无息或优惠贷款以及诸如保险或信用存款计划等间接激励方案。

为了控制董事的薪酬，银行的监事会还对董事成员的薪酬开支进行了如下限制：对正常工资的限制；对年内与俄联邦储蓄银行的净利润和表现以及董事成员绩效指标相挂钩的奖金进行限制；对作为银行的净利润的比例支付年度奖金的限制。这些限制由董事与银行之间约定签订合同。根据俄联邦储蓄银行的年报显示，2012年该行执行董事总收入为2.4亿卢布。俄联邦储蓄银行监事会和法定审计委员会成员的薪酬由股东大会决定，2011年该行监事会和法定审计委员会成员的薪酬分别为55.8亿卢布和3.3亿卢布。从该行的年报中可以看出，俄联邦储蓄银行的薪酬激励以直接激励为主，并没有诸如股权激励在内的间接激励方式。但这一现象会在 2013 年得到改变，在 2012 年 11 月监事会通过了一个新的薪酬政策，该政策将薪酬分为固定部分和额外可变部分，该政策于 2013 年交由股东大会通过，这意味俄联邦储蓄银行的激励方式发生重大转变。

4.3.2.2　俄罗斯商业银行的外部治理机制

从外部治理来看，俄罗斯商业银行外部治理机制主要具备如下特征：

一是小股东权利弱化，在表 4-3 中，个人投资者（包括国内和国外）在俄联邦储蓄银行的股本结构中的占比非常小，不超过 4%。因此几乎对商业银行公司治理不会产生任何影响。形成这种状况的原因除了俄罗斯证券市场本身欠发达之外，另一个重要原因是经历了 1998 年的金融危机之后，居民对银行体系稳定性的信任度不足。

二是外国机构投资者在银行公司治理中发挥重要作用。如前文所述，造成这一现象的原因主要是 1998 年金融危机之后政府和央行制定银行重组方案，由政府吸引外国机构投资者用证券换债务，使得他们成为俄罗斯银行的股东，进而向这些银行提供资金和技术。从数据来看，这一政策的实施无疑是成功的。经过调整重组之后，俄罗斯银行业的发展显著好转，银行业的发展速度也快于整个经济的增长速度。银行资产相当于 GDP 的比重由 2001 年的 32.3%上升到 2004 年初的 42.1%；仅 2003 年一年内，银行部门的资产即增加 28.1%，资本增加 25.3%；2003 年银行的资本利润率约为 18%，高于同期的工业部门利润率①。

三是外部市场约束机制有待完善，政府对银行的监管日益严格。转轨时期俄罗斯的产品市场、资本市场、经理市场、劳动市场和技术市场不发达，因此很难对商业银行公司治理形成外部的约束力。为了防止 1998 年俄罗斯金融危机的重演，俄罗斯政府通过制定和实施银行体系改革，试图通过建立存款保障制度、实施有效的银行监管以及加强银行经营的透明度等工作来建立一个银行体系的“安全网”。截至目前，俄罗斯的商业银行基本都建立符合规定的公司治理制度，并且俄罗斯政府和中央银行对这些商业银行的监管也日益严格。

4.3.3　案例五　俄联邦储蓄银行的公司治理②

俄罗斯联邦储蓄银行（Sberbank）成立于 1841 年，是俄罗斯最大的国有商业银行，占有四分之一以上的国内银行资产，与俄罗斯经济和社会发展息息相关。俄罗斯联邦储蓄银行以“帮助人们完成梦想和愿望以使其生活得更好”为使命，经过多年的经营，俄罗斯联邦储蓄银行已成为一个全球性的商业银行，其拥

① 程伟等．转轨国家产权改革与公司治理研究［M］．北京：经济科学出版社，2007.

② 此部分内容根据俄罗斯联邦储蓄银行网站相关资料整理。http：//sberbank.ru/en/.

有稳定的客户基础，并为客户提供最广泛的银行服务。2012 年俄罗斯联邦储蓄银行以 3374.06 亿美元的总资产和 355.01 亿美元的营业收入位列《财富》杂志世界 500 强中的第 304 位。

股本结构：截至 2012 年底，俄罗斯联邦储蓄银行股本总额达到 67.76 亿卢布，其中包括 215.8 亿股普通股和 10 亿优先股，每股面值 3 卢布。俄罗斯央行是俄罗斯联邦储蓄银行最大的股东。

股东大会：股东大会是俄罗斯联邦储蓄银行的最高管理机构，它有权决定与银行有关的各项业务。

监事会：监事会由股东大会选举产生，它由符合联邦法规和俄罗斯中央银行规定的资质和信誉要求的 17 名成员组成。监事会负责银行的综合管理事宜。被授权的监事会有权确定本行的业务议程，建立执行委员会，召开普通股股东大会，决定股息分配，定期听取首席执行官、执行董事主席有关本行的业务报告和实现优先目标方面取得的进展等事项。

法定审计委员会：根据年报中的公司治理结构图可以看出（图 4－6），俄联邦储蓄银行的法定审计委员会是由股东大会年会选出以监督银行业务的机构，从结构上看与监事会平行。法定审计委员会负责监督银行的其他活动是否合规、监督银行的内控体系运作以及经营的合法性。法定审计委员会负责评估银行年报及财务报表中反映数据的准确性。

监事会委员会：监事会委员会的建立主要是为监事会责任下的重大事项做出初步审查并提出相关建议。监事会委员会成员每年由董事会的独立董事和外部董事组成，其建立的主要目的是促进银行各管理机构之间的交流。监事会委员会下属审计委员会、职工及薪酬委员会、战略规划委员会。

审核委员会：负责对银行审计师的候选人做初步评估，审核法定审计委员会报告，评估银行内部控制体系的运行效率，并对银行年度财务报表进行初步审查。

职工及薪酬委员会：负责制定监事会成员和银行行政机构的发展政策和薪酬机制，并根据劳动合同向监事会和行政机构人员提出相关建议，评估其行为。

战略规划委员会：负责对银行战略管理事项进行初步审查，以提高银行的长期运作效率。

执行董事会：执行董事会与合议执行机构负责银行运作，其主要职能包括：业务规划、资产和负债管理、实行风险管理一体化政策、银行的合并、银行组织结构的变化、参与慈善活动等。

管理委员会：在执行董事会下通常设置一些管理委员会以提高银行的管理效率，有助于发展银行业务。它们的任务就是在银行的不同业务运行中解决问题，并制定一个统一、协调的政策。

薪酬机制：监事会薪酬由股东大会决定，在 2012 年 11 月监事会通过了一个新的薪酬政策，该政策将薪酬分为固定部分和额外可变部分，将于 2013 年交由股东大会通过。执行董事会的工资和奖金主要根据其与银行所签订的合同支付，银行不会以任何佣金和股票期权作为执行董事薪酬。2012 年执行董事总共获得收入 2.4 亿卢布。

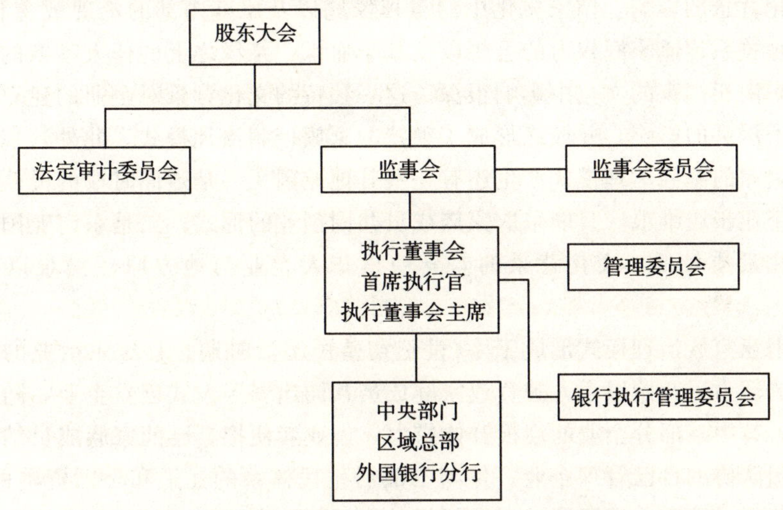

图 4-6　俄罗斯联邦储蓄银行公司治理结构图

4.4　家族控制商业银行治理模式

4.4.1　家族控制商业银行治理模式的发展

在东南亚的大部分国家和地区，企业的公司治理具有很强的家族性，并形成了特有的家族控制型公司治理模式。在东亚地区，除日本家族控制企业所占比重较少之外，韩国家族操控了企业总数的 48.2%，中国台湾地区是 61.6%，马来西亚则是 67.2%[①]。所谓家族模式是指公司的主要高级经营职位由控股家族的成员担任，因此，主要股东与经理层是合一的。这种公司治理模式使得主要股东与经理层的利益一致，部分地消除了所有权与经营权分离所产生的委托代理问题。

① 霍翠凤，杨萌．比较视野中的商业银行公司治理模式及其借鉴［J］．金融论坛，2005（4）．

但是，这种治理模式也带来新的问题与冲突，主要表现为控股股东与经理层侵害其他股东利益，公司治理的主要矛盾由原来的管理层与股东之间的矛盾转变为控股股东和管理层与广大中小股东之间的矛盾。在家族监控型的公司治理模式中，家族控制董事会，董事会聘任经理阶层，结果，家族及其控制的高级经理层全面主导企业的发展。

东南亚国家之所以会形成特有的家族治理模式，主要是受东南亚国家特有的儒家文化背景的影响。儒家文化中的重视家庭以及家庭内部的伦理观念和思想，基于血缘关系传递家庭权力的思想以及基于血缘、亲缘之上的任人唯亲的观念和做法在东南亚国家的文化中影响很深。这一独特的文化背景对企业的建立与发展也产生了深远的影响，并最终形成了独特的家族控制治理模式。此外，东南亚国家华人企业的家族治理模式产生还有一些其他原因。一是殖民时期的民族歧视使得华人企业步履维艰，只能采取家族成员共同创业的形式；二是东南亚国家原住居民文化素质较低，文化背景的差异使得华人企业与地方原住民难以有效的合作。

东南亚家族治理模式形成于 20 世纪初殖民统治时期。移居东南亚的华人经过不懈的努力，开始以个人独资或家庭成员共同出资等方式创立企业，随着时间的推移，其中一部分企业的规模开始扩大，创业者便把自己的家族成员纳入自己的管理团队协助自己管理企业。伴随二战后殖民体系的瓦解和外国资本的退出，华人企业通过并购、控股等方式控制了过去西方资本控制的行业，家族控制企业得到了快速发展。到了 20 世纪 80 年代后，东南亚家族企业的规模和产业层次进一步提高，经营范围呈现多元化的态势。许多大型家族企业开始采用跨国公司战略，经营业务的国际化程度不断提升，企业的公开化和社会化程度也不断提高。企业领导权开始向第二代、第三代家族成员传递，但经营管理权仍然在家族内部。随着所有权的日益分散和企业规模的扩大，传统的家族治理模式面临两个方面的挑战：一是家族内部人才的稀缺迫使企业把部分经营管理权让给非股东的经营者，并由此带来了家族控制权的削弱；二是企业飞速发展所需的巨额资本无法由家族内部提供，而对外部资本的寻求也就意味着家族对企业控制的分割。由此导致家族治理模式控制权的弱化，并使得企业的监控方式由内部监控向外部监控模式转变。

4.4.2 家族控制商业银行治理模式的特征

东南亚地区一般企业的家族控制治理模式在银行业中也十分普遍。这一模式的优点在于使公司利益与家族利益趋于一致，实现双重激励，从而大大降低了内部交易成本，最大限度地提高了内部管理水平。其不足之处主要体现在容易忽视外部股东的利益、家族内部专业人才缺乏以及家族的继承方式使得管理者更替缺乏效率等方面。银行内部股东、董事、经理三种角色有时合为一体，公司内控程度高，市场监控度小①。

4.4.2.1　家族控制商业银行治理模式的内部治理机制

特征一，商业银行所有权或股权主要由家族成员控制，商业银行的主要经营管理权掌握在家族成员手中。在家族治理模式中，家族对银行的所有权或股权的控制表现为家族成员参与并控制银行的董事会，银行的所有权或股权具有家族内部的递延性。同时，由于银行对资本的强烈需求，迫使一些家族控制银行将部分股权转让给家族外的其他人或企业，或通过公开上市的方式，从而形成多元化的银行产权格局。

特征二，独立董事制度的引入未能改变商业银行决策的家族化的事实。由于受儒家伦理道德准则的影响，在家族治理模式的商业银行中，银行的决策被纳入了家族内部序列，银行的重大决策虽然也要通过董事会来决定，虽然有些银行也引入了独立董事制度，但由于控股家族在董事会中有相当的席位，而且影响力巨大，因此关于银行治理的决策实际上还是掌握在家族内部。以东亚银行为例，东亚银行董事会中包括董事 17 人，其中独立董事 9 人。李国宝任银行的主席兼行政总裁，为公司的实际控制人，李国宝还是董事会成员李国章的胞兄、李福全的堂侄、李国星和李国仕的堂兄。他的两个儿子李民桥和李民斌，则同时担任银行的行政副总裁。可以看出李国宝的家族掌控了东亚银行的董事会和管理层，商业银行决策显然有着浓厚的家族化的特点，见表 4－4。

表 4－4　东亚银行董事会成员控股情况及家族关系表（2012 年）

姓名	拥有股份总数	占已发行股本的百分率	家族关系
李国宝	57558621	2.58	—
李国章	24684510	1.11	李国宝胞弟
黄子欣	14103667	0.63	—
黄颂显	430035	0.02	黄子欣叔父
李兆基	3192183	0.14	—
李国星	34517984	1.55	李国宝堂弟
罗友礼	无	无	—

① 高宇辉，安国胜．商业银行公司治理的国际经验：比较及启示［J］．广东金融学院学报，2006（3）．

（续表）

姓名	拥有股份总数	占已发行股本的百分率	家族关系
邱继炳	无	无	—
郭炳江	无	无	—
李泽楷	128600	0.01	—
骆锦明	无	无	—
李福全	37154735	1.67	李国宝堂叔
李国仕	14845433	0.67	李国宝堂弟
杜惠恺	无	无	—
郭孔演	无	无	—
张建标	无	无	—
范礼贤	无	无	—

资料来源：根据 2012 年度东亚银行年报整理。

特征三，商业银行的治理服务于家族的整体利益。在现实中，家族控制银行只是庞大的家族企业下的一环，许多家族企业涉足的领域涵盖了地产、金融、实业等多个领域，作为家族下属的银行与家族内其他企业一样，都是实现家族利益的工具。因此，银行必须服从于家族的整体利益，为家族的其他系列企业服务。

4.4.2.2　家族控制商业银行治理模式的外部治理机制

一是银行作为关系地方经济稳定发展的重要金融机构，受政府制约较大。这一现象在家族控制模式形成的初期尤其明显。政府往往通过银行向其重点扶持的产业企业发放贷款，这一方式在东南亚经济快速发展时期起到了重大作用。但由于银行公司治理薄弱，缺乏风险控制意识，在政府错误的政策导向下，银行资本大量投向房地产等泡沫经济内。因此，当危机爆发时，东南亚许多国家的银行都受到了冲击，有的甚至顷刻倒闭。当然，这一结果的产生也与当时东南亚银行内部激励机制不健全导致的银行管理者的短视行为有关。从那之后，各国都开始重视将银行的长期发展与对经营管理层的短期激励有效地结合起来。

二是重视股东大会的作用。根据公司法的规定，股东大会是股份公司的最高权力机构。对于那些已经改制上市的家族控制商业银行来说，也非常重视股东与股东大会的作用。以东亚银行为例，东亚银行制订了股东通讯政策，明确有关与股东及投资人士沟通的政策，并由审核委员会及董事会定期审核检查，以确保其成效。同时，为保证董事会与股东之间的有效沟通，东亚银行通常借股东年会或其他股东大会作为一个有效平台与股东直接沟通。审核委员会、提名委员会及薪酬委员会的主席、外聘审计师、高层管理人员及法律顾问须出席并回答股东提问。

三是外部市场约束。东南亚国家在经历了几次危机之后，其公司治理的家族控制模式受到越来越多的批评，主要集中在内部人控制和信息不透明上。伴随着家族控制模式商业银行治理的发展，尤其是在上市以后面临的一些硬性要求，迫使家族控制银行也制定了一系列信息披露的条例。以东亚银行为例，东亚银行根据香港《证券期货条例》针对内幕消息披露所作出的规定做出了修订。根据其年报的描述，修订后的政策列出处理及发布内幕消息的程序及内部监控，使内幕消息得以适时处理及发布，而不会导致任何人士在证券交易上处于占优的地位，同时让市场有时间反映现有实况的银行上市证券价格。该政策还为东亚银行的内部员工提供指引，确保设有适当的措施，以预防银行违反法定披露规定。该政策还涵括了适当的内部监控及汇报制度，识别及评估潜在的内幕消息。根据《上市规则》规定，东亚银行发布内幕消息，会透过香港联交所及银行网站刊登相关消息。

4.3.3 案例六 东亚银行的公司治理①

东亚银行成立于1918年，现为香港最大的独立本地银行。截至2012年12月31日，东亚银行的资产总额达港币6921亿元（893亿美元）。东亚银行一直竭诚为客户提供优质的银行和金融服务，全力支持客户发展。通过企业银行、个人银行、财富管理、保险及退休福利、资金市场、中国业务、国际业务等各分处，为客户提供各类商业和个人银行、金融和保险服务。东亚银行的主要产品和服务较为多元化，主要涉及银团贷款、贸易融资、存款、外币储蓄、汇款、按揭贷款、私人贷款、信用卡、电子网络银行服务、零售投资和财富管理、私人银行、人民币服务、强制性公积金服务，以及一般保险和人寿保险等。

东亚银行连同其设在内地的全资附属公司——东亚银行（中国）有限公司，在内地共设有逾110个网点，是内地网络最庞大的外资银行之一。而在世界各地，东亚银行共设有逾220个网点，遍布东南亚、英国和美国，员工超过12000名。东亚银行实行的是单层董事会制度，不设监事会，董事会是股东大会下的最高权力机构。

董事会：银行董事会是股东大会下的最高权力机构，负有领导及监控的职责，并集体负责统管并监督银行的事务以促使银行成功。东亚银行的董事会由1位执行董事、7位非执行董事及9位独立非执行董事组成。超过三分之一的董事

① 此部分内容根据东亚银行网站相关资料整理。http：//www.hkbea.com/hk/index.htm.

为独立非执行董事。董事会具备符合本行业务所需的技巧和经验。董事会会议每年召开最少 4 次，大约每季一次。此外，在有需要时会召开董事会特别会议。董事会及委员会定期会议的日期在前一年已安排，以让所有董事有机会出席。

主席及行政总裁：虽然香港联合交易所《企业管制守则》中规定主席与行政总裁的角色应有区分，并不应由一人同时兼任。但由于东亚银行家族治理的特殊性，其主席李国宝同时也是银行的行政总裁。东亚银行在年报中也对此做出了说明，其董事会认为此架构不会影响董事会与管理层两者之间的权力和职权的平衡。主席及行政总裁之间的职责已清楚区分并以书面列载。银行董事会由极具经验和才干的成员组成并定期开会，以商讨影响本行运作的事项。通过董事会的运作，足以确保权力和职权得到平衡。董事会的组合具有强大的独立元素，在 17 位董事会成员当中，9 位是独立非执行董事。董事会相信现时的架构有助于建立稳健而一致的领导权，使本行能够迅速及有效地做出及实施各项决定。

董事的遴选：委任新董事的建议会由提名委员会考虑及审议。获甄选及获推荐的候选人皆为具有丰富经验和才干并符合《香港证交所上市规则》标准的人士。根据东亚银行组织章程细则规定，董事（包括非执行董事及独立非执行董事）的任期不超过 3 年，在任期届满时有资格获重选，而新任董事须于获委任后首次股东大会退任，由股东重选。

提名委员会：提名委员会负责就本行董事、行政总裁、高层管理人员、处级主管、法规监管总监及集团总稽核的委任、重选、撤职及继任安排，向董事会提出建议。提名委员会的大部分成员为独立非执行董事。年报显示，2012 年东亚银行提名委员会的主要工作包含了审视董事会的人数、架构及组合，确认股东提名董事的程序；审视提名委员会的职权范围；审视管理层继任政策；审视管理层继任安排等。

薪酬委员会：东亚银行的薪酬委员会负责对银行的薪酬政策，并就订立及审议集团董事、行政总裁、高层管理人员及主要管理人员的薪酬待遇，向董事会提出建议。薪酬委员会的大部分成员为独立非执行董事。东亚银行雇员的薪酬组合包含固定薪酬和浮动薪酬，两者之间的合适比例因应雇员的职级、职务、职责，以及其在集团内所进行的业务等而有所不同。固定薪酬指雇员的年薪，而浮动薪酬（包含现金花红及/或认股权）则根据雇员的工作表现而发放，使其所获得的报酬更能配合风险和较长期的价值创造。浮动薪酬是以业内现行标准为厘定准则，而其中亦考虑到雇员的职级、职务、职责和他们所进行的业务对集团可能带来的实质或潜在风险，以及该风险对集团整体表现的影响程度等。

审核委员会：东亚银行董事会下设独立的审核委员会，董事会授权审核委员会监管及监察本行的公司治理职能的职责。根据其职权范围，审核委员会负责审核银行公司治理、财务监控、内部监控及风险管理系统、会计及财务汇报职能员工的资源、资历和经验是否足够，以及员工所接受的培训课程及有关预算又是否充足，并负责检讨审阅年度报告、账目和半年中期报告。审核委员会的所有成员均为独立非执行董事。审核委员会须向董事会负责，而审核委员会的会议记录由公司秘书保存。

董事会下设的其他委员会：除审核委员会、薪酬委员会及提名委员会外，东亚银行董事会还设立了印章委员会、执行委员会、政策委员会、风险管理委员会、信贷委员会、营运风险管理委员会、资产及负债管理委员会、危机管理委员会、投资委员会等 9 个专责委员会，每个专责委员会均获董事会授予特定的角色及职责。

4.5　小　结

目前理论界对于公司治理模式的分类有着不同的观点。一是将公司治理模式分为以市场为导向的英美模式和以银行为主导的日德模式两种，二是将公司治理结构概括成市场导向型（主要是美国与英国）、银行导向型（德国及日本）和关系导向型（主要是中等发达国家和发展中国家）三种。国内更进一步的研究结论表明，公司治理的模式划分还可以更加深入即包括英美市场导向模式、日德银行导向模式、家族控制模式（亚洲家族模式）及转轨经济模式四类。相比之下，我们认为商业银行作为特殊的企业，不能完全脱离一般企业的普遍特性。同时，我们在对商业银行进行治理模式的分析时，应该综合全面地考虑世界各个国家和地区的特性，不能简单地一刀切。基于此，本章我们根据各个国家和地区商业银行公司治理的不同特性，将商业银行的治理模式划分为英美模式、日德模式、转轨经济国家模式及商业银行家族控制治理模式四种，回顾了各类治理模式产生的过程，并且在对这些国家商业银行公司治理模式进行梳理的同时，结合案例研究，选取在各个模式中具有代表性的花旗银行、汇丰银行、德意志银行、三菱银行、俄联邦储蓄银行及东亚银行为代表，分析了它们的公司治理情况。

第5章 中国国家控股商业银行治理的特殊性

5.1 商业银行的特殊性

商业银行就其生产经营的性质而言也是一种企业，其公司治理与一般公司治理理论必然有着共同点和密切的联系。但是商业银行作为货币经营机构，其独特的产品和特殊的职能决定了与一般企业公司治理相比，商业银行的公司治理具有共性基础上的特性。银行公司治理必须在一般公司治理理论的基础上研究适应于商业银行特殊性的治理方式。

5.1.1 资产负债结构的特殊性

作为经营特殊商品——货币的企业，商业银行的资产负债结构及期限与一般企业相比具有明显的特殊性。首先，从资产负债构成看，商业银行资金来源中股本、公积金、利润等只占极少部分，大部分来源于存款负债①，是在经营“别人的钱”。由于随时要应付可能的提取，存款资金的性质不太稳定，商业银行资产运用必须注重期限长短的搭配，否则客户非正常提取存款行为也许会对商业银行的正常经营形成不利影响，极端情况下甚至可能会出现流动性严重不足，造成存款挤提行为甚至恐慌的蔓延，给商业银行、社会和存款客户造成损失。而作为一般企业来说，总资产中股东权益部分所占比例远比银行要大，而且即使出现流动性不足甚至企业破产的情形，影响面也局限于企业内部或者相关企业，造成的社会与经济影响远较银行为小。

其次，从商业银行资产负债的期限结构看，作为主要资金来源的存款期限一

① 根据2012年年报，截至2012年末，中国工商银行的总权益对总资产比率为6.43%，客户存款与资产总额比率为77.77%；建设银行的总权益对总资产比例为6.8%，客户存款与资产总额比例为81.18%，由此可见其资产负债结构情况。

般较短，而资产运用（主要是贷款方面）期限一般较长，那么就会存在期限错配的问题。这就要求商业银行在资产运用中注重期限的长短搭配，便于能够在需要的时候及时将一些短期甚至长期资产转换为流动性，满足经营过程对资金的需要，保证商业银行经营的稳定和安全。一般企业的资金来源与资产运用的期限不对称情况则并没有那么严重，经济和社会影响范围也有限。

5.1.2 信息不透明

信息不对称虽然在经济社会中是个普遍现象，但研究发现，相对于非金融公司而言，商业银行的信息更加不透明，信息不对称现象更加显著。在银行业，贷款质量虽然按照要求被分为正常、关注、次级、可疑、损失等五个级别，但这些信息包含的具体内容如贷款或投资对象、期限时间等难以被外界观察到并可能被隐藏很长时间。而且，银行还可以快速地改变资产的风险状况，甚至通过向此前的客户（可能已无法承担还本付息义务）追加贷款来掩盖银行贷款中出现的问题。这就造成存款人、债权人、监管机构可能并不十分了解商业银行的贷款、理财等产品质量状况，即使商业银行的经营已经出现了明显的问题，但存款人等仍以为商业银行是安全的，等到问题暴露，损失很可能已经达到无法挽回的地步。对于一般企业而言，资产、负债、产品质量等方面的信息不对称在企业与消费者、债权人等利益相关者之间也同样存在，但难以被长久隐藏，暴露后造成的不良影响面也较小。

5.1.3 职能的特殊性

在经济社会职能上，商业银行要承担的职能远比一般企业提供满足社会消费需要的产品这种基本职能复杂得多。考虑商业银行在经济与金融体系中的地位与作用，其职能主要有信用中介、支付中介、信用创造、金融服务和宏观调控与社会职能。信用中介职能是指商业银行作为资金需求与资金供给之间的中介，提高资金融通效率，银行贷款实际上是企业尤其是中小企业外部融资的重要来源；支付中介是商业银行利用支付结算系统提供的支付交易服务，加速资金周转，降低交易成本；信用创造职能是指商业银行通过货币乘数扩大货币供应总量，满足经济交易对货币的需求；金融服务职能是指商业银行利用技术系统和专家作用提供的理财、咨询以及表外业务等服务；宏观调控与社会职能是银行借助其在社会经济中的特殊作用，协助政府进行宏观经济调节，执行特定产业政策，达成多种经济社会目标。例如商业银行在资金配置中的核心作用，在非金融公司治理中的重要角色等。正是由于商业银行职能的特殊性、多样性、外部性以及银行业内部的相互关联，一旦某个商业银行出现严重问题，将会导致问题在银行业内部的蔓延，影响经济社会职能的发挥，导致严重的外部性，对经济社会形成非常不利的影响。一般企业则并不存在类似的问题，一方面职能相对简单，如提供质量合格的产品、提供就业和税收等，单个企业在社会经济网络中并非居于不可替代的地位；另一方面负外部性较小，即使单个企业经营失败，整个行业受到的影响相对也较为有限，也不会对经济金融体系的正常运行产生较大的阻碍。

5.1.4 金融安全网与审慎监管

由于商业银行在经济体系中的重要性、商业银行资产和经营活动的不透明性、商业银行经营失败导致的负外部性以及银行是财政收入的现成来源等诸多的其他原因，政府会对商业银行强加一系列相当复杂的规制。而且，虽然政府控制和直接拥有企业在其他行业中并不少见，但即便是在那些对一般行业很少干预的国家，政府也会对银行业施加广泛的规制。国际清算银行、国际货币基金组织、经济合作与发展组织和世界银行等由于确信银行业需要深度治理参与，已经连续颁布多项国际标准。然而，实践中的许多政府规制反而扭曲了银行管理层的行为并抑制了常规的公司治理过程。这其中包括政府监管部门制定的准入标准、退出标准、存款保险、政府控股等，这些管制政策虽然很大程度上保证了商业银行经营的安全性，保证了商业银行特殊职能的作用，保护了存款人与其他债权人的利益，但这些措施也有可能会对管理层、存款人、债权人的相应行为产生相应影响，阻碍银行治理机制的有效运行。

审慎监管的实质是在实施审慎会计原则的基础上，真实反映商业银行的资产与负债的价值，客观评价商业银行的风险状况，并及时予以预警和控制，防止金融风险的聚集和蔓延①。审慎性监管强调商业银行内部风险管理和监管当局对商业银行风险的审慎评估。

5.2 商业银行治理的特殊性

从委托代理的角度看，非银行机构的公司治理问题可以被看作试图找到能够结合代理人利益和委托人利益的系列激励措施。公司对股东负有诚信责任，管理者应该为股东利益最大化行事。但对吸收存款的银行来说，管理层对股东和存款者负有同样的诚信责任。银行存款者的利益在于为他们的资金找到避风港，银行

① 曹艳华，王庆金．商业银行治理机制对风险承担行为的影响：理论与实践［M］．北京：中国社会科学出版社，2011.

的股东则为了追求高收益而选择持有高风险资产。如果银行为股东的利益而运营，则有可能承担更高的风险，而这对存款人及其他债权人是不利的。此外，由于银行的股权结构与债权结构不同，那么大（小）股东、大（小）债权人在治理中能够发挥的作用也是不同的。

5.2.1　信息不透明与公司治理

5.2.1.1　信息不透明与股权（债权）所有者治理

由于银行内部人和外部人之间高度的信息不对称，分散的股权所有者难以通过行使投票权对公司决策形成决定性的影响，分散的债权人也很难通过债务合约有效约束管理者。因此，由于信息不透明性，评估和监督管理者非常困难，分散的股东和债权人难以有效监控银行经营者的行为。

首先，拥有控制权的所有人有动机提高银行的风险状况，债权人则并不希望看到这种后果——不能因承担风险获得额外收益却有可能因为损失而使债权无法得到偿付。但是，因为银行经营与产品等方面的不透明性，债权人难以控制银行的这些风险变换行为。

其次，由于信息不对称，很难设计一个有效契合管理层和银行股权持有者利益的合同。因为经营效果难于衡量，短期内又容易对财务施加影响，管理者会发现对薪酬待遇进行操纵还是比较容易的。例如为了获得短期更高薪酬的银行家可能为增加利息收入而以更高的利率向“问题”贷款者贷款，银行家在激励合同下也可能利用控制的大量资金改变资产价格，从而获得与资产价格相关的报酬支付。更何况，许多情况下经理层实际上控制了拟定合约的董事会，信息不对称银行的管理层通常可以设计对管理层有利但是却以牺牲银行长期健康发展为代价的薪酬合同。

最后，还有观点认为公司债券或次级债券的持有者等主要债权人能够减少银行信息不对称从而促进公司治理，但问题显然并非看上去这么简单。一方面，主要债权人依赖法律体系保护他们的权益，但法律体系不仅常常无法发挥作用，反而对公司治理产生不利影响；另一方面，主要债权人还有可能利用内部人身份获利，但这种获利行为却牺牲了缺乏信息的投资者的利益并以公司治理有效性为代价。此外，依赖次级债券发行、增加债权治理的途径来提高公司治理效率还存在其他的一些困难。不透明性使内部人侵害外部人和政府的利益变得非常容易，而在一些主体经济受到家族控制的国家，内部人滥用权力的情形发生的可能性更大，这种滥用行为最终致使外部股权投资者、存款者以及纳税人付出代价。

5.2.1.2　信息不透明与竞争性市场治理

对于一般行业来说，竞争性力量能够通过收购威胁以及竞争性产品市场对经理层形成约束，但银行的不透明性却会削弱这种竞争性力量对公司治理的作用。一方面，银行业产品市场竞争通常较弱，这是因为银行通常会和顾客形成长期联系，这种联系虽然会改善银行贷款中的信息不对称问题，但也会阻碍竞争性力量作用的发挥；另一方面，当内部人比潜在购买者具有更多的信息时，收购可能也无法有效发挥作用。即使在一些发达国家，敌意收购在银行业中也并不多见。实际上，由于银行业收购中监管层批准程序时间较长，敌意收购很少发生。另外，由于经营、人员、组织、管理等整合问题，很多收购后续运行并不成功，这也导致收购很难成为激励管理层的有效手段。

而且，缺乏有效的证券市场也会阻碍收购以及收购对公司治理的作用。一方面，在证券市场缺乏效率的情况下，潜在的公司收购者难以筹集到所需的资金，这会减少收购威胁对公司治理的作用；另一方面，如果银行股票在证券市场的交易并不活跃，这也会阻碍收购成为公司外部治理机制的有效手段。此外，证券市场缺乏有效性还会导致市场缺少持有次级债券和公司债券的主要债权人——金融机构，相应地市场也缺少了限制管理层自由裁量权的力量。虽然看起来发展众多的、大型的、未保险的有动机和能力的债权人来监督银行有利于提升公司治理，但其可行性建立在市场有效的基础上，而绝大多数国家证券市场还难以达到有效。

5.2.2 监管和安全网与银行治理

5.2.2.1 监管对股权治理和竞争市场治理的影响

银行业的高度不透明弱化了标准的公司治理机制，但反过来也强化了政府监管在公司治理中的建设性角色。

虽然集中的股权结构可以克服分散的股权结构对公司控制的无能为力，但多数政府仍然限制银行所有权的集中以及外部投资者的资质，这些外部投资者未经监管批准不得购买一定比例的银行股权。这些限制也许是出于对经济力量集中的关注或者是对银行控制主体类型的关注，并且通常要求银行股权的购买者持股超过一定比例需要向监管层报告甚至批准。目前，许多国家对单一持股者持股比例有限制，但最高比例并不相同。还有的国家对银行持股者类型存在限制，如不允许非银行公司、证券公司、保险公司拥有银行股权。

但是，这类限制也有有悖常理之处。由于政府监管的限制政策对家族控制的银行无法施加影响，所以股权购买的监管限制实际上保护了家族控股银行免于被收购，从而阻碍了收购对公司治理机制的作用。而且，力量强大的家族已经通过大量渠道和措施形成了对银行和非银行公司的有力控制，例如东亚地区的家族控制企业与银行，而家族控制的方式则有金字塔控股和其他一些形式。一些相关的研究也指出，从世界范围看，银行通常并非广泛持股的，相当多的银行只有一个拥有10%以上投票权的股东，而在这些控股股东中，超过一半是家族股东。因此，对股权交易的监管限制并不能限制家族控股权，反而保护了现有股东免于控制权的市场争夺。

5.2.2.2　监管对存款者治理的影响

存款保险，不论是隐含的还是直接的，实质上都在某些方面改变了股权与债权治理的方式。首先，存款保险减弱了存款者监督银行的动力，这将对银行公司治理产生直接的不良影响。其次，存款保险诱使银行摆脱那些有动机对银行进行监督的未投保债权人，而更多依赖那些没有激励关注银行公司治理的已保险存款人。再次，存款保险以中央银行作为最后贷款人，可能会导致一些银行降低自有资本比率，当自有资本比率降低，实际上相当于增加了实际控制人提高银行风险的激励。因此，存款保险既增强了银行所有者提高风险的能力（原因在于存款者在具有存款保险的情况下缺乏监督银行的动机），也增强了银行所有者提高风险的动机（原因在于较低的自有资本比率）。因此，慷慨的存款保险可能会导致更大的危机可能性。

5.2.2.3　监管对竞争性市场治理的影响

许多政府干预措施对银行业的竞争进行限制。政府经常限制所有权的过度集中和银行持股主体，而这种限制阻碍了银行控制权竞争对公司治理的作用。就减少外部市场的竞争而言，许多国家对银行承销股票、进行不动产投资或保险业务，或者持有非银行公司股权等进行强加限制。此外，还有许多国家对银行分支机构的最小数量、直接信用指导、资产组合限制、利息和费用等进行要求。虽然有充分的理由，但毕竟政府的干预之手还是限制了竞争以及阻碍了关键的公司治理机制作用的发挥。

5.2.3　高杠杆率与银行治理的特殊性

从商业银行的资金来源与运用可以看出，银行股本部分较少，债权部分较大，是高杠杆率的财务结构。在银行的债权人中，一方面是分散、众多的小额存款人，即一般储户；另一方面是少数大额的债权人，包括银行发行的一些次级债券、金融债券的持有者甚至银行同业。对于企业治理而言，一般认为企业中主要存在着股东与经理层之间的利益冲突，或者是大股东与中小股东之间的利益冲突，而股东和债权人的利益冲突虽然也存在，但较少成为关注的重点（银行作为债权人发挥治理作用的研究相对较多）。而银行则不同，虽然也存在股东与经理层、大股东与中小股东之间的利益冲突，但由于其特殊的资金来源，存款人（债权人）利益保护对银行来说显得尤为重要，因此银行治理中银行股东与（存款人）债权人之间的利益问题也极为突出。

银行股东和债权人之间的利益冲突根据银行债权结构不同而有所差异。在银行债权人比较分散（主要是存款人）的情况下，存款人很难发挥在银行治理中的积极作用。这是因为在存款人数量众多、比较分散的情况下，任何单一存款人都没有动机和能力收集并分析银行经营管理和财务信息，监督和干预银行管理，反而会成为“搭便车者”，从而使得存款人治理失效。更进一步来说，由于很多国家为小额存款人提供了存款保险，再考虑到政府为存款人利益而进行的监管，因而存款人缺乏激励参与对银行经营管理的监督和干预。在银行存在部分大额债权人（一般为未保险的债权人）的情况下，股东会因为高杠杆率而具有风险偏好，希望通过高风险的投资获取高收益，而债权人却相对保守，希望在本金安全的基础上获取增值。因此，大额债权人会借助公司治理机制对风险控制的要求，约束股东的高风险行为。此时，债权人的存在会对银行的公司治理机制起到促进的作用（但可能因监管而使债务条款的约束作用弱化）。但也有可能，大额债权人会和股东、经营者结盟，侵害小额存款人的利益，对商业银行治理形成不利影响。

5.2.4 外部性与银行治理的特殊性

相对于一般商品与服务的企业而言，商业银行因其信用中介、支付中介、信用创造、金融服务和宏观调控与社会职能而具有强烈的外部性。商业银行的信用中介职能调剂社会资金余缺，有效配置资金，影响企业和个人的融资渠道和资金链；商业银行的支付中介职能保证经济体系中支付清算网络运转良好，影响社会资金结算；商业银行的信用创造职能创造存款货币，供应全社会商品服务交易对货币的需求；商业银行的金融服务职能为企业和个人代理收付、托管、租赁、汇兑、顾问等业务，降低交易成本和减轻风险；商业银行的宏观调控职能为政府通过货币供应、信贷、利率调控经济提供中介渠道，保证金融稳定和经济增长；商业银行的社会职能通过履行银行社会责任，引导信贷和投资流向，提倡经济与金融伦理，提高经济发展的社会效益。

通过对商业银行若干职能的分析，可以看出一旦商业银行出现经营危机或破产倒闭，将影响众多职能的发挥，影响金融与经济体系的稳定，引发经济金融危机和社会动荡。因此，商业银行的治理问题应当视为重中之重。巴塞尔银行监管委员会关于加强银行公司治理的原则提出：“第一，监管机构应通过对银行公司治理的稳健性提出监管预期向其提供监管指引；第二，监管机构应定期对银行的总体公司治理政策、治理做法和执行公司治理原则的情况进行全面评估；第三，监管机构对银行的公司治理政策和做法开展定期监管评估时，应以对银行自身的内部报告、审慎报告进行综合分析作为补充，同时可考虑参考来自外部审计师等第三方的报告；第四，监管机构应要求银行对公司治理政策和治理做法的重大缺陷及时有效地采取整改行动，并有权采取相应的监管措施；第五，监管机构应就银行公司治理政策和行为的监管与其他监管机构加强合作，包括签订谅解备忘录、监管联席会议和召开定期监管会议。”

可见，考虑商业银行外部性的重要，各国政府均对银行业实行严格的监督和管制。虽然股东、债权人、经营者、员工在银行公司治理中也可以发挥与在企业中类似的作用，但与在企业中不同，政府的监管作为一种外部治理机制在银行公司治理中发挥着极其重要的作用，但严格的银行管制并非一定有利于商业银行公司治理效率的提高。这和各国不同的治理模式有一定关系。

英美模式下，银行股东以机构持股者和个人为主体，股权高度分散。银行治理依赖于发达的外部治理机制的约束和相对完善的法律体制，政府对银行直接干预较少。中小股东由于持股比例很小，难以在银行决策中发挥作用，参与治理的方式主要是通过发达的资本市场进入退出银行，主要借助市场力量如经理人市场、收购市场、产品市场等对董事会形成制约的方式来参与治理，形成对管理层的压力与约束。但政府的严格监管可能会在一定程度上限制了债权人、接管市场在公司治理作用的发挥。而德日模式下法人之间交叉持股，法人和银行是股份公司最大的股东。银行之间相互交叉持股，股份流动性较差，公司控制权市场难以发挥制约作用，而是依靠大股东内部监控，此外，在信息公开、内幕交易、中小股东利益保护的法律方面也不够完善。

德日模式以债权人及利益相关者作为公司治理目标，形成了债权加股权的共同治理型模式，但德日之间也存在治理结构的较大差异。德国是双层董事会治理，监事会是上位机关，拥有任免权、监督权甚至公司代表权等，而董事会是下位机关，负责执行公司业务。职工在监事会中占有非常重要的地位。德国联邦银行业监管局（隶属于财政部的准部级单位）负责颁发银行执照，监督银行通常业务，独立行使银行业监管职责。根据法律规定，德国所有银行信贷机构都必须接受联邦银行业务监管局和联邦银行的监督和管理，并在两者的密切配合下实现政府对整个银行体系的协调和控制[①]。此外，德国银行监管还包括银行业自律监管。在日本，董事会基本由企业内部产生的内部董事组成，董事会人数众多。在20 世纪 90 年代之前，日本政府对银行业实行高度的集中管理，日本大藏省管理金融事务，日本银行在行政上接受大藏省的领导、管理和监督，但日本银行在决策上仍具有相对独立性，形成了由大藏省和日本银行共同负责对日本银行业实施监督管理的监督模式。在这种模式下，大藏省作为金融行政主管机关，对金融业

① 赵勇．商业银行法人治理研究［M］．北京：中国金融出版社，2010.

的管理和监督有极大权利，日本银行主要作为货币政策的执行者而存在。总的来看，德日模式下银行内部监控为主的机制可以在不改变所有权归属的前提下将代理矛盾内部化，管理失误可以通过公司治理结构的内部机制加以纠正。但由于缺乏活跃的控制权市场，无法使某些代理问题从根本上得到解决[①]。

家族控制模式下的银行由家族通过董事（或是家族中人或被家族控制）拥有控制权。在韩国和东南亚地区，相当多的银行由家族控制股权，并且普遍参与银行经营管理。银行治理的主要问题是家族控股大股东、经理层和广大中小股东的利益冲突，即强家族大股东、弱经理层、弱中小股东。由于控股股东（家族）持股较多且稳定，控制权市场难以有效影响银行运营与管理，控股股东通过控制董事会形成对管理层的强力约束。此外，家族控制模式下政府对商业银行的发展有较大的制约，家族企业在生存和成长的过程中，与政府建立了较为密切的联系，为继续发展，多数银行会主动寻求政府的庇护，与官僚机构形成密切的关系，当然政府也需要银行干预经济活动，为宏观经济政策和产业政策提供贷款，因此对家族银行的干预也比较多。

5.3 我国国有商业银行治理的特殊性

5.3.1 股权结构

“世界范围内各国政府对银行的所有权也是广泛存在。这种所有权在那些人均收入水平低、金融体制欠发达、政府奉行干预主义且缺乏效率，以及产权保护不足的国家具有更高的比例。”[②] 我国作为转轨经济国家，国有股权在商业银行股份中占据了相当的比例，特别是在国有商业银行中[③]。国有股权在国有商业银行中的大量存在造成了两个主要问题：一是产权主体的虚置和所有者的缺位，二是委托代理链条的冗长。首先，按照法律规定，国有资产属于全民所有，但并没有人格化的主体代表全民承担国家财产的所有者责任，行使所有者权利。所以产权主体并不是一个实际存在的主体，这就造成国有资产所有者处于缺位状态，一方面缺乏足够的激励根据市场化原则选择合格的经理层并进行有效监督和激励；另一方面，作为国有出资人代表的政府官员并非银行风险的真正承担者，选择和

① 王飞，熊鹏．商业银行公司治理模式的国际比较与启示［J］．生产力研究，2010（9）．

② 拉·波塔，洛佩兹·德·西拉内斯，安德烈·施莱弗．政府对银行的所有权［M］．北京：中信出版社，2003.

③ 本文主要以上市银行为研究对象。

监督管理者可能更符合自身利益而非国家利益。这就说明虚拟的国有股东无法有效行使所有者权利。此外，国有商业银行的收益和清偿权、重大决策权、监督决策权等股东权利是分散在财政部门、组织部门、监管部门和国资委等部门的，在各部门目标不完全一致且难以有效协调的情况下，股东权利无法完整行使，从而达到优化行使的效果。其次，虽然从字面意思看，国有只是国家所有，但实际上国家并不是国有企业包括国有商业银行的持股主体，就国有商业银行而言，国家通过财政部（地方财政部门）、汇金公司或国有（地方）企业等主体直接或间接控制国有商业银行，再加入国有资产管理机构、国务院授权机构、国有企业、地方财政部门等主体后，这些主体即是上层委托人的代理人，又是下层代理人的委托人，从而形成了复杂冗长的委托代理链条。在这种冗长的链条中，很难保证委托人、代理人的目标达成一致，每一级代理人都有可能为实现自身目标而不同程度地偏离委托人的目标，致使商业银行的经营越来越偏离股东利益最大化的目标。

5.3.2　隐性担保

存款保险制度可以分为显性的存款保险和隐性的存款保险。显性存款保险是指当投保银行无法应付存款人提取存款时，存款保险机构向投保银行提供流动性支持或代替投保银行向存款人支付部分或全部存款。隐性存款保险则是指在经济中并不单独设立存款保险机构，而在存款银行无法应付存款人的提取或银行破产时，由政府向银行提供流动性或对存款人进行补偿，实质上是一种隐性担保。我国虽然没有设立美国等国家的存款保险机构，也没有从法律上明确规定在银行经营失败的情况下对存款人的部分或全部存款进行偿付，甚至都不算是隐性存款保险，因为一般存款人基本不考虑国有商业银行经营失败或破产的可能性，更不会进一步考虑国有商业银行经营失败或破产后政府是否会对存款进行偿付或偿付比例的问题了。所以说，我国银行业经营虽然并不存在存款保险，但对国家保证银行业安全的信心显然比存款保险更让存款人显得毫无后顾之忧。

这种政府的隐性担保虽然保护了存款人的利益，维护了银行业的稳定，充分发挥了银行业的职能作用，但这种隐性担保的负面作用也很明显。首先，虽然存款保险制度降低了存款人对银行监督和评价的动力，经营情况也不再是存款人选择存款银行的根本依据，但大多数存款保险具有额度限制，大额或机构存款人（债权人）的利益并不能得到完全的保护，这些主体有动机或激励对银行的经营进行监督。而在我国隐性担保的情况下，存款人或债权人考虑的不是多大部分存款得到偿还的问题，而是出于政府一般不会让银行尤其是国有银行倒闭的信任，这种情况下就不会有激励去关注和监督银行的经营行为和财务状况，存款人（债权人）治理的作用就难以发挥。其次，存款保险机构作为保护流动性和承担存款补偿责任的机构，有能力获得银行经营和财务状况，也有动力对银行经营进行干预和监督，促进银行治理状况的提升。在我国的经济体制中并不存在类似的机构，虽然中国人民银行承担了类似的提高流动性和最后贷款人的责任，却无法发挥存款保险机构那种提高公司治理的作用，而由银监会行使监督和干预等权利，缺乏对银行治理形成能动作用的统一主体。最后，投保银行可能会因为存款保险的存在而从事更高风险的业务。有了存款保险以后，管理者不用再担心存款者的挤兑，放松对流动性的要求，为追逐高利润而从事高风险业务，可能的损失则由存款保险弥补，从而增大了银行体系的风险。我国商业银行虽然没有显性的存款保险，但管理者在隐性担保的情况下具有同样的从事高风险业务的冲动，出现损失由国家负担，而盈利则可归于管理能力。

可以说，隐性担保的存在使商业银行出发点是保护存款人利益，但可能治理机制上会导致银行放松对风险管理与控制的要求，对商业银行的安全经营和银行体系的稳定具有不利影响。

5.3.3 政府监管与干预

我国的经济体制还没有完成从计划经济向市场经济转轨的过程，虽然在许多方面国家已经放松了管制，交由市场运作和管理。但即使是在市场化程度很高的发达经济国家，对银行业的管制仍然根深蒂固地存在着。所以，考虑到银行体系的职能，考虑到银行体系在经济中的重要性，考虑到银行经营失败对经济的严重影响，我国对银行业（股份制商业银行）的监管和干预比西方发达国家更为严格和频繁。

作为建设社会主义市场经济体制的国家，政府有充足的理由对银行业进行监管和干预。监管机构依据法律法规赋予的监管权力对商业银行进行监管可以一定程度上有助于部分公司治理问题的解决，如促进董监事会构建与履职、加强信息披露要求等方面，在公司治理不完善的情况下以监管要求代替股东、债权人、管理层、员工治理不足的作用，成为公司治理的重要力量。但同时，政府的监管和干预也阻碍了银行公司治理机制完善的进程。首先，政府监管存款人和债权人的治理作用弱化。政府对银行的监管相当于对银行附加了国家信用，在经济稳定的前提下，存款人和债权人认为银行的经营不会出现问题，即使出现问题也有国家信用支持，从而缺乏对银行治理的关注，而存款人和债权人的群体监督是政府监管这一单一机构无法完全替代的，造成银行治理的弱化。其次，政府监管强化了内部人控制。由于国有商业银行的国有股掌握了控股权，财政部、汇金公司等代理国家持有国有股的主体利用股东地位通过组织部门决定董事长、总经理等高层管理人员的选择，并赋予其相应的行政身份，央行、银监会等部门则对银行业务有监督和指导的权力，高管层以其行政方式进行公司治理，强化内部控制，而不是采取市场化公司治理方式。再次，政府监管弱化了外部治理。政府对银行的监管主要以行政方式决定董监事会管理层人选，而且对市场准入进行了严格的限制，这就造成外部的股权收购市场和银行家市场很难发挥对管理层经营不善的替代和接管作用，外部市场的治理机制无法发挥应有的作用。最后，政府干预干扰了市场对银行经营情况的判断。由于商业银行的金融中介作用，政府在面临一些经济问题时会以指令或行政方式要求商业银行履行一些经济社会职能，对商业银行的治理目标形成干扰，难以判断银行治理对经营绩效的实际影响。

5.3.4　竞争市场

上面提到监管部门对市场进入、收购接管和银行业务的严格监管减少了市场竞争，再加上我国不太成熟的经理人市场，因此相对于发达国家银行业外部市场而言，我国在并购市场、银行家市场、产品市场三个方面与国外有着明显的不同。

首先，国家对股东资格和持股比例的限制。在国有银行改革过程中，资本注入、不良资产剥离、财务充足直至外国战略投资者的引入，可以说都是为了优化和完善国有商业银行的公司治理机制。但是，我国银行业的接管收购市场还不够发达，证券市场也达不到有效市场的要求，国内机构难以持股国有商业银行，而且即使成为股东也难以对银行治理产生显著的影响。同时，对外国战略投资者资格和持股比例进行限制，根据《国有商业银行公司治理及相关监管指引》，“国有商业银行引进战略投资者应遵循长期持股、优化治理、业务合作和竞争回避的原则，并坚持以下五项标准：①战略投资者的持股比例原则上不低于 5%；②从交割之日起，战略投资者的股权持有期应当在 3 年以上；③战略投资者原则上应当向银行派出董事，同时鼓励有经验的战略投资者派出高级管理人才，直接传播管理经验；④战略投资者应当有丰富的金融业管理背景，同时要有成熟的金融业管理经验、技术和良好的合作意愿；⑤商业银行性质的战略投资者，投资国有商业银行不宜超过两家”。虽然从保持国有银行的股权性质这样的做法无可厚非，但这毕竟阻碍了吸引战略投资者进入的初衷，无法发挥其对公司治理的积极作用，及至数年之后战略投资者在自身遇到危机时的纷纷变现获利，这使得国有商业银行学习国外先进治理经验的机会成本暴增。

第二，我国的银行家市场远不成熟。西方发达国家以数百年的时间建设市场经济并最终形成了较为发达的经理人以及银行家市场，但我国从计划经济转型而来，进行社会主义市场经济建设不过三四十年的时间，职业经理人市场因国有企业的行政性质、民营企业规模等原因而发展缓慢，国有商业银行的董事长、行长等最高层人员实际上是具有行政和企业双重身份的公职人员，他们看重的是行政激励，与一般职业经理人对声誉的看重大不相同。即使近年来通过市场招聘了一些职业经理人，但却缺乏最终决策权，无法对既有的董事长、行长等形成竞争，从而无法形成相应的对经营管理的约束。此外，在国有商业银行高管层的薪酬待遇方面也与国外银行家具有明显区别。虽然由于银行经营的特殊性和高利润，银行家薪酬待遇在国内外都十分丰厚。但国外银行的薪酬待遇市场化程度较高，与银行经营业绩紧密相连，在充满竞争的银行家市场上，一旦经营业绩不佳，薪酬会降低，职位也可能被代替。而我国国有银行的经理人薪酬则并不是主要由市场决定的，更多的是由行政指导和行业参考决定的，不仅无法反映银行的经营效果，而且和员工薪酬差距相当悬殊，对优化公司治理形成不良影响。

第三，我国商业银行产品同质性较强。一般企业可以通过企业产品质量和服务与同类型企业在市场上进行竞争，这种竞争构成了对职业经理人的约束。如果本企业的产品在市场竞争中处于劣势，则很可能引起股东和董事会对经理人经营管理能力的质疑，并通过经理人市场对原经理人进行替代。而我国国有商业银行在银行业中无论是市场还是收入都占据了主要地位，说是一个寡头垄断的市场也不为过。但同时，国有商业银行经营业务和范围也受到严格限制，其费用和利息等受到管制，各行的产品和服务差别极为有限，竞争相对缓和，有点类似于合谋基础上的竞争，难以发挥产品市场竞争对经理人的约束作用。

5.3.5 外部性

无论是发达国家的商业银行系统，还是发展中国家的商业银行系统，一旦出现银行经营失败或破产，会对其他商业银行、银行业，甚至整体经济产生极其严重的后果。国外特别是发达国家商业银行的外部性主要是一旦某家银行发生问题，会引起连锁反应，对银行体系乃至整体经济产生十分严重的影响。而在我国，虽然没有显性的存款保险，但国家信用基础等于赋予了国有银行最高的信用等级，而且在行政干预或“太大而不能倒”的情况下，即使某家银行出现严重的经营危机甚至破产倒闭的可能，国家也会采用替代偿还或接管的措施来迅速解决问题，保证危机不会蔓延到多家银行以及整个银行业。因此，我国商业银行的外部性问题和西方发达国家的外部性问题相比具有其特殊性。当前我国商业银行外部性问题分析的着眼点应该在国有商业银行发挥的经济与社会职能的重要性上。在我国从计划经济到市场经济，从自力更生到改革开放的发展过程中，国有商业银行为经济发展和经济增长起到了保驾护航的重要作用。从满足国有企业资金需求到为中小企业提供信贷，从履行企业社会责任到配合国家经济金融政策，国有商业银行的职能作用绝不能等同于经营产品、进行收益与成本分析、以利润最大化为目标的普通企业的作用，甚至与国内一般股份制银行的职能作用也有所不同。作为银行体系、金融体系乃至经济体系中的核心结构，国有商业银行在经济稳定发展中需要进一步发挥其在有效配置资金、宏观调控中介、经济伦理与社会责任等方面的外部积极作用，在提高经济效益的同时提高经济发展的社会效益。

5.4 小 结

商业银行作为企业，其公司治理与一般公司治理理论有着共同点和密切的联系。但商业银行独特的产品和特殊的职能决定商业银行的公司治理与一般企业有着较大的差异，必须从一般治理理论出发研究适用于商业银行的特殊治理方式。

商业银行在资产负债结构、信息透明程度、职能、监管等方面具有相应的特殊性，本章对此进行了概述。由于以上的若干特殊性，商业银行必然不能按照普通企业来治理，本章随后探讨了商业银行治理在面对特殊性时所遇到的一些问题，而且由于各国国家的商业银行在股权（债权）分散与集中方面的情况不同，监管规定有区别，信息不对称程度也有差异，因此还难以提出统一的解决商业银行公司治理问题的有效措施。

本章最后总结了我国商业银行在股权结构、隐性担保、政府监管与干预、竞争市场（包括并购市场、经理人市场、产品市场）以及外部性等方面的特殊性。这些方面特殊性不仅与一般企业不同，而且与其他国家的银行业也有所差异，因此还需要寻找适应我国商业银行特殊情况的治理结构与方式。

第6章　中国国家控股商业银行治理的内部结构

公司治理结构可以分为两个层次：内部治理结构和外部治理结构。内部治理结构是出资人及其主要代表人和经理层三者对控制权以及剩余索取权的分配以及前两者对后者的约束激励。除此以外，公司治理的内部结构应该还涉及企业对股东与经理层之外的其他相关利益方的安排。

6.1　股东大会

自伯利与米恩斯提出现代企业所有权与经营权分离问题以来，治理问题的研究集中于在分离前提下，存在委托代理问题的企业如何处理股东与经营者的冲突问题，更好地保护股东利益，或者说如何实现股东利益的最大化。此后，虽有利益相关者理论的兴起，认为除却股东利益之外，经理人、员工、债权人、供销商、消费者以及所在社区等相关者的利益均应得到关注。但即便如此，利益相关者理论并不意味着对股东利益的忽视，股东利益仍然是治理问题关注的重点。

6.1.1　股东的性质与权益

6.1.1.1　一般企业股东的性质与权益①

1. 股东的性质与类别

股东是按投入公司的资本额享有所有者的资产受益、重大决策和选择管理者等权利的主体。股东将自己的资产投入公司，与其他股东投入的资产共同形成公司的法人资本，公司拥有这部分投入资产的法人财产权，而股东依其投入的资产享有所有权，并分享资产收益。

根据股东享有的权利不同，股东可以分为普通股股东和优先股股东。优先股

① 有关股份公司的其他相关内容参见《中华人民共和国公司法》的有关规定。

股东在公司收益分配和剩余资产清偿方面相对普通股股东而言拥有优先权利，但在股东大会上却一般不享有投票权（除非涉及优先股股东权益）。普通股是指每一股份对公司财产都拥有平等权益，即对股东享有的平等权利不加以特别限制，并能随股份有限公司利润的大小而分取相应股息的股票[①]，是最基本、最标准的股份。因此，普通股股东享有的也是普通的权利和义务，且一般情况下同股同权，在股东大会上享有投票权。因此，在公司治理机制中发挥通过股东大会发挥作用的一般是普通股股东，所以本书所提的股东一般即指普通股股东。

一般根据公司股票上市与否，分为上市股票和非上市股票。上市股票是指向某一证券交易所注册，有资格在该证券交易所进行公开交易的股票。非上市证券是指未向证券交易所登记，没有挂牌进行交易的有价证券。非上市证券也称为非挂牌证券或者场外证券。非上市证券主要是公司或企业自行发行和推销的证券。一般而言，非上市证券不能在证券交易所内进行买卖。

由于经济与企业改革等历史原因，我国上市公司的股份按能否正常上市交易分为流通股和非流通股。

我国上市公司的股份还可以按投资主体不同分为国有股、法人股、公众股和外资股。

（1）国家股

国家股是指以国有资产向股份有限公司投资形成的股权。国家股一般是指国家投资或国有资产经过评估并经国有资产管理部门确定的国有资产折算的股份。国家股的股权所有者是国家，国家的股权由国有资产管理机构或其授权单位、主管部门行使国有资产的所有权职能。国家股股权，也包含国有企业向股份有限公司行使转换时，现有国有资产折成的国有股份[②]。

从资金来源上看，国家股的构成主要包括三个部分：一是国有企业由国家计划投资所形成的固定资产、国拨流动资金和各种专用拨款；二是各级政府的财政部门、经济主管部门对企业的投资所形成的股份；三是原有行政性公司的资金所形成的企业固定资产[③]。

国家股的形式在不同的企业中也不尽相同。在由国家控制的企业中，国家股应该是普通股，从而有利于国家控制和管理该企业；在不需要国家控制的中小企业，国家股应该是优先股或参与优先股，从而有利于国家收益权的强化和直接经营管理权的弱化。国家股的规模大小和在不同企业所占比例问题是一个需要不断

---

① 丁忠明．证券投资学［M］．北京：高等教育出版社，2013.

② 同上。

③ 同上。

探索的问题。在法国，国家股在国有企业中就发挥着重要的控股作用。其主要有三种控股方式：一是国家控制企业的全部股份，二是国家控制一半以上企业股份，三是国家控制企业一半以下的股份。国家控股的程度，因企业于国计民生的关切程度不同而异[①]。这些很值得我国借鉴。

（2）法人股

法人股是指企业法人以其依法可支配的资产向股份公司投资形成的股份，或者具有法人资格的事业单位或社会团体以国家允许用于经营的资产向股份公司投资所形成的股权。

法人股是法人相互持股所形成的一种所有制关系，法人相互持股则是法人经营自身财产的一种方式。法人股股票应记载法人名称，不得以代表人姓名记名。法人不得将其所持有的公有股份、认股权证和优先认股权转让给本法人单位的职工[②]。

法人股主要有两种形式：一是企业法人股，指具有法人资格的企业把其所拥有的法人财产投资于股份公司所形成的股份。企业法人股所体现的是企业法人与其他法人之间的财产关系，因为它是企业以法人身份认购其他公司法人的股票所拥有的股权。有些国家的公司法严格禁止法人持有自身的股权。二是非企业法人股，指具有法人资格的事业单位或社会团体以国家允许用于经营的财产投资于股份公司所形成的股份[③]。

（3）公众股

公众股是指社会个人或股份公司内部职工以个人财产投入公司形成的股份。它有两种基本形式，即公司职工股和社会公众股。

公司职工股，指股份公司的职工认购的本公司的股份。公司职工认购的股份数额不得超过向社会公众发行的股份总额的10%。一般来讲，公司职工股上市的时间要晚于社会公众股。社会公众股，指股份公司公开向社会募集发行的股票。向社会所发行的部分不少于公司拟发行的股本总额的25%。这类股票是市场上最活跃的股票，它发行完毕一上市，就成为投资者可选择的投资品种[④]。

（4）外资股

外资股是指外国和我国香港、澳门、台湾地区投资者以购买人民币特种股票形式向股份公司投资形成的股份，它分为境内上市外资股和境外上市外资股两种

① 丁忠明．证券投资学［M］．北京：高等教育出版社，2013.

② 同上。

③ 同上。

④ 同上。

形式。

境内外资股是指经过批准由外国和我国香港、澳门、台湾地区投资者向我国股份公司投资所形成的股权。境内外资股称为B种股票，是指以人民币标明票面价值，以外币认购，专供外国及我国香港、澳门、台湾地区的投资者买卖的股票，因此又称为人民币特种股票[①]。境外上市外资股包括：N股、H股以及S股等。

2. 股东的权益

在股份有限公司存续期间，普通股股东享有下列权利：

第一，经营参与权。普通股股东持有普通股表示其是股份有限公司的资产所有者，因此其有参与公司经营的权利。普通股股东的这一权利是通过参加股东大会来行使的。股东有权出席股东大会，听取公司董事会的业务和财务方面的报告，在股东大会上行使表决权和选举权，选取公司的董事会、监事会，对公司经营管理发表意见[②]。原则上来说，一股有一个表决权，所有公司股东都有权参加股东大会，并进行投票。但是实际操作中，由于普通股持有者人数众多，而且经常在变动。因此，真正有权参加股东大会并行使权利的只是少数大股东。根据公司章程规定，达到一定的股票份额时，少数大股东就可能选派代表自己利益的董事，通过这些董事及其经理人来控制股份有限公司。大股东控制公司不一定需要拥有绝对多数的股票份额，有时候只是很低的股份比例就可以了，但前提是股份要充分的分散。

第二，红利享有权。股东进行投资的最终目的是获得经济上的收益。因此，股东在取得董事会做出决定后，可以获得公司分红。股东的红利是公司经营过程中获得最终净利润的一部分，即公司最初利润支付工资与偿还债务、缴纳税款、提取法定公积金以及支付优先股息后剩余的部分。一般而言，在分红前，净利润中还将留出一部分作为公司的发展资金。

第三，认股优先权。股份有限公司为了扩大经营规模或者是其他方面的原因，往往会发行新股筹集资金。为了不影响原股东在公司中的持股比例，原股东可以优先认购，但优先认购的比例不高于原持股比例。这样原股东可以保持其在总股本中所占的比例不变，当然原股东也可以放弃这样的权利。股份有限公司增发新股一般采取两种方式：一是有偿增发，即原股东可以根据票面价格平价或者折价购买普通股；二是无偿增发，即普通股股东优先无偿获得增发的普通股股票。

---

① 丁忠明. 证券投资学［M］. 北京：高等教育出版社，2013.

② 同上。

第四，剩余资产分配权。当股份有限公司因为经营不善或者其他原因需要破产或者解散清算时，公司需要先用剩余资产支付工人工资、各项税费、债务以及优先股财产，剩余财产归普通股股东进行分配。一般而言，普通股股东按其所占股份比例获得相应比例的财产①。如果公司财产不能完全支付以上各项，普通股股东不负连带责任，仅以公司全部资产作为全部清算资产的最高限额。

6.1.1.2 我国国有商业银行股东的性质与权益

股权结构是商业银行治理机制的产权基础，决定着商业银行的运作与管理、激励与约束，决定着商业银行的经营效率。一般来说，股权结构包括股权集中度和股权构成两个方面。股权集中度是指各股东所持股份占银行总股份的比重大小，用来说明银行股权集中或分散的程度，可以分为股权高度集中、股权高度分散以及股权相对集中、股权相对分散等类型。股权构成则是指股东性质问题，即银行的股份由哪些股东持有，分为政府、法人、机构、高管、员工、个人等类型。

（1）股权集中现象分析

从股权集中情况来看，当前世界范围内银行体系的股权结构模式较为多元化，高度分散、高度集中、相对集中等情形在各国表现不一。

股权高度分散情况下，每个股东所持股份比例占银行总股份的比重很小，股东主要是个人投资者，即使有少数大股东或机构投资者的存在，其所占比重依然很小。由于所持股份较少，股东容易形成“搭便车”和“用脚投票”行为，一般不积极参与股东大会投票和参与经营决策，而是根据股票价格“反映”的银行业绩买入或卖出股票，容易形成以经理层为首的内部人控制。银行治理主要依靠政府法律法规监管和外部市场包括经理人市场和并购市场的作用，形成对管理层的监督和激励作用。这种模式的国家主要有美国、英国等国家。

股权高度集中情况下，股东有法人股东和个人股东，个人股东一般持股很少、人数众多，但因为十分分散而在银行治理方面很难发挥作用；法人股东数量较少，持股量大，存在持股超过总股份50%的绝对控股股东。掌握绝对控股权的股东可以在公司治理中充分发挥作用，监督和控制管理层的经营管理。由于控股股东是银行的主要投资者，但同时如果出现问题或经营失败也将是损失的主要承受者（因持股数量很多，难以通过证券市场迅速转让）。因此，控股股东有积极性参与银行决策管理，提高经营效率。但是，这种股权集中的模式也有可能造成控股股东利用公司治理不完善之处对中小股东权益的侵害。一方面，控股股东可能利用自己的控股地位增加自己的利益而侵害中小股东利益，如关联贷款问题

① 丁忠明．证券投资学［M］．北京：高等教育出版社，2013．

等；另一方面，不利于商业银行的外部治理机制发挥作用。由于股权高度集中于控股股东，流通股份较少，中小股东持股有限，对控股股东的监督、接管市场的作用、经营者的竞争、董事会的聘任等外部机制均无法发挥作用。从而，无法形成有效率的银行治理机制。这种模式的国家主要有德国、日本等国家。

相对控股是一种股权的适度集中情形，是指银行有若干掌握相对较大比例股份的股东，其中最大股东的股权比例虽然没有超过50%，但由于其他股权分散且股东较难联合，因此该股东居于相对控股地位。该种模式下，相对控股股东有动力和能力对经营管理进行监督，但同时其可能的侵害行为又受到其他股东联合的抵抗，相对而言更容易平衡各方的利益冲突。相对控股股东因持股比例较大，一方面显然有动力也有能力参与银行治理，发现银行经营管理中存在的问题；另一方面，由于自身持有一定股权比例，争取其他股东从而获得多数股权的支持相对比较容易，从而可以执行相应措施解决存在问题，如对经理人的惩罚（甚至更换）或激励、重大决策的制定等。但相对控股股东毕竟持股比例不大，他们对银行经营风险造成的损失承担也局限于一定额度，从而其治理积极性相对有限。这种持股模式也存在一定的弊端，如果相关控股股东从其控制地位获得的现金流超过从所有权比例获得的现金流，就有可能从事自身得利而银行和其他股东受损的经营活动。并且，由于银行资产财务等信息方面存在不透明性，相关控股股东还可能通过关联交易损害银行利益，增加自身利益。

最后，持股现象近些年来也发生了一些明显的变化，美、英等国家的机构投资者持股比例逐渐增加，而德、日等国的交叉持股现象却在逐渐减少，都有一种向既存在相对控股股东但又有一定股权集中度的相对控股模式变化的趋势。

（2）股权构成情况分析

根据 La Porta、Lopez-De-Silance 和 Shleifer[①]（2002）对世界范围内政府持有银行股权的研究，发现除美、英、加等少数国家以外，大多数国家的政府都持有商业银行的股份，且相对一般企业较高。研究把92个国家分为英、法、德、斯堪的纳维亚、社会主义国家五个类型。英语区国家的政府（1995年）在10家最大银行中持有的股权比例平均为28.16%，最高为95%，而英、美、加的持股比例为零（取小数点后四位）；法语区国家的政府平均持股比例为45.45%，最高为100%；德国区国家的政府平均持股33.67%，最高为50.36%；斯堪的纳维亚区国家的政府平均持股35.54%，最高71.34%；社会主义国家的政府平均持股61.76%，最高为中国的99.45%。可见，国家持有

① Rafael La Porta，Florencio Lopez-de-Silanes，Andrei Shleifer，“Government Ownership of Banks”，Working Paper 7620，http：//www.nber.org/papers/w7620，2000.

银行股权无论是在资本主义国家还是社会主义国家、无论是发达国家还是发展中国家都是一个常见现象。

(3) 我国商业银行股权结构

我国商业银行的股权结构情况较为复杂。在股权分置改革完成之前，上市银行的股份可划分为流通股和非流通股。除招商、民生、浦发等股份制银行外，多数银行的非流通股比例都在50%以上，有些如工行、中行、建行等银行的非流通股甚至在80%以上。股权分置改革以后，上市银行的非流通股比例快速下降，流通股比例大幅提高。股权分置改革以后，随着非流通股比例的下降，国有股及国有法人股比例随之下降，但仍占主导地位。2009年上市银行的国有股及国有法人股所占比例平均为25.72%[①]。2007年只有上海浦发、民生、南京和宁波银行的国有股及国有法人股的比例不足或接近1/4，其中民生银行为0，深发展为0.2%，而工行、建行、中行、中信银行的这一比例均超过60%，交行、福建兴业、招商和华夏银行的国有股及国有法人股在30%～50%之间。随着股权分置改革的推进，2009年工行、中行、招商、民生、深发展有限售条件股份中的国有股及国有法人股均为0，只有建行的这一比例超过50%，但是在无限售条件股份中，工行的第一、第二大股东中央汇金投资有限责任公司和财政部累计持有70.7%的股份，中行第一大股东中央汇金投资有限责任公司持有67.53%的股份，均为国有股。此外，14家上市银行中除了民生、深发展、北京银行第一大股东为境内法人和外资股，其余11家银行的第一大股东的性质均是国有股或国有法人股。

我国商业银行的股权持有相对集中。2000年，上市银行第一大股东持股比例和前五大股东持股比例为8.61%和28.88%，这一数字不断增加。但2006年以来股权集中度变动不大，2009年14家上市银行中，前十大股东和前五大股东持股比例分别平均为54.37%、48.17%，第一大股东持股平均为27.03%，但是第一大股东比第二大股东平均持股高出15个百分点，对银行具有相对控制能力。由于国家对银行股东身份以及持股比例的限制，我国上市银行的股权集中度相对国外商业银行而言偏高。尤其是建行、中行、中信银行第一大股东的持股比例超过或接近60%。工行虽然第一大股东中央汇金只占35.4%，但是第二大股东财政部也持有35.3%，又同是国家股，合计则达到70.7%。民生银行股权集中度则较低，前五大股东持股比例为18.78%，第一大股东持股比例不足10%，且前五大股东持股比例相差无几。

① 曹艳华．商业银行治理机制对风险承担行为的影响：理论与实践［M］．北京：中国社会科学出版社，2011.

6.1.2 股东大会与股东权益保护

6.1.2.1 一般企业股东大会与股东权益保护

《公司法》第九十九条至第一百〇八条对股份有限公司股东大会的设立、运行、职责等进行了规定。股份有限公司股东大会由全体股东组成。股东大会是公司的权力机构，依照本法行使职权。股份有限公司股东大会由全体股东组成。股东大会是公司的权力机构，依照本法行使职权（包括选举董监事、预算、决算、增减注册资本、公司合并、分立、解散等重大事项）。股东大会应当每年召开一次年会。遇有法律规定情形，应当在两个月内召开临时股东大会；股东大会会议由董事会召集，董事长主持；召开股东大会会议或临时股东大会，应当将会议召开的时间、地点和审议的事项提前通知各股东；应当于会议召开十五日前通知各股东；发行无记名股票的，应当于会议召开三十日前公告会议召开的时间、地点和审议事项[①]。

股东大会是权力机构，如果大股东有绝对控股权，则可以绝对控制公司，董事会也会完全按照大股东的意愿履行职能，小股东通常只能听之任之。为保护小股东的利益或其他利益相关者的利益，需要借助法律的力量。但如果法律制度再不健全，股东大会可能就只是大股东的工具，对于小股东来说则只是一种法律形式。至于相对控股的情况，与此类似，但相对控股股东会受到其他股东的一些约束。股东大会分为普通股东会议和非常股东会议。普通股东大会一般一年一次，股东听取和审议董事、监事报告，年度财务预算、决算[②]，以及其他重大职权。临时股东大会则是普通股东会议以外的、非定期或因临时急需而召开的股东会议。如公司转让、受让重大资产或者对外提供担保等事项必须经股东大会作出决议的，董事会应当及时召集股东大会会议，由股东大会就上述事项进行表决[③]。还有单独或者合计持有公司百分之十以上股份的股东请求时或董事会认为必要及监事会提议召开时。

股东大会通过表决制度形成可执行的决议，因此如何设计与选择表决制度关系到股东大会所通过决议的科学性与合理性。股东会议的表决制度通常有三种：举手表决、代理表决和投票表决。举手表决简单易行，但无法体现股东的持股份额。投票表决包括法定投票表决和累积投票表决两种。法定投票一票一权，对每一议案单独表决，由得票多少决定议案通过与否，对控股大股东绝对有利。累积

---

① 国务院法制办公室．公司法［M］．北京：中国法制出版社，2011.

② 李维安．公司治理学［M］．北京：高等教育出版社，2006.

③ 国务院法制办公室．公司法［M］．北京：中国法制出版社，2011.

投票是指股东大会选举董事或者监事时，每一股份拥有与应选董事或者监事人数相同的表决权，股东拥有的表决权可以集中使用。累积投票制度可以充分调动中小股东行使投票表决的积极性，降低大股东的控股优势。代理投票制是由股东委托代理人代为投票，形式从股东间的相互委托到股东们委托董事会行使表决权。在国外的实践中，董事会向股东寄送附有双向选择（赞成或反对）的委托书，相较于单向选择的委托书来说，限制了董事会在股东会议决议形成过程中的控制作用，对于调动中小股东积极行使投票表决权有重要作用。

6.1.2.2 商业银行股东大会与股东权益保护

商业银行是指依照《中华人民共和国商业银行法》和《中华人民共和国公司法》设立的吸收公众存款、发放贷款、办理结算等业务的企业法人。商业银行虽然比较特殊，但一般仍然符合公司的性质，所以其股东大会的设立、运行、职责等首先应符合《公司法》的相关要求。

此外，在《股份制商业银行公司治理指引》中，也有关于股东大会的若干规定。比如："商业银行公司治理应当完善股东大会、董事会、监事会、高级管理层的议事制度和决策程序"；"商业银行股东应当保护股东合法权益，公平对待所有股东。股东在合法权益受到侵害时，有权依照法律、法规和商业银行章程的要求停止侵害，赔偿损失"；"控股股东对商业银行和其他股东负有诚信义务。控股股东应当严格按照法律、法规、规章及商业银行章程行使出资人权利，不得利用其控股地位谋取不当利益，或损害商业银行和其他股东的利益"；"商业银行股东大会包括年会和临时会议"；"商业银行可以自行确定召开股东大会的方式，但应确保股东有效行使其合法权利"；"商业银行董事会应当制定内容完备的股东大会议事规则，由股东大会审议后通过执行。股东大会议事规则包括通知、文件准备、召开方式、表决形式、会议记录及其签署、关联股东的回避制度等"；关于股东大会审议范围与单独或者合并持有商业银行有表决权股份总数百分之五以上的股东提出审议事项和质询案的规定等。

在《国有商业银行公司治理及相关监管指引》中，为确保国有商业银行公司治理取得实效，也对股东大会的设立、运行、职责等进行了规定。比如："国有商业银行应根据现代金融企业制度的要求，建立规范的股东大会、董事会、监事会和高级管理层制度，建立科学的权利制衡、责任约束和利益激励机制"；"股东大会是国有商业银行的权力机构。国有商业银行股东应当通过股东大会合法行使权利，遵守法律法规和银行章程的规定，不得干预董事会和高级管理层履行职责；股东滥用股东权利给银行或者其他股东造成损失的，应当依法承担赔偿责任"；"国有商业银行应制定详细的股东大会、董事会、监事会的议事、决事规则"；"国有商业银行应建立多元化的股权结构，引进战略投资者应立足于提升银行自身公司治理及经营管理水平”。

6.2 董事会

董事会是现代企业制度发展到一定阶段的产物。企业制度发展到20世纪初产生了一个深刻的变化，高度分散的股权结构导致了所有权与经营权的高度分离。企业脱离具体的所有者，成为与出资者分离的“法人”。随着公司规模的不断扩张，股东人数越来越多，受管理经验与时间、管理能力与精力、公司业务复杂性等条件的限制，股东不可能共同参与公司的日常经营管理，企业的经营管理应当由越来越专业化的经理人员来负责。企业所有权归全体股东所有，经营权归经理层所有，所有权与经营权由此分离。但公司在法律上毕竟属于股东所有，公司的很多经营问题最终还需要由股东决策。由于股东人数众多，不可能经常开会来进行决策，因此公司需要一个常设机构在股东大会休会期间代表股东对公司的重要经营做出决策并执行股东会的决议。

6.2.1　一般企业董事会构成及职能

准确地说，并没有普遍适用的理想的董事会结构。一种符合某个董事会独特需要的特殊结构也许完全不适合另一个董事会。世界范围内，各地区、各行业的公司具有多种不同的治理结构、不同的领导模式、差异很大的内部和外部董事比例、有区别的董事会规模以及多种类型的专业委员会。

6.2.1.1　董事会的模式

一般认为董事会是公司治理的核心，因此各国公司治理的不同主要体现为董事会模式的区别。各国董事会制度一般可以分为三种模式。一是单层制董事会，公司董事会由董事组成，董事又分为内部董事和外部董事。在外部董事中，又可以分为外部无关联董事（独立董事）和外部关联董事（如公司关联机构雇员或公司的咨询顾问等）。该模式是股东导向型的，也称为盎格鲁撒克逊治理模式。美、英、加等国和其他普通法国家一般都采用这种模式。二是双层制董事会，股东会下设监督董事会，由非执行董事组成。另外再设立由执行董事组成的执行董事会。监督董事会具有聘任、监督和解聘执行董事会成员的权利。这种董事会模式是社会导向型的，也称为欧洲大陆模式，德国、荷兰等均采用该模式。三是业务网络模式，或者说日本模式。日本公司之间通过内部交易、交叉持股和关联董事任职等方式形成非正式的网络关系，董事会规模非常大，但一般只执行仪式化的功能，权力掌握在主席、CEO 和代表董事手中①。

6.2.1.2　董事会结构

董事会结构涵盖的内容包括董事会成员（董事）结构与任免、董事权利与义务、董事会规模、董事会独立性、董事会会议等诸多内容。

一是董事任免与职责。董事会成员是由股东大会选举产生的（职工董事由职工代表大会选举产生），是公司内部治理的重要力量。董事的具体职权依董事会整体而存在，并非个人职权，主要包括出席会议、表决、提议召集董事会临时会议等，董事通过行使相应的职权影响董事会的决定。董事的义务一般认为包括勤勉义务和诚信义务。OECD 将“审慎尽职”定义为“董事会成员在信息充分和审慎的基础上对机构有关的事务进行决策。一般理解为要求董事会成员以‘谨慎人’处理本人事务的方式处理银行事务”。OECD 同时将“忠诚义务”定义为“董事会成员从公司和股东利益出发履职的义务。忠诚义务应避免董事个人履职时从本人、其他个人或团体利益出发并牺牲企业和所有股东的利益”。

董事在行使权利的过程中，可能没有尽到勤勉义务和诚信义务，导致公司和股东的利益遭受损失，但由于情况复杂，原因众多，这时需要对董事应当承担的责任做出相关规定。我国公司法中，除规定董事会违反法律的刑事责任外，还规定董事会决议违反法律、行政法规或者公司章程，给公司造成损失的，应当承担赔偿责任②。董事违反诚信义务、谋取私利是无法免除其法律责任的，但对于是否是由于疏忽等原因带来的违反勤勉义务的问题，则有一些是可以免除责任的。根据商业判断准则，如果董事“与该商业判断的有关事项没有利益关系；在当时情况下可以合理地相信所知悉的有关商业判断事项的范围是恰当的；理性地相信该商业判断是为公司最佳利益而做出的”，则无论其最终执行结果如何，都会受到法律的保护，董事无须承担个人赔偿责任③。

二是董事会成员。首先，法律一般并不对董事年龄作最高或最低的限制，但对于未成年人或“无民事行为能力或者限制民事行为能力”的人一般规定不得担任董事。在最高年龄方面，则看法不同。有的限制超过一定年龄的董事在董事会中所占的比例，有的则认为公司的创立者或有长期联系的人担任董事更有利于公司的稳健经营。其次，董事的知识结构与管理经验对职责履行具有重要作用。例如具有高层管理经历、法律或会计专业知识背景、本行业专业知识与技能的董事，对于加强董事会的决策与监督职能极具积极意义。最后，董事性别结构。性

① 李维安．公司治理学［M］．北京：高等教育出版社，2006.

② 国务院法制办公室．公司法［M］．北京：中国法制出版社，2011.

③ 鲁桐，仲继银，孔杰．公司治理——董事与经理指南［M］．北京：中国发展出版社，2008.

别结构是指董事会中女性董事所占比例。一般说来，公司对董事会及其成员会有学历、知识、技能、经验、资源等方面的要求，但似乎并没有必要考虑性别差异。但近来有若干研究指出，由于女性在处理公司事务时更公平，更有能力协调各方利益，营造和谐氛围，因而女性担任董事能够有效监督高管，能够显著促进未来绩效的提升。欧盟最近试图通过提案，要求到 2020 年时欧盟上市公司的董事会中，女性董事的比例不得低于 40%。因此，一定比例的女性董事具有重要现实意义。

三是董事会独立性。董事会独立性一是与董事长及总经理（或 CEO）的两职状态有关。两职合一虽然可能提高董事会决策效率，但权力的过度集中也有可能导致大股东对小股东利益的侵犯或经理层侵蚀股东利益的行为。而且，两职合一的现象在近些年来已经呈现明显下降的趋势；二是与独立董事（或外部董事）在董事会中的比例有关。董事会独立性的强弱表现为董事会中独立董事的比例多少以及独立董事在薪酬委员会、审计委员会、提名委员会等所占的比例。但在英美模式以及德日模式或者家族模式的董事会中，由于外部治理机制的差异，独立（外部）董事所占的比例有较大的差异。

四是董事会规模。通常认为，董事会规模会随公司规模扩张而扩大。但难以找到董事数量与公司总资产（或资本）、销售收入、市场份额等公司规模指标间的确切关系。对于董事会规模与每股收益、净资产收益率、托宾 Q 等收益指标间的关系，相关研究较多，但结论并不一致。可以分为正相关、负相关和“U”形关系三种。影响董事会规模的因素主要包括，董事会为完成任务所需要的能力和知识的安排是最基本的因素，还有时间的利用效率（专业委员会会议与董事会会议安排）。此外，董事会的规模还可能受到行业性质、兼并收购、外部要求和内部组织甚至 CEO 控制的影响，并不存在最优的人数，而只是有一个合适的规模区间。一些学者对董事会规模进行了经验研究。根据史宾沙管理咨询公司的 2000 年董事会指数资料，较大型的美国公司董事会平均规模是 12 名董事，与上世纪 80 年代初期的大约 16 名董事相比，数量有所下降。在欧洲，董事会的平均规模大约是 13 名董事。但这些平均数掩盖了公司之间与国家之间的大量差异性。例如，美国银行业的董事会平均是 17 名董事，某些银行甚至超过 20 名董事。大约 35%的标准普尔 500 成分股的董事会，其董事数量仍然超过 12 名。德国的董事会平均规模大约是 20 名董事，是英国董事会规模的两倍多。这是由于德国的法律规定，董事会必须有 16～20 名董事，具体数量取决于公司的规模[①]。在 Yermack 的研究中（1996），样本企业包括 452 家美国公司，观察期是 1984—

① 科林.B. 卡特，杰伊.W. 洛尔施，蔡署涛译. 董事会的作用与效率［M］. 北京：商务印书馆，2006.

1991年，样本企业的董事会规模绝大多数分布在6～24人之间，平均规模为12.5人。南开大学在对我国上市公司治理指数评价中，对931家上市公司所做的调查研究发现董事会的平均规模为11人。我国《公司法》则规定，股份有限公司董事会成员为5～19人，有限责任公司的董事会成员为3～13人。

五是董事会会议。董事会对于公司重大事项的决策权是通过董事会年度会议决定的，而年度会议的次数或者说足够的工作时间是保证董事能够有效履行职能的基础，每月一次的董事会议可能稍嫌过多，但每年少于4次，每次少于1天的董事会会议显然无法满足公司战略决策和经营监督的职能，更何况还有选择董事会成员、考察继任总经理人选等工作要做①。所以“越来越多的董事会转向每年6次会议，每次会议不少于6个小时，每年举行一次2～3天的异地‘度假会议’，这些会议帮助董事会深入探讨公司战略等重大议题”②。Lipton和Lorsch（1992）指出董事会会议次数与董事会的积极有效性存在正向关系。Jensen（1993）则认为董事会会议主要讨论的是公司的日常事务，多开不如少开。Vafeas（1999）发现董事会会议次数与公司绩效存在反向关系，是对公司绩效的被动反应。

6.2.1.3 董事会的职能

在现代公司制度中，建立董事会是现代企业制度的一个基本要求，可以说，是制度要求导致了董事会的设置，董事会的存在和权利是由法律规定的。在美英等市场经济国家以及发展中国家，很多经济组织都建立并由董事会来管理监督企业的经营运作。Fama（1980）和Jensen（1983）对为什么要有董事会的问题进行了比较清晰的阐释，认为虽然公司控制市场是对经理败德行为最有力的约束，但董事会是监督经理的一个成本最低的内部资源，是解决委托代理问题的契约形式。随着公司的发展、扩张、多元化以及社会、经济、政治、技术环境等的迅速变化，董事会职能也变得越来越复杂化。大致认为有关注战略管理、选择和激励经理、保证信息披露的真实准确、制定恰当的红利政策、关心公司的控制体系、参与公司重组决策等职能。

6.2.2 商业银行董事会结构及其职能③

各国在公司治理安排、法律体系和监管体系方面存在较大差异。但就银行而言，无论银行采取何种公司形式，只要一些基本职能履行到位，就能够实现公司治理稳健。银行组织架构中实现合理制衡所需的重要监督方式包括：董事会监

① 徐金喜．国有企业董事会治理模式的比较与启示［J］．经济论坛，2008（19）．

② 拉姆·查然，武利中译．顶级董事会运作［M］．北京：中国人民大学出版社，2003.

③ 本部分内容参考了中国银监会办公厅译巴塞尔银行监管委员会制定的《加强银行公司治理的原则》（中国金融出版社2011年版）一书。

督；高管层监督；不同业务领域的直接监督；独立的风险管理部门、合规部门和审计部门的监督。这些稳健公司治理的一般原则同样适用于国有银行或国家支持的银行，也适用于家族制银行、非金融集团下属银行等其他股权结构的银行以及未上市银行（包括合作制银行）。

6.2.2.1　商业银行董事会职责

根据2010年巴塞尔银行监管委员会《加强银行公司治理的原则》相关规定，“董事会对银行总体负责，包括审核监督银行战略目标、风险战略、公司治理和企业价值的实施情况。董事会同时应负责对高管层实施监督”。据此，董事会首先要在考虑银行长期财务利益、风险敞口和有效风险管理能力的基础上审查通过银行的总体经营战略并对其实施情况进行监督。其次，董事会应确保关联方交易（包括内部集团交易）接受风险评估并受到合理约束，确保银行资源或业务资源不被挪用或误用。再次，董事会应主导确定“高层基调”，建立职业准则和企业价值观，以此促进董事会自身、高管层和其他员工的诚信履职。董事会应采取措施促进企业价值观、职业准则或行为规范的内部传导，同时建立正常程序予以支持，比如明确向相应组织秘密报告违法事项的途径。最后，董事会成员应根据相应适用的法律和监管标准承担勤勉义务和忠诚义务，包括积极参与银行主要事务、及时跟进银行业务经营和外部环境重大变化、采取措施维护银行利益。此外，还应将对高管层监督纳入制衡机制，确保银行组织架构有利于有效决策和稳健治理，清晰界定董事会、高管层和各控制部门的主要职责，确保各控制部门拥有合理的职级设置和人员、资源配备，使其能够独立有效地履行职责。当然，履行上述董事会职责时，应考虑股东、存款人和其他利益相关者的合法利益，应确保银行与监管机构保持良好的关系。

6.2.2.2　商业银行董事会资质

为更好地履行董事的职责，董事应具备并保持（包括通过培训获得）履职所需的资质，清楚了解其在公司治理中的职能，有能力对银行各项事务做出稳健客观的决策。首先，董事个人及董事会整体均应具备相应的经验、能力和个人素质，包括职业精神和个人诚信。而且为实现有效的治理和监督，董事会整体应充分了解银行从事的每项重要金融业务活动并具备相应的经验，包括应具备或努力获得财务、会计、信贷、银行运营和支付体系、战略规划、沟通、公司治理、风险管理、内部控制、银行监管、审计合规等领域的相关经验和能力。董事会应适当了解本国和所在地区的经济和金融市场状况、法律和监管环境，必要时还应对全球情况有所了解。其次，为帮助董事会成员获得专业知识及技能以促进其履职，董事会应确保其成员能够参加专门的初任（比如入职）培训及持续培训。董事会应为此安排充裕的时间、财务预算和其他资源。再次，选任董事时，董事会应确保候选人员具备董事资质，并具有履行公司治理职责所必需的时间和精力。董事同时担任竞争对手或交易对手的董事或高管人员，同时在多个董事会专业委员会任职等情形均会削弱董事会独立决策能力并可能产生利益冲突。最后，当控股股东有权指任董事时，董事会应采取相应的审慎措施。在此情况下，应树立“董事无论由谁指任均对银行本身负责”的意识。出现控股股东指任董事情形时，董事会可建立特别程序或进行定期评估，以确保董事良好履职。

6.2.2.3 商业银行董事会架构

首先，银行董事会应保持董事数量充足、结构合理。除非法律另有规定，董事会应指定董事后备人员和指定合理的接替方案。董事会应尽可能在根据银行规模、复杂程度和展业区域等因素确定可行的前提下广泛选任董事，确保董事会能够以独立于高管层的视角做出客观决策，同时不受不合理的政治利益或个人利益影响。董事会应尽可能在其成员中增加资质可靠、能够做出稳健客观判断的非执行董事数量，以进一步增强董事会的独立性。在监事会或审计委员会与董事会职责明确分离的情况下，仍然需要通过合理甄选董事会成员，进一步强化董事会的客观性和独立性。

其次，为实现合理制衡，除非法律另有规定，越来越多的银行要求董事长由非执行董事担任。但董事长为执行董事，特别是董事长同时担任首席执行官（CEO）时，银行应采取如设置主要董事、高级独立董事或类似职位的措施将其对公司治理制衡的负面影响最小化。

再次，为提高议事效率并对特定领域予以更深入的关注，许多国家银行董事会均设立了特定的专业委员会。专业委员会的数量和设立形式取决于银行规模及董事会规模、业务经营性质、风险状况等因素。这些委员会包括审计委员会、风险管理委员会、薪酬委员会、提名委员会、职业道德委员会等。董事会专业委员会均应建立章程或采取其他措施对其职权、议事范围和工作程序予以明确。为了提高透明度和加强问责，董事会应披露所设立的专业委员会及其授权和成员结构。为防止权力过于集中，同时为促进引入新观点，可对这些专业委员会的成员和主席安排不定期轮岗，但应以不影响专业委员会整体专业经验能力和运作有效性为前提。

最后，在银行集团架构中，母公司董事会对整个集团范围公司治理的稳健性负总体责任，负责确保建立与集团及各经营实体的组织架构、经营模式和风险状况相符的治理政策和机制。

6.2.2.4 商业银行董事会职能

董事会作为公司治理的核心，应维护并定期更新组织规则、议事规则及明确其组织架构、职责、权利和主要活动的其他类似文件。首先，董事会应根据需求设置组织架构，包括董事会规模、开会频率和专业委员会的作用等，以促进对事项进行充分深入有效的审查以及对问题展开批判式的讨论。其次，为促进董事会履职，鼓励董事会对董事会整体及董事个人履职情况进行定期评估是一个很好的做法。借助外部力量对董事会进行评估可增强评估的客观性。董事会对董事个人的履职表现或个人诚信持重大保留意见时，应采取适当措施。董事会应定期将对自身治理行为和程序的有效性纳入评估或单独进行评估，以决定需要改进的领域并进行必要调整。再次，董事长对董事会的有效运作发挥关键作用。董事长领导董事会，并对董事会整体有效运作负责，包括维护董事之间的互信关系。董事长应具备履行这些职能所需的经验、技术和个人素质。董事长应确保董事会决策建立在信息充分有效的基础上。董事长应鼓励和推动批评性讨论，确保决策过程中能表达反对意见并就其进行讨论。最后，对董事会专业委员会的职责也有相应要求。大型银行和国际活跃银行应设立审计委员会或类似组织，负责财务报告程序、对银行内外部审计进行监督、审核外部审计师的聘任、报酬、解聘或就此向负责审核的董事会或股东提出建议、对银行的会计政策和会计操作进行监督等；大部分银行，特别是大型银行和国际活跃银行，应建立董事会层面的风险管理委员会或同类组织，负责向董事会就银行当前及未来总体的风险容忍/偏好和风险管理战略提出建议，并对高管层具体执行这些战略的情况进行监督，风险管理委员会还应与风险管理部门和首席风险官进行正式和非正式的沟通交流；此外，银行还应根据实际情况普遍设立以下的一种或多种委员会：薪酬委员会、提名委员会、人力资源委员会、公司治理委员会、职业道德委员会、合规委员会等，并赋予相应的职责。

6.3 经理层

所有权和经营权相分离的现代公司制度要求在所有者和经营者之间建立一套有效的制衡机制，这就是公司治理研究永恒的主题。由于两权分离，所有者将企业委托给经营者管理，于是委托代理问题产生。股东和经理层都是追求利益最大化的理性人，面对信息不对称或者激励不相容，经营者作为公司的实际掌控者，很有可能做出为了自身短期利益而损害公司和股东长期利益的行为。所以，公司治理中的经理层研究主要是经理层的选择（以CEO的选聘为例）以及经理层的激励与约束问题。

6.3.1 经理层选聘

当今，随着公司治理结构和相关法律法规的不断完善，CEO的选聘成为董事会最重要的职责之一。董事会应该参与到整个选聘过程中，肩负起更多的职责，保证这一过程的合理、严密。

由于CEO肩负着广泛的工作职责，拥有高度的控制权和决策权，对公司的未来具有重大影响，CEO的选聘过程本身也影响着公司的职工、投资者和其他成员的态度和行为，因此选聘过程、选聘方式会成为广受企业职工甚至社会关注的重要问题。总体来说，CEO的选聘途径主要有两种：一是内部选拔；二是外部招聘。

内部选拔是从组织内部人员中选拔合适的人才来担任CEO。如果公司内部能够找到合适的人选，并且希望公司经营能够保持连续性，那么可以优先考虑内部人员。采用内部选拔有以下好处：一是内部选拔接班人具有该公司的工作经验，熟悉内部运作程序，认同企业文化，具有较高的忠诚度；二是内部提拔为员工提供晋升机会，充分调动员工积极性，增强公司凝聚力；三是公司对于候选人的工作态度、素质能力、发展潜能都有比较准确的认识，可以避免信息不对称造成的“逆向选择”和“道德风险”问题；四是内部选拔有助于CEO和现有员工的沟通与协调，更容易指挥和领导，易于贯彻执行方针决策，发挥组织效能。但是内部选拔也在一定程度上可能存在不公平性，选拔结果无法得到认可，引发内部矛盾甚至导致企业的后续运营出现严重问题。因此内部选拔需要以公平公正的绩效考核及晋升制度为前提。

外部招聘是从公司外部寻找德才兼备的人才加盟进来担任CEO。公司人事调整势在必行，但内部又没有理想人选，那就需要从外部引进人才。外部招聘有以下优点：一是外部招聘的CEO可以带进新思想、新技术、新方法和新的外部关系，有利于公司经营管理和技术创新，增强活力；二是外部招聘人才来源广，选择空间大，有利于引进最优秀或最适合的人才；三是外部招聘能够激励内部职工保持竞争力与发展技能。但是外部招聘也存在一些缺陷，如筛选难度大，成本高，进入公司后的适应与培训问题，对内部员工的积极性和自信心的不良影响问题等。外部招聘很多时候都需要猎头公司的广泛参与，评估候选人的素质，发现是否或多大程度上与企业要求存在差距，从而能够在一定程度上找到合适的候选人。

目前，跨国企业越来越多地从外部寻找CEO，据统计，在1000个公司的CEO中有近三分之一的人是来自组织外部，而且迅速变化行业中的企业大多倾向于从外部寻找CEO。

6.3.2 经理层激励与约束

公司的激励与约束机制实质是以公司经营状况为标准决定对高层管理者奖惩

的制度，是提高公司效率、保证公司长远发展、保护所有者权益的重要机制。

6.3.2.1 高管层的激励

高管人员的激励是公司治理机制中最重要的环节。根据委托代理理论，在所有者追求价值最大化的同时，有必要设计一种激励机制，赋予高管足够的激励，使其成为企业经营剩余的分享者，把企业经营成果在所有人与高管之间进行最优的分配，并由双方共同承担经济风险。因此，高管激励就是指对高管人员设计周详的激励报酬合同，促使他们将个人利益最大化目标与企业价值最大化目标相结合，尽可能消除在所有权与控制权分离下所有者与经营者目标函数的背离，使高管人员有积极性为企业的利益而勤勉尽职①。

一般说来，公司对高层管理者的激励方式主要有精神激励和物质激励②。精神激励是指以表扬、奖状、勋章、荣誉称号、授权等作为激励手段满足职业经理人的成就感、社会地位和卓越声誉等。物质激励是指运用物质的手段使受激励者得到物质上的满足，从而进一步调动其积极性、主动性和创造性。物质激励有资金、奖品等，通过满足要求，激发其努力工作的动机。对高层管理者的报酬激励一般由固定薪金、股票与股票期权③、退休金计划等构成。固定薪金稳定可靠无风险，但缺乏灵活性和刺激性。奖金和股票与经营业绩紧密相关，有较强的激励作用，但易诱发短期行为。退休金计划则有助于激励高层管理者的长期行为。高层管理者薪酬激励的典型国家是美国，公司为防止各级经理只追求短期利益或局部利益，按照长期业绩付给的激励性报酬所占比重很大，其形式采取延期支付奖金、分成、购股证和增股等。经理层的报酬通常由年度薪酬（基薪和年度奖金）、长期激励薪酬和其他薪酬三大部分构成④。日本企业高管的报酬则基本上由年薪、奖金和津贴等构成，股票期权等长期激励在日本企业高管薪酬结构中很少，或者几乎没有⑤。而且，各个行业、企业自身情况和发展阶段不同，激励方式也会有较大区别。

6.3.2.2 高管层的约束

高管层的约束就是通过制约和限制高管层的行为，使其符合公司、股东以及利益相关方的要求。激励和约束总是彼此相关的，仅有激励没有约束是行不通的，激励的效果也要大打折扣。因此，高层管理者的约束问题也是现代企业普遍

① 鲁桐，仲继银，孔杰．公司治理——董事与经理指南［M］．北京：中国发展出版社，2008.

② 也可分为薪酬激励和非薪酬激励，非薪酬激励主要包括控制权扩张、社会地位提高、成就感提升等。

③ 形式有股票期权、虚拟股票、股票增值权、业绩股以及递延支付等。

④ 李维安．公司治理学［M］．北京：高等教育出版社，2006.

⑤ 王洪涛．国外高层管理人员激励模式的比较［J］．特别策划．发展论坛，2004（8）．

存在的现实问题。约束机制是指公司针对高层管理者的经营结果、行为或决策所进行的一系列客观而及时的审核、监察与督导的行为。一般认为，公司治理约束机制包括内部约束机制和外部约束机制①。

从内部约束机制看，一是公司章程，通过公司章程有关条款对公司高层管理者职责、行为的要求对其进行约束；二是合同约束，通过公司与高层管理者签订的契约要求对其进行约束；三是偏好约束，主要是对高层管理者的风险态度、控制权偏好、物质偏好等形成约束；四是机构约束，如通过董事会、监事会对高层管理者经营、管理、决策的监督形成约束；五是利用达到激励机制的具体要求对高层管理者管理运作进行约束。

从外部约束机制看，一是法律规范约束，公司法对高层管理者有职权的规定，但因为管理层行为结果的原因较难判断，因此没有具体的约束条款。有的国家对管理层的不当行为有处罚条款，但经营行为及其效果主要还是依赖高层管理者的"道德自律"。此外，还存在一些行业规范的约束。二是市场约束，对高层管理者的聘任虽然在各行业、各公司有较大差异，但一些领导能力、知识结构、工作经验等方面要求的共通性会形成对高管层的约束。三是债权人约束，债权人通过对公司偿还能力的考核和监督，以保证其还本付息，实现对公司的约束。当前，很多公司依赖银行的融资，银行可以较大程度地监督公司的运行。四是职业道德和社会道德约束，一方面各行各业都有自身职业道德的要求，这形成了对高层管理者的约束；另一方面，当今社会媒体与舆论越来越注重对企业社会责任的要求，这也对高管层在经营管理企业的同时更好地履行社会责任提出了要求。

6.3.2.3 商业银行经理层选聘与激励约束

1. 经理层选聘

一般来说，商业银行的经理层与企业的经理层的性质是相同的。商业银行的高管人员同样是由银行股东授权负责银行全面经营管理的职业经理人，是作为银行所有者（委托人）的代理人从事银行经营管理的。在经理人市场化的机制下，银行委托人在经理人市场上选择、委托高管人员代理其经营管理银行，并通过激励与约束机制促使经营者为所有者及企业的目标奋斗。职业型的高管人员，为提高自身在经理人市场的竞争力和更好地实现自身价值，也会不断地完善与充实自身的业务能力，塑造自身良好的职业道德素质，努力地为委托人工作②。

作为商业银行经理层（CEO、总经理、行长）的聘任工作与前所述基本相

① 李维安．公司治理学［M］．北京：高等教育出版社，2006.

② 李艳虹．投资者保护、绩效与风险控制——国有商业银行公司治理研究［M］．北京：中国金融出版社，2009.

同，在此不再赘述。但我国商业银行的情况与市场经济的情况有较大不同。从以上对我国上市银行的股权结构可以看出，一是第一大股东仍以国家股为主，大部分股份制商业银行上市后，第一大股东以法人股为主，上市银行之间并不存在交叉持股的现象；二是考虑到我国上市银行在政府宏观调控中发挥的作用，这种调控手段行政性较强；三是我国还没有真正的职业银行家市场，缺乏银行家职业化成长的氛围，职业管理人才的选择和任用（尤其是国有商业银行）与行政官员的任用仍有一定联系。因此我国商业银行经理层特别是行长的选择任用在多数银行来说仍然是一个政府行政作用的过程，与市场化的聘任还存在相当的差距。

2. *经理层激励*

以美国银行业为例，高层管理人员的薪酬由货币收入和非货币收入组成，设计较复杂，但基本组成包括四个部分：一是年薪，这是银行高管人员每一工作年度所取得的基本收入，也就是无论其工作业绩如何，通常都可获得与岗位挂钩的固定报酬。二是短期激励，主要指年度奖金，这是各银行根据设定的业绩目标和奖励标准，每年向银行高管人员发放的奖金。它可以以现金和非现金两种方式支付，现金比较普遍。三是中长期激励，包括：①股票期权，赋予以银行 CEO 为首的高管人员按照某一股东价格购买本公司股票，并有在一定时期后在市场上出售的权力。如果公司经营效益好，期权价值会随着股票市值的可能上涨而增加，从而为持有期权的高管人员带来相当丰厚的收入。②限制性股票奖励，这是高管人员获得的无需事先投资的股票奖励，当限制性股票所注明的时间段结束，或股票持有者为本银行连续服务一段时间之后，这些股票便可由持有人自由支配。③长期激励收益，这是与股票价格或利润等指标挂钩的不定期发放的奖金，通常作为股票期权和限制性股票激励的一种补充。四是福利和津贴，福利可分为法定福利、公司内部福利和补充福利。具体包括养老金、医疗与牙医服务、储蓄、寿险、伤残；高层经理的补充退休金、补充医疗与残障、补充寿险等。津贴包括俱乐部会员资格、提供理财顾问、享用专用交通工具以及定期体检和免费旅游等①。

我国较多上市银行对高级管理人员实行年薪制。如民生银行高级管理人员年薪由基础薪酬、业绩薪酬和特别贡献奖励组成。其中，基础薪酬由基本薪酬和福利薪酬构成，业绩薪酬由风险薪酬、管理薪酬和效益薪酬构成。高级管理人员基本薪酬和福利薪酬按总行规定的行员基本薪酬和福利薪酬标准的系数执行。董事会薪酬与考核委员会根据每年董事会下达的年度经营计划中关于风险控制、综合管理和效益水平等方面的要求，制定业绩薪酬考核体系。董事会根据薪酬与考核委员会提供的考核意见，对高级管理人员发放业绩薪酬。我国上市银行的薪酬形

① 洪正．商业银行公司治理特殊性研究［M］．北京：中国金融出版社，2010.

式基本上是以短期激励效应的现金薪酬为主，极少采用具有长期效应的股权、股票期权、长期激励计划、延迟报酬等激励形式①。

3. 经理层约束

商业公司治理的经理层约束同样也包括内部约束机制和外部约束机制。

从内部约束机制看，一是公司章程对经理层的职责要求，如平安银行股份有限公司章程中就对银行经理层做出了如下的职责要求：主持本行的生产经营管理工作，组织实施董事会决议，并向董事会报告工作；组织实施本行年度经营计划和投资方案；拟订本行内部管理机构设置方案；拟订本行的基本管理制度；制订本行的具体规章；提请董事会聘任或者解聘本行副行长、财务负责人以及其他高级管理人员；决定聘任或者解聘除应由董事会聘任或者解聘以外的管理负责人员；本行章程或董事会授予的其他职权②。二是银行经营流动性要求和安全性要求（风险管理要求），通过每股经营活动现金流量净额、不良贷款比例、资本充足率、大额风险集中度和不良贷款拨备覆盖率等指标来衡量管理层的绝对经营效果并通过同行业间指标的比较衡量经营的相对效果。三是绩效要求，通过资产净回报率、股本回报率、成本收入比等指标来衡量管理层的绝对经营效果并通过同行业间指标的比较衡量经营的相对效果。

从外部约束机制看，一是法律规范约束，高级管理层成员应当遵循诚信原则，谨慎勤勉地在其职权范围内行使职权，不得为自己或他人谋取属于本商业银行的商业机会，不得接受与本商业银行交易有关的利益，不得在其他经济组织兼职③；二是经理人市场约束，较为完善的、竞争性的经理人市场可以对原有的经营不善的经理人形成有效地替代，这样原经理人在经营管理活动中就要履行应尽的职责，按照公司和股东的利益行事，而不是增加自己的利益，减少委托代理成本，否则不仅可能失去现有的职位，而且会影响自身的职场声誉；三是产品市场约束，商业银行的收入主要来自资产业务和中间业务（各个国家银行在此方面的比例有较大不同）。但在一国或地区内，商业银行许多资产业务或中间业务方面的产品具有较大的相似性，相互间竞争激烈。经营管理者应通过金融创新，设计更加符合市场和消费者需要的产品。此外，负债业务是产生银行主要资金来源的业务，其产品同样对银行有重要影响。因此，商业银行相关产品市场竞争、占有率、利润等对商业银行的经营管理者至关重要；四是利益相关者与社会责任约束，由于商业银行应该适用利益相关者治理方式，即在经营过程中要考虑债权

① 赵勇．商业银行法人治理研究［M］．北京：中国金融出版社，2010．

② 《平安银行股份有限公司章程》，2012 年 8 月 31 日经第二次临时股东大会审议通过。

③ 《股份制商业银行公司治理指引》第四十九条，中国人民银行公告［2002］第 15 号。

人、客户、员工、社会等相关者的利益，并且要考虑环境、公益、社会责任投资等企业社会责任，因此这些方面的要求也构成了对管理层经营活动的约束。

6.4　监事会

6.4.1　一般企业监事会构成与职能

6.4.1.1　监事会的构成

各国公司治理结构都存在履行监督职能的机构或人员，但这些机构或人员是专设监督机构，还是属于董事会的一部分，并无统一的标准和要求。监事会的设置在国际上有以下三种类型①。

1. 不设监事会，独立董事行使监督职能

在这种模式下，公司内部不单独设立行使监督职能的监事会，而由董事会同时执行决策职能和监督职能。执行董事会主要行使决策职能，而主要由独立董事组成的审计委员会、薪酬与考核委员会、提名委员会履行监督职能。由于独立董事不参与决策，相对于执行董事、管理层具有独立性，因此能够较好地履行监督职能。因此，没有必要再在董事会之外设立专门的监督机构来对董事会和管理层进行监督，否则会引起职能的交叉和重叠。公司治理的美英模式下的董事会设置即是如此。

2. 设立监事会，下设董事会

该模式是一种以德国为代表的双层董事会设置形式。德国主张员工参与公司治理，法律规定员工在 2000 人以上的大企业，监事会成员由股东代表和员工代表构成，各占一半。其中员工代表由员工选举，股东代表由股东大会选举。而且监事会具有任命和监督董事会成员的权利，监督权由监事会行使，执行权由董事会行使。其监事会与董事会的关系类似于英美模式下的独立董事与执行董事和高管层之间的关系。

3. 设立监事会，与董事会平行

这种董事会模式以日本最为典型，韩国以及东南亚的一些国家模式也与此类似。这种模式下的董事会具有决策职能和执行职能，并且由股东大会选举法定审计人或监事，对董事和经理层进行监督，主要职责是审计和财务监督。

---

① 李维安．公司治理学［M］．北京：高等教育出版社，2006.

4. 我国监事会的相关规定

根据《公司法》相关规定，“有限责任公司，经营规模较大的，设立监事会，其成员不得少于3人。监事会由股东代表和适当比例的公司职工代表组成，具体比例由公司章程规定。监事会中的职工代表由公司职工民主选举产生。有限责任公司，股东人数较少和规模较小的，可以设1～2名监事。董事、经理及财务负责人不得兼任监事”。“股份有限公司设监事会，其成员不得少于3人。关于监事会组成和人员产生方式的要求与有限责任公司相同”。除此之外，还有《国有企业监事会暂行条例》、证监会《上市公司章程指引》等对监事会的相关规定。

我国的监事会在名称上采用了德国的称呼，但在职能上与日本的法定审计人员相当接近，都是专司监督职能的机构。

6.4.1.2 监事会的职能

1. 由董事会次级委员会执行的监督职能

以美国为例，纽交所要求上市公司设置审计委员会，至少有三名成员，独立董事应占多数。职责包括：提名公司的会计师和审计人员，在财务年报和其他会议报表发表之前进行审查，帮助公司董事会其他成员更好地理解公司的会计核算体系、内部控制财务报表、商业政策。《萨班斯奥克斯利》法案也需要上市公司设立与其对公司财务欺诈人员实行刑事惩罚和设立一个独立委员会来监督会计公司等内容相配套的审计委员会。

薪酬与考核委员会则对高级管理人员的报酬提出建议，制订一般管理人员的报酬并管理股票期权计划。同时，该委员会也对管理人员业绩进行评价。

提名委员会的职责是向董事会提出有能力担任董事的人选，同时也包括对现有董事会的组成、结构、成员资格进行考察以及进行董事会的业绩评价。

2. 德国模式监事会的职能

德国的监事会制度历史悠久，是公司的最高权力机构。其权力主要包括：董事会成员任免权；公司财务活动的检查、监督权；公司代表权；公司章程中规定的某些业务的批准权；股东大会的召集权等。

3. 日本模式监事会的职能

日本商法规定，所有上市公司都必须设定法定审计人。它不是公司外部的独立审计人，也不是公司内部的审计人，通常由几个人组成，习惯上称为法定审计人会。法定审计人会作为股东委托的对董事进行监督的机构，具有以下职能：确保公司的经营符合法律、公司章程和股东的利益；向股东大会报告公司的经营是否正常以及由董事会向股东大会提出的议题是否合适；参加董事会和其他重要的会议，并从公司经营层得到经营报告和财务报告，对公司包括子公司的运作进行实地检查；接受独立审计人会和内部审计机构审计报告；如果发现董事做出有损于公司的决策，必须立即向董事会提出建议，并要求停止这类活动。

6.4.2　商业银行监事会构成与职能

6.4.2.1　德国银行监事会构成与职能

德国银行监事会在双层董事会结构中居主导地位，其任务是与董事会一同维护银行的长期持续经营，定期对董事会提出经营管理的建议，并对其经营进行控制和监管，包括任命和罢免董事会成员。监事会委托审计师对银行的年度财务报表和合并财务报表进行审计，可以决定其中的审计重点或扩大审计范围。监事会的专门委员会包括主席委员会、审计委员会、借贷和市场风险委员会、调解委员会等。

监事会半数代表由股东选举，半数代表由雇员选举。监事会从其成员中选出一名主席和副主席，通常情况下，主席来自股东一方，副主席来自雇员一方。在监事会的表决不分胜负的情况下，主席有表决权。从这个意义上来说，股东掌握着最终控制权。德国的法律也规定，监事会的成员应代表银行整体的利益，而不是他们所代表的集团的利益。德国银行监事会规模庞大，外部监事比例较高，以保证监督的独立性和高效率。

银行职工选举代表进入监事会，实现其参与管理的“共同决定权”，是德国内部法人治理结构的一大特色。根据规定，银行的职工和银行工会的代表有权在本银行监事会和董事会中占有一定席位，参与决策、监督有关维护职工利益的法规和劳资协议的执行情况。在社会福利方面，他们有与资方对等的表决权，享有对银行经营状况的知情权和质询权。职工参与决定制从制度上保障了劳资双方的对话，缓和了劳资双方的矛盾，在一定程度上保证了银行经营的合理性和合法性，有利于调动银行职工的积极性，提高银行的经营效率。

6.4.2.2　日本银行监事会构成与职能

日本银行监事会监事由股东大会选举产生，实行对董事会的业务监督和财务监督。日本经理层实际控制着银行，决策权和业务执行合二为一，监事由董事会提名，这必然影响监督的客观性、公正性和监督效率。日本商业银行的监事会虽然名义上不受银行董事会的制约和控制，但在现实中却很难摆脱董事会的影响，只能履行一些较为具体的职责，对银行董事所起的监督作用不大，甚至是微乎其微。20 世纪 90 年代后期，日本监事会协会认为，监事会很难发挥作用。1998 年颁布的《日本公司治理原则》提出新的治理机构设置类型，不再同时设有董事会、监事会，并靠监事会进行监督，而是通过强化以独立董事为主体的董事会来进行监督。2002 年，日本颁布新《日本商法》，允许企业自主选择或者继续保留监事会，或者取消监事会，改为在董事会中设审计委员会。该规定出台后，很多银行开始取消监事会，用审计委员会取代其位置，成为比较彻底的美式监察方式。如新生银行、日本邮政银行、大和银行有限公司、三井住友金融集团、瑞穗金融集团5家银行均只在董事会中设立了审计委员会，而没有专门的监事会。

6.4.2.3 我国银行监事会构成与职能

（1）监事选任

根据《股份制商业银行公司治理指引》，商业银行“监事会应当由职工代表出任的监事、股东大会选举的外部监事和其他监事组成，其中外部监事的人数不得少于两名”。而且，“商业银行应当建立外部监事制度。外部监事与商业银行及其主要股东之间不应存在影响其独立判断的关系。外部监事在履行职责时尤其要关注存款人和商业银行的整体利益”。并且，人民银行在《股份制商业银行独立董事和外部监事制度指引》中对“外部监事的任职资格、产生程序、权利义务以及工作条件”进行了详细的规定。在监事个人方面，《公司治理指引》规定“监事的任职资格、产生程序、权利义务”适用相关董事规定，要求“监事应当按照法律、法规、规章及商业银行章程的规定，忠实履行监督职责”，而且，“监事长应当由专职人员担任。监事长至少应当具有财务、审计、金融、法律等某一方面的专业知识和工作经验”。

（2）监事会职能

根据《股份制商业银行公司治理指引》规定，监事会是商业银行的监督机构，对股东大会负责，行使下列职权：

一是监督董事会、高级管理层履行职责的情况；二是监督董事、董事长及高级管理层成员的尽职情况；三是要求董事、董事长及高级管理层成员纠正其损害银行利益的行为；四是对董事和高级管理层成员进行离任审计；五是检查、监督商业银行的财务活动；六是对商业银行的经营决策、风险管理和内部控制等进行审计并指导商业银行内部稽核部门的工作；七是对董事、董事长及高级管理层成员进行质询；八是其他法律、法规、规章及商业银行章程规定应当由监事会行使的职权。

（3）监事会运作

《股份制商业银行公司治理指引》对监事会的运作有以下相关规定。

首先，委员会的设立。一是监事会应当建立提名委员会，负责拟定监事的选任程序和标准，对监事的任职资格和条件进行初步审核，并向监事会提出建议。应当由外部监事担任负责人。二是监事会应当设立审计委员会，负责拟定对相关事项进行审计的方案。审计委员会同样应当由外部监事担任负责人。

其次，审计和稽核。监事会应当委托经中国人民银行认可的会计师事务所对商业银行上一年度的经营结果进行审计。结果应当经监事会通过，由监事长签名，报送股东大会年会审议。监事会对银行稽核部门报送的稽核结果有疑问时，有权要求行长或稽核部门做出解释。监事会应当就商业银行定期向中国人民银行报送的报告中有关信贷资产质量、资产负债比例、风险控制等事项逐项发表意见。

再次，监事会会议。监事会例会应当每年至少召开四次，监事会临时会议的召开程序由商业银行章程规定。监事会应当列席董事会会议，列席会议的监事有权发表意见，但不享有表决权。监事会认为有必要时，可以指派监事列席高级管理层会议。

最后，监事会处罚建议权。监事会发现董事会、高级管理层及其成员有违反法律、法规、规章及商业银行章程规定等情形时，应当建议对有关责任人员进行处分，并及时发出限期整改通知；董事会或者高级管理层应当及时进行处分或整改并将结果书面报告监事会。董事会和高级管理层拒绝或者拖延采取处分、整改措施的，监事会应当向中国人民银行报告，并报告股东大会。

6.5　其他利益相关者

6.5.1　股东至上主义与利益相关者理论

自伯利与米恩斯提出所有权和经营权分离现象以来，企业作为要素所有者利用拥有的资源进行长期交易合作来最大化各自收益的一种契约，不管是资产专用性理论、委托代理理论，还是证券设计理论，都将股东至上主义设为不容置疑的教条。其基本逻辑是，股东为企业投入了大量的专用性资产，承担着企业经营的边际风险，因而应该是企业的剩余索取者，掌握企业的剩余索取权，并在企业中居于支配地位。因此公司治理结构应该围绕股东利益设计，以保证经理人员以股东利益最大化为目标。但 20 世纪 80 年代以来，内部人控制的增加、大股东对小股东利益的侵害、全球化竞争的增强、资本市场的国际化、敌意接管与杠杆收购、机构投资者的涌现等表明最大化股东利益，而不顾相关者的利益，将会影响公司价值与竞争力以至最终影响股东利益。在这种情况下，美国相继有 29 个州修改了公司法，要求公司经理不仅要为股东利益服务，而且要为相关者利益服务。

利益相关者理论认为，企业的目的不能仅限于股东利润最大化，而应该同时考虑其他企业参与人包括股东、债权人、供应商、用户、所在社区及经营者的利益。因为职工、经营者、供应商和用户与股东一样，都对企业进行了专用性资产投资，都承担了风险。因此股东利益最大化不等于整体利益最大化，各利益相关者的利益最大化才是现代企业追求的目标。所以，该理论认为公司治理不能局限于股东与经理层之间的关系或是大股东与中小股东之间的关系，而是应该有其他利益相关者参与的共同治理。

6.5.2 利益相关者界定及其治理

利益相关者理论自20世纪60年代逐步发展起来以后，影响日渐扩大。在潘罗斯、安索夫等进行了开创性的研究后，弗里曼、布莱尔、多劳逊、米切尔等学者致力于完善利益相关者理论的整体框架和实际应用，并取得了丰硕的成果①。

1959年，潘罗斯提出“企业是人力资本和人际关系的集合”，构建了利益相关者理论的基础。斯坦福研究院的一些学者则这样定义利益相关者，“对企业来说存在这样一些利益群体，如果没有他们的支持，企业就无法生存”。安索夫（1965）认为“要制订理想的企业目标，必须综合平衡考虑企业的诸多利益相关者之间相互冲突的索取权，他们可能包括管理人员、工人、股东、供应商以及顾客”。1984年，美国经济学家弗里曼给出了一个受到许多经济学家赞同的利益相关者定义，利益相关者是“那些能够影响企业目标实现，或者能够被企业实现目标的过程影响的任何个人和群体”。

通过以上对利益相关者的定义，可以发现界定利益相关者似乎并不困难。但这些界定方法却难以进行利益相关者理论的实证研究和应用推广。通过不断的研讨，经济学家们开始普遍认识到，企业的生存和繁荣离不开利益相关者的支持，但不同类型的利益相关者对于企业的影响和被企业影响的程度是不一样的，因此利益相关者需要从多个角度进行细分。查克汉姆（Charknam，1992）根据相关群体与企业是否存在交易性合同关系，将利益相关者分为契约型利益相关者和公众型利益相关者。前者包括股东、雇员、顾客、分销商、供应商、贷款人，后者包括消费者、监管部门、政府、压力集团、媒体、当地社区。克拉克逊（Clarkson，1994）提出两种代表性的分类方法：一是根据相关全体在企业经营活动中承担的风险种类，将利益相关者分为自愿利益相关者和非自愿利益相关者；二是根据相关者群体与企业联系的紧密性，将利益相关者分为对企业生存起根本作用的首要利益相关者（股东、投资者、雇员、供应商、顾客等），与企业运作存在相互间接影响但对企业生存不起根本作用的次要利益相关者（媒体和众多的特定利益集团）。威勒（Wheeler，1998）则综合考虑社会性和紧密性维度，将利益相关者分为：首要的社会性利益相关者（顾客、投资者、雇员、当地社

① 贾生华，陈宏辉．利益相关者的界定方法述评［J］．外国经济与管理，2002（5）．

区、供应商、其他商业合伙人等)，次要的社会性利益相关者（居民团体、相关企业、众多的利益集团等)，首要的非社会性利益相关者（自然环境、人类后代等)，次要的非社会性利益相关者（非人物种等)。

但是，上述界定方法仍然缺乏可操作性。在此基础上，美国学者米切尔(Mitchell，1997）提出以评分法来界定利益相关者。米切尔认为可以从三个属性上对可能的利益相关者进行评分，这三个属性是：合法性，即某一群体是否被赋有法律和道德意义上的或者特定的对于企业的所有权；权力性（影响力)，即某一群体是否拥有影响企业决策的地位、能力和相应的手段；紧急性，即某一群体的要求能否立即引起企业管理层的关注。对上述三个属性进行评分后，企业的利益相关者又可以被细分为三类：一是确定型利益相关者，同时拥有对企业问题的合法性、权力性和紧急性；二是预期型利益相关者，与企业保持较密切的联系，拥有上述三项属性中的两项；三是潜在的利益相关者，只拥有合法性、权力性、紧急性三项属性中的一项。米切尔评分法提供了利益相关者界定的可操作性，成为利益相关者界定和分类的最常用方法，推动了利益相关者理论的推广应用。

国内，李维安等（2001）以是否投入专用性资产为标准，将利益相关者分为直接利益相关者和间接利益相关者，前者如股东、经营者、员工、债权人、消费者和供应商等，后者如政府、社区、社会团体、新闻媒体等。

6.5.3　商业银行利益相关者

与一般企业相比，商业银行由于其高杠杆率的资本结构、经营信息的不透明性等行业特征，以及创造货币供给、资源配置、维持支付清算体系运行等职能要求，其治理机制存在较大差异。如果说关于股东至上主义和利益相关者理论在一般公司治理领域还存在争论的话，那么在商业银行公司治理问题上，利益相关者理论则得到了一般认可。但是，在对具体商业银行利益相关者的认定方面，不同的研究得出的结果存在差别。不过，大致说来，以下几种类型的利益相关者得到了众多研究者的认可。巴塞尔银行监管委员会《加强银行公司治理的原则》(2010）就提到“事实上，银行除应对股东负责以外，还要对存款人和其他利益相关者负责。银行对股东、存款人和其他利益相关者的责任由各国法律和监管体系确定。本文件采用‘股东、存款人和其他利益相关者’的提法，但尊重各国相关规定的差异[①]”。

6.5.3.1　债权人

商业银行的债权人根据债权的性质不同可以分为两种，一是普通的存款人，

① 由于银行在本国和地方经济金融体系以及相关显性或隐性存款担保机制中的特殊作用，其利益相关者包括监管机构、政府、债券持有人和存款人等。

二是次级债券持有者。

（1）存款人

商业银行与一般公司或企业明显区别的一点就是商业银行的运作资金只有很少一部分来自资本金，大部分来自储户的存款。而且存款资金来源极度分散，即使大的机构存款，也只占银行存款总额的极小部分，大部分存款则来自人数众多、但平均额度较少的个人储户。这种情况也就形成了如同股市散户“搭便车”相似的行为，一方面缺乏相应的治理信息和治理动力，另一方面由于政府信用或政府保险的存在，个人储户无法对银行进行监督或进行控制，约束债权的作用甚微。虽然不能对银行治理施加直接影响，但储户如果获知有关商业银行风险或其他经营状况的不利信息，也可以“用脚投票”，转移或提取其存款，这种行为的蔓延有可能引起挤兑，甚至导致经营良好的银行破产倒闭。

（2）次级债券持有者

次级债券也是银行的资金来源，但它是不同于存款的一种银行债务。根据《巴塞尔资本协议》，商业银行可以将原始期限不低于5年的次级债券列入附属资本。所以，次级债券实际在一定程度上又具有资本的特性①。次级债券的双重性质使得它在银行间债券市场中具有较为特殊的运行机制，影响着商业银行多方利益相关者的行为方式选择。

从银行治理角度看，债权人的参与具有积极意义。首先，债务资本利息即使在银行发生财务问题时也需要支付，本金在破产时也要得到优先偿还，这种债务的硬约束作用能有效地制约股东的冒险行为；其次，银行的债务水平的存在以及通过负债为股东创造效益的能力，成为现在的经营管理者与潜在竞争者的有力砝码；最后，银行债券发行需要经过严格审核、信息披露及评级，其后的流通也要不断接受市场的检验，这些实际上都是对银行风险管理、经营管理能力和绩效的全面评价，因此债券的持有及债权人的参与也是对治理水平的认可和促进。

6.5.3.2 银行员工

因高级管理层的激励与约束问题已有所阐述，这里的员工是指除高级管理层之外的商业银行中低层管理者及普通职员。银行作为人力资本密集型行业，银行员工在长期工作、学习和相互沟通中形成了有关银行经营管理的能力、知识和信息，以及团队分工和协作的技能，这些都成了银行的专用性资源，对于银行的发展非常重要。而且，相对于企业出资者或外部股东而言，银行员工掌握更多的企业内部信息，对银行经营过程中存在的问题也有更深的认识。这些都可以看作是银行员工的人力资本投资，通过这种专用性投资，员工和银行的利益密切相关。

① 郑立明．国有商业银行利益相关者治理的主体构成和研究框架［J］．改革与战略，2009（7）．

因此，允许银行员工更多地参与治理（不仅仅是职工监事的位置或者是简单的合理化建议等活动），就非法的、不道德的或可疑的做法及其他公司治理缺陷表达正当关注[①]，不仅可以维护员工的合法权益，客观上也维护了物质资本所有者的权益，节省了物质资本所有者的监督成本，提高了银行的治理效率[②]。

6.5.3.3 客户

当今的商业银行除基本的存贷款业务外，还提供支付结算、托管、信用证、担保、咨询等各种金融服务，以及一些证券、保险类业务。

一方面，许多银行的主要收入还主要依赖于存贷款业务的利息差。这种情况下，贷款人作为银行客户（银行产品的消费者）以及利益相关者应参与商业银行的治理活动。贷款人关注银行治理的原因不仅仅在于已获得的贷款，还在于后续贷款的可获得性，以及与之相关的支付结算、咨询、贷款重组等金融服务，因而贷款人需要对银行的风险管理、资产结构、手续费及佣金等进行关注。另一方面，商业银行业务发展趋势是存贷款息差收入占比逐渐减少，而一些非利息收入占比逐渐增加。非利息收入的增加需要依靠商业银行金融工具的开发、金融服务质量的提升。

不管是企业客户还是个人客户，不论是贷款人还是金融服务的需求者，实际上都是银行的客户、银行产品的消费者。一般说来，消费者对企业公司治理的影响主要还是通过产品市场的货币选票进行的。那么，银行的消费者对银行治理的影响实际也是通过金融产品及其市场的货币选票进行的。但是，银行提供的产品与一般企业产品相比具有其特殊性，即不仅有消费性，还具有社会性。这就决定了银行客户（消费者）参与银行治理的途径不应该仅仅是产品市场这种间接途径，只是“拒绝与经营不稳健的银行发生业务关系[③]”并不足够，还应该建设更为直接的途径。

6.5.3.4 政府及监管部门

政府持有银行股份，作为股东在银行治理中发挥的作用与一般股东基本相同。但政府还有除银行股东以外的身份，其行政、社会、经济等方面的管理职能均可能受到银行业务运作的影响。因此，政府作为利益相关者需要银行稳健经营，配合政府的宏观调控政策。银行贷款发放也应与国家产业政策密切配合，重点支持符合国家产业政策的企业和项目，对于污染行业、高能耗行业、质量不达

① 巴塞尔银行监管委员会编，国银监会办公厅译．加强银行公司治理的原则［M］．北京：中国金融出版社，2011.

② 杨元泽．基于共同治理模式下的银行公司治理结构［J］．金融论坛，2008（12）．

③ 巴塞尔银行监管委员会编，国银监会办公厅译．加强银行公司治理的原则［M］．北京：中国金融出版社，2011.

标企业和项目则不应予以支持。此外，商业银行还应配合国家再就业政策，以及教育、培训等可持续发展战略的实施。

另外，由于分散且众多的储户（存款人）缺乏必要的信息和足够的动力参与商业银行的治理，其利益缺乏有效的保护，这就需要一个存款人代表①——政府监管部门对商业银行实施监管，以保护公众利益。正如巴塞尔银行监管委员会《加强银行公司治理的原则》所要求，政府监管部门应“开展立法、监管、执法并建立有效的司法框架”②。

6.5.3.5　商业银行社会责任

由于外部性的存在，现代企业在追求经济效益的同时，还必须承担一定的社会责任。一个企业单纯追求经济利益是一种短视行为，企业必须还要承担法律、道德以至慈善等社会责任，才能获得长远的发展。关于企业社会责任，主要有两种观点：第一种观点是把企业社会责任看成涵盖各种企业责任的概念。企业社会责任是社会寄希望于企业履行的义务，社会不仅要求企业实现其经济上的使命，而且期望其能够遵法度、重伦理、行公益。完整的企业社会责任是企业的经济责任、法律责任、道德责任和慈善责任之和。第二种观点则认为企业责任是一个总概念，可划分为经济责任、法律责任、道德责任、社会责任。

对商业银行来说，社会责任是指商业银行在追求盈利、实现股东利润最大化过程中，还要主动维护非股东的利益相关方如员工、金融消费者、债务人的利益，积极促进环境保护等社会公益性事业。由于经济责任、法律责任等已有所论述，这里商业银行的社会责任主要阐述道德、公益等方面的银行做法。从国际实践看，商业银行的社会责任内容主要包括保护环境、社会关系、慈善公益、多元化、小额贷款、金融教育等等③。

6.6　小　结

公司内部治理结构是出资人及其主要代表人和经理层三者对控制权、剩余索取权的分配，以及出资人及其主要代表人对经理层的约束激励。此外内部治理结构应该还涉及企业对股东与经理层之外的其他相关利益方的安排。本章首先从股

① 即使存款保险可以在一定额度内保护存款人利益，但也会引起高风险行为，同样需要加强监管。

② 巴塞尔银行监管委员会编，国银监会办公厅译．加强银行公司治理的原则［M］．北京：中国金融出版社，2011.

③ 有关商业银行社会责任的其他内容可参见于东智等著的《商业银行的社会责任》一书（中国金融出版社 2011 年版）。

权结构入手，先对一般公司、银行股权性质与分类进行概述，分析了银行股权集中、股权分散以及相对集中的情况，然后介绍了公司和银行利用股东大会对股东权益保护的内容。

由于公司需要一个常设机构在股东会休会期间代表股东对公司的重要经营做出决策并执行股东会的决议，于是形成了董事会。本章介绍了董事会的一般模式以及银行董事会的模式、一般公司与银行的董事会职能、董事会规模、董事会独立性、董事的选聘和资质、董事的权利与义务等内容。

随后本章介绍了公司与银行经理层（高管）选聘、激励与约束问题。经理层选聘包括内部与外部选聘，但两种方式各有其优缺点。经理层的激励包括物质激励和精神激励，物质激励有薪酬和其他激励方式，薪酬激励又包括长期激励和短期激励，但我国目前商业银行还主要以基本薪酬加奖金的方式为主，缺乏以股权和期权为基础的长期激励方式。而对经理层的约束包括法律规范约束、经理人市场约束、产品市场约束、利益相关者与社会责任约束等银行外部约束机制和公司章程约束、流动性和安全性约束、绩效约束等银行内部约束机制。

各国公司治理结构都存在履行监督职能的机构或人员，但这些机构或人员是专设监督机构，还是属于董事会的一部分，并无统一的标准和要求。本章分析了“不设监事会，独立董事行使监督职能”、“设立监事会，下设董事会”、“设立监事会，与董事会平行”三种形式的监事会以及我国监事会的相关规定，并阐述了德国、日本以及我国商业银行董事会的构成与职能。

最后，本章对利益相关者理论、商业银行的存款人（债权人）、员工、客户、政府与监管部门以及商业银行的社会责任进行了概述。

第7章　中国国家控股商业银行治理的外部机制

“代理理论”的公司治理理论指出，有效的公司治理取决于公司的内部治理机制、外部治理机制和规范公司治理的法律法规制度三个不同的层次。内部治理机制由公司内部的决策、激励和监督机制构成，并通过这三个方面来有效地发挥作用。公司治理的法律法规约束机制包括政府和市场监管部门为保护投资者利益、保证公司遵守国家法律和社会道德规范而制定的一系列规定。外部治理——如证券市场、机构投资者、产品与经理人和外部行政监督通过对董事会和经理层造成压力，对企业的内部代理人进行激励，并给予约束。这些机制发挥了越来越重要的作用，并构成了公司主要的外部治理机制。

7.1　证券市场

7.1.1　证券市场对公司治理作用

证券市场是投资者活动的主要场所，是资金调节和分配的枢纽之一。证券市场是证券发行和买卖的场所，在资金调节和分配活动中，起到非常重要的作用。通过证券市场，社会上的小规模、闲散的资金，得以利用于投资。众多闲散资金的所有者成为投资者，根据相关规则，利用市场信息选择投资对象。在证券市场上，上市公司通过公开发行股票募集资金，同时把企业股权转让给投资者，投资者在市场上买入或者卖出股票来获得收益。通常认为，当公司业绩差的时候，投资者就会卖出手中的股票，股票价格就会降低，从而迫使管理层采取措施，提高公司业绩；同时，外部收购者也是威胁管理层的重要因素，通过外部收购，管理层就会丧失企业控制权，这样就形成对董事会和管理层的压力，促使其更好地为股东价值服务。这就是证券市场的外部治理机制。

然而理论上的分歧依然存在，形成相互对立的两派，其争论的主要问题包括：由于股票价格是多种因素影响的综合体，证券市场的股价能否真正反映公司的价值，即在股价较高的状况下，是由于经营者的能力、勤勉，还是由于企业所处的行业环境或者垄断地位造成的；控制权转移的威胁是否一定会迫使管理者尽心尽力为股东价值最大化服务，即由于恶意收购的存在使得收购是否是有效的治理工具也存在争议。在理论上，具有代表性的是以下两种观点，即金融市场模式论和市场短视模式论。

7.1.1.1　金融市场模式论

该理论认为，当股票价格由金融市场决定，并且通过信息传递机制有效、准确地反映公司的信息时，公司的价值就能够在金融市场中得到充分体现，这个金融市场也称之为有效市场。在有效的市场上，当企业家在进行并购扩张或者管理层对股东不负责任的时候，通过股票价格计算的公司价值会下降，公司有可能被收购。在新的股东控制了公司之后，就会对不称职和不负责的经理人员进行替换，使得他们失去经济上的收益和声誉上的收益。因此，经理们为了自身利益，被迫努力工作来增加企业价值。宋永新和杨蓉（2002）认为由于信息不对称和利益不一致，作为股东代理人的董事会并不能够有效治理企业的冲突，在这种情况下，外部的证券市场、信贷市场、经理市场和产品市场，可以弥补代理人的不足。

7.1.1.2　市场短视模式论

该理论是针对金融市场模式提出的一种观点，它认为，虽然股票价格能反映企业的价值和经理们的状态信息，但是股票价格还受其他因素的影响，比如政治事件、行业利好利空消息的影响。管理者的行为可能会带来长期的收益，股价在未来也可能会正确地反映企业的价值。但是市场上存在的投机者或者短期投资者，他们可以自由进退且不关心企业的长期利益，在股价下跌的时候都会抛售股票，对管理层造成极大的压力。管理层迫于此，就会放弃长期项目，而只关心近期的投资或者业务能带来的收益，努力提升短期内股价，保证自身处在一个有利的位置。James Brickley 等（1988）认为，由于接管市场的存在，企业将长期面临被敌意接管的威胁，这将使企业经营者更加注重与股票价格密切相关的短期经营绩效，从而产生了新的代理问题。

金融市场模式论和市场短视模式论在理论主张上是相对的。前者要求股东在公司治理中发挥更大的作用，对管理层造成更多的约束，股东可以根据企业价值进行管理层的评价，同时主张市场的资源自由流动，减少收购的法律障碍，才能对管理层造成威慑。而后者认为股东应该给予管理层更多的经营自主性和更长的经营周期，不能在短期内进行评判，鼓励股东长期持有股票，获得长期收益。

7.1.2　证券市场的公司治理机制

证券市场对公司治理的影响主要是通过控制权配置发挥作用的，正是由于其控制权的配置作用，使得企业控制权可能发生变化，从而影响代理人的收益（包括物质的和名誉的），进而推动代理人修改自己的利益函数，与股东相接近或一致。

7.1.2.1 价格机制

证券价格是企业经营状况在市场上的表现，是数字化的信息，投资者通过价格了解企业的经营，并根据价格的上涨和下跌对管理层进行激励和约束，降低了信息成本。尽管在实证研究中，对证券价格与公司价值关系的研究还存在不同的结果，但是普遍认为这两者是有联系的。投资者在进行投资的时候，由于通过其他途径了解企业信息的匮乏和不现实，证券价格的作用就显得尤其重要。而证券市场是企业融资的主要渠道，是约束企业进行投资和扩张的重要途径。在证券市场上融资，只需要转让或增发股权，而不需要对未来收益进行强制的规定和承诺，企业在证券市场上的活跃度与日俱增，价格机制发挥的作用也就越大。公司治理的最终都是表现在财务业绩和股票价格上的。Roberts（1967）根据市场价格所反映的信息集，将市场分为弱式有效、半强式有效和强式有效三种市场类型。弱式有效、半强式有效和强式有效三种市场类型分别反映的是市场的历史价格信息、所有公开有效的信息及所有可知的信息（包括内部的和私人的资料）。Fama（1970）对关于有效市场假设的研究作了系统的总结，并在此基础上提出了一个完整的公司治理理论框架。

徐静珍和王富强（2002）分析了我国上市公司财务粉饰的原因，指出粉饰报表歪曲了经济信息，危及了证券市场健康安全，损害了股东利益。在报表粉饰的情况下，证券市场不能有效反映公司经营状况，其公司外部治理的职能也就无法发挥。Ferreira and Laux（2007）研究了反敌意兼并的安排与股价有效性之间的关系。证明有效的公司治理能促进公司的信息流动，进而倾向于增加公司股票的非系统风险在其风险总量中的比重。因此，这些公司股票的价格波动较少受市场总体波动的影响。

7.1.2.2 控制权机制

证券市场对公司治理的影响主要在于对控制权的配置能力。控制权配置是以产权制度为基础，以市场为依托的，它本身也是一种资本运动，它的完成必须借助于证券市场。发达国家的证券市场是企业控制权有效配置的必要条件。因为证券市场的价格定位只能为企业控制权配置主体的价值评定奠定基础，造就了控制权的配置主体，投资银行等中介结构的职能多样化则为企业控制权配置提供了重要助推力。

证券市场的一大作用就是形成了公司治理的控制权市场。控制权市场（Market For Corporate Control）又被称为接管市场（Takeover Market），它通过在证券市场上收集股权，或者对代理权进行投票，从而使其取得对企业实质上的控制，然后通过替换能力不足或不够努力的管理层来提高企业价值和改善企业经营状况。这种收集可能是从市场上逐步买入小股东的股票，也可以是从大股东手中批量购入。通过接管市场形成对不良管理者进行替代的持续性外部威胁在英美市场导向型的体制中被认为是最重要的作用。控制权市场的出现，使得证券市场能够及时发现管理效率低的企业，由于市场往往低估其价值，从而使其很容易成为被接管或兼并的目标。在被兼并和接管之后，新的投资者为了获得收益，必然会替换能力低下、效率不高的目标公司的管理层，聘请能力强的管理层来经营企业，而原来的经理层损失了职位、收入和良好的声誉。在这种压力下，企业代理人必须勤勉尽职，扩大市场份额，选择好的投资项目，这样才能避免在市场中失败。

裴武威（1999）指出完善公司治理结构是降低代理成本的关键性因素，公司治理的核心是外部投资者如何监督和约束经理层。艾洪德和魏巍（2004）认为以证券市场为主体的直接融资过程，从本质上表现为投资者对融资者提出的各种置信承诺的选择和认可过程。由于信息的不对称与契约的不完备，投资者为了确保融资者的承诺得以最终履行并实现其自身应有的利益，必须通过诸如公司控制权的掌握等诸多机制对融资者进行监督和约束，这些机制就是所谓的公司治理。融资者相对于投资者来说，掌握决策中的信息和实际的控制权，更具有优势，而投资者则处于弱势地位。因此，具有非控制权的投资者的利益就随时可能被管理层和拥有控制权的大股东侵害。当企业业绩较好的时候，投资者对未来充满信心，加大投资力度，从而促使管理层有更多资金进行项目投资、新产品新市场开发，提升企业管理水平，进一步提升股东价值。而当业绩较差的时候，投资者离开公司，使得企业面临破产危险。而破产企业的管理者损失了薪酬和职位，并且对未来的工作机会也产生影响，因此管理层会调整企业战略，努力工作，使得业绩上升，提高股东价值。在市场控制中，借贷市场是完成资金筹措，而证券市场是具体的控制接管过程。

总之，控制权市场通过适度的接管压力，促使公司治理结构的合理化，达到相对理想的治理效果。当然，这也需要支付较大的社会和法律成本，并且对资本市场的流动性和发达程度提出了一定的要求。

7.1.2.3　激励机制

现代企业越来越重视薪酬激励，并且从原来的固定工资模式转变为激励工资模式，即工资＋股权＋期权的模式。期权报酬在现代企业中广泛应用，因为期权是一种激励机制，通过股票价格反映的公司潜力，对管理人员进行长期的激励。股东为管理者设计期权合同，管理者购入期权。当管理者勤劳能干，股票价格会上涨，管理者就可以在未来某个时间行使期权按合同获得更多丰厚的收入；相反，管理者懒惰或能力不足，未来股票价格下跌，行使期权合同的只会带来损失，而没有收益，管理者只有工资收入。为了未来的利益，管理者会把自己和股东利益看作一致，在实现自身利益的同时，为股东创造了价值。夏芸和徐欣（2012）研究我国公司内部治理与IPO超募的关系，指出两职合一、货币薪酬较高会引起IPO超募资金的过度投资，公司股权制衡度的提高可以有效减少这样的情况发生。在股权性质上，非国有的比国有企业过度投资严重。但是存在一个问题，那就是对过度投资的界定，文章中将补充流动资金、设立子公司、并购、投资子公司、建设生产项目、增资、对外投资等作为过度投资，但是这些项目究竟是必须投资还是过度投资，还有待商榷。

7.1.2.4 监管机制

证券部门根据相关法律和法规，对上市公司的经营和管理活动进行监督和管理，使其符合规定，并对违反规定的企业进行处罚。监管机制具有强制性，在我国，对上市公司的监管机构主要是证监会。对于商业银行，银监会和央行各司其职。监管机制的内容主要针对三个方面：企业信息披露机制、公司治理结构和上市与退市机制。

（1）信息披露制度

证券市场的灵魂是信息的公开性、完整性和披露的及时性。它是维系证券市场“三公”原则的基石，否则不可能形成透明的市场环境，也不可能建立公正的市场秩序，广大中小投资者的利益也就必然会受到侵害。公司治理问题的一个主要原因就是信息不对称，而减少这一问题影响的有效途径就是实现透明、公开的信息披露制度，这有助于减少代理人的机会主义行为，加强对管理层的监督。信息披露制度是上市公司监管的核心内容，也是证券市场的监管机构赖以保护市场公平原则的基础。制度规定了企业的信息披露义务，对信息的及时性、准确性和完整性也做出了相应规定，以便于投资者了解企业经营状况，做出相应的投资决策。信息披露的形式有强制性披露和自愿性披露之分。公司自愿性信息披露是相对强制性信息披露而言的，是指“在强制性披露的规则要求之外，公司管理层自主提供的关于公司财务和公司发展的其他方面相关信息”。

（2）公司治理结构

监管机构对公司治理结构提出了要求，以期达到良好的治理效果。这些制度安排都是根据公司发展过程中的经验与实际而制定的，对其提出了强制性要求。例如独立董事制度，要求独立董事是不在公司中内部任职，并与公司或公司经营管理者没有重要的业务联系或专业联系，并能对公司事务做出独立判断的人。监管机构还对独立董事的勤勉和诚信义务进行规定，也对其行使权力进行了阐述。

符合规定的独立董事在一定程度上能够有效监督管理层的行为，维护股东和利益相关者的利益。

（3）上市与退市机制

上市和退市机制为企业进出证券市场提供了通道，同时也是一种公司外部治理机制。例如，在上交所上市过程中，需要对公司资格进行审查，对主体资格、公司治理、独立性、同业竞争、关联交易、财务要求、股本以及其他方面提出要求。其中公司治理方面对治理结构、内部控制制度以及股东和董事资格进行审查，财务方面要求稳定的利润和现金流以及财务诚信方面进行审查，关联交易方面体现了公平、公允原则。通过审查，可以淘汰不合格的企业，保留治理水平良好、财务健康的企业，有效地减少代理冲突的企业，保护了投资者的利益。退市制度为投资者退出提供了途径，保证了市场的自由度。同时，上市公司需要在市场上通过业绩和治理建立良好的形象和声誉，吸引新的投资者进入，促进公司发展。

7.1.3 证券市场对我国商业银行治理的作用

随着上市商业银行的数量增多，规模增大，证券市场对商业银行的治理作用也越来越大，主要体现在商业银行股票价格机制、控制权机制和信息披露机制影响上。

表7-1 我国上市商业银行基本情况

银行名称	股票代码	上市交易时间	上市地点	股本数
深发展A	sz000001	1991.04.03	深圳	512335.0416万
浦发银行	sh600000	1999.11.10	上海	1865347.141万
民生银行	sh600016	2000.12.19	上海	2671473.299万
招商银行	sh600036	2002.04.09	上海	2157660.888万
华夏银行	sh600015	2003.09.12	上海	684972.578万
工商银行	sh601398	2005.10.25	上海	34907645.029万
中国银行	sh601988	2006.07.05	上海	27914732.689万
兴业银行	sh601166	2007.02.05	上海	1078641.1134万
中信银行	sh601998	2007.04.27	上海	4678732.703万
交通银行	sh601328	2007.05.15	上海	6188560.554万
宁波银行	sz002142	2007.07.19	深圳	288382.0529万
南京银行	sh601009	2007.07.19	上海	296893.3194万

（续表）

银行名称	股票代码	上市交易时间	上市地点	股本数
北京银行	sh601169	2007.09.19	上海	622756.1881万
建设银行	sh601939	2007.09.25	上海	25001097.749万
农业银行	sh601288	2010.07.15	上海	32479411.7万
光大银行	sh601818	2010.08.18	上海	4043479万

资料来源：根据深交所和上交所资料整理而成。

股票价格方面，商业银行和一般上市公司一样，主要通过股票价格的提高来发挥激励作用，股票价格的降低来发挥约束作用，由外部机制促使内部机制发挥作用。张湄和孔爱国（2010）对商业银行治理与股价波动关系进行实证研究，利用沪深两市上市的14家商业银行在2005—2008年间的半年度面板数据进行研究，发现银行股价的非系统性波动与银行的股权结构存在关联，同时银行股价的非系统性波动与银行的存贷比具有显著的负相关关系，这也反映出银行内部治理的效果。

证券市场对商业银行控制权的影响主要体现在以下方面：第一，硬化产权约束。我国上市商业银行，特别是国有商业银行，国有产权为主的一元化产权约束无法体现利益相关者的利益[①]。因为交易成本的存在，国有产权的所有者不能同时行使资产所有权，最终形成一股独大下的内部人控制问题。当商业银行在证券市场公开上市后，企业的投资主体将发生变化，多个利益主体的利益目标博弈，必然使得商业银行管理层的行为受到更多的关注，客观上促进了多层次产权约束体系的形成。第二，利用资本市场强化商业银行所有权转移机制。资本市场对商业银行管理层起到直接威胁作用，促进管理效率的提高以及业绩的提升。然而需要解决两个问题，即政府主导和制度框架。政府通过对银行体系的构建和对金融机构经营活动的干预来对金融业的发展产生作用，但是无法化解金融风险，而且政府的过多干预会造成资源配置的失衡，产生无效率的重复投资。政府在资本市场中，应该更多采用宏观手段，致力于为银行并购创造更好的政策和法律环境，维护银行并购的秩序和制定准入和退出标准，往服务型职能转变。在制度方面，由于银行业的特殊性和对国民经济的重要性，现有对银行并购的法律法规虽然有一些规定，但是仍然存在一些问题，比如未形成健全的体系、相互之间互补性还有待提升、对于银行并购的规范还没有统一以及银行的退出制度也没有相应形成等。这些缺陷的存在，银行并购活动就必然会受到抑制而发展滞后。此外，银行

① 姜宝军．中国上市商业银行公司治理机制研究［D］．陕西：西北农林科技大学博士论文，2009.

业的并购往往与商业银行经营不善或信用危机联系在一起，可能要支付巨大的社会成本，有限的控制权市场和并购威胁是商业银行区别于一般公司治理的又一特殊表现。因此，在商业银行控制权市场的建立和并购机制作用的发挥方面，应持特别审慎的态度。实证方面，徐二明和王文彬（2009）的实证研究表明，亚洲新兴市场银行并购对于并购对象的股东价值产生显著的正面影响，对于收购银行的股东价值没有产生显著的影响，对于并购对象和收购银行整体的股东价值产生正面影响。史瑞卿（2011）对我国商业银行的控制权市场进行了分析，指出我国经历了由完全的政府行为向市场行为过渡的过程。中国商业银行的控制权并非处于政府的垄断监管下的绝对静止状态，与一般工商企业类似，商业银行同样存在公司控制权竞争的现象，甚至在规模和程度上要更为激烈。

商业银行的信息披露主要包括以下几个方面：第一，对资本充足状况，包括风险资产总额、资本净额的数量和结构、核心资本充足率、资本充足率进行详细披露，这使得投资者对企业的经营状况有详细的认识，有利于充分发挥“用脚投票”的机制。第二，对风险的披露，包括对信用风险状况的披露、流动性风险状况的披露、市场风险状况的披露、操作风险状况的披露以及其他风险状况（其他可能对银行造成严重不利影响的风险因素）的披露。第三，公司治理信息的披露，主要包括年度内召开股东大会情况、董事会的构成及其工作情况、监事会的构成及其工作情况、高级管理层成员构成及其基本情况、银行部门与分支机构设置情况等①。

梁媛（2004）指出银行信息披露不仅可以降低与股东之间的信息不对称，还可以降低银行和存款者之间的信息不对称。强制信息披露程度提升，稳健型银行的信誉也会上升，但是对冒险型银行的信誉影响不确定，因此披露要坚持适度原则。巴曙松和牛播坤等（2005）对国内外上市商业银行信息披露制度进行了梳理，指出银行信息披露是把双刃剑，一方面提高治理水平，另一方面可能导致存款流失和股价波动，披露成本、收益和最优程度都有不确定性。

7.2 机构投资者

7.2.1 机构投资者

机构投资者对公司治理的参与意向，向来是公司治理研究领域讨论热点之

① 根据中国人民银行2002年5月颁布的《商业银行信息披露暂行办法》内容整理。

一，对此很多学者持肯定的态度。如果机构投资者能够通过控制一定的股权，获得一定的话语权，从而参与企业的决策，则可以发挥其专业优势，为企业提供更好的咨询，影响管理层的行为，同时监督管理层。那么机构投资者作为独立的外部治理人该如何参与公司治理呢？Ayres and Carmon（1993）发现，机构投资者更愿意与投资对象建立长期的关系，寻求与管理层的合作，来增加机构投资者在企业战略和治理方面的发言权和影响力。因为在长期的过程中，随着参与程度加深和交流加强，机构投资者了解的信息就越多，治理成本是逐渐递减的。

机构投资者类型不同，其治理效果存在差别。现有研究中，主要根据投资者与持股对象的关系和压力的敏感程度，把机构投资者分为敏感型和不敏感型。压力敏感型机构投资者主要是金融机构，比如银行的投资信托部门或者保险公司，Marcia发现这种机构投资者一方面是公司的股东，另一方面还是公司的业务伙伴。为了从持股对象获得业务，压力敏感型没有足够的动力去监督管理层，而更愿意维持一种和平的状态。压力不敏感型的机构投资者主要是独立的投资公司或者投资顾问。与压力敏感型机构投资者相反，压力不敏感型的监督动机更大，对经理层的约束更强（Amazon，2005），并且更有利于形成收购决议（Chen，2007），Cornett（2007）通过对比分析发现，压力敏感型机构投资者的持股量对持股对象行业调整ROA影响不显著，而压力不敏感型机构却与行业调整ROA正相关。相对来说，监督效率也就更高，可信任度更高。

另外，国外研究中，把机构投资者参与治理的态度分为三类：第一种是“股东积极主义”，这些机构投资者相对来说具有监督公司的能力、动机和条件。他们由专业的投资队伍构成，有强大的投资分析能力和控制能力，持股数量大，在持股公司的经营中能够获得一定数量的真实信息。并且由于他们大量持股，一旦他们退出市场，就会造成企业的流动性损失，造成经营困难和股价下跌，因而只有积极监督才能获得利益，避免了“搭便车”问题的出现（Parthiban，1996）；第二种是“股东消极主义”，它认为机构投资者虽然有参与公司治理的动机，但是不一定能真正参与，要受许多条件限制，比如法律法规的限制、监督成本以及为了获得持续收益而需要保证的流动性等原因。这种消极的机构投资者对公司治理和企业业绩没有显著的影响（Coffee，1991；Bhide，1994；Agrawal，1996）；第三种观点是“折中主义”，他们认为不能一定说机构投资者是“积极”的还是“消极”的，而需要根据其资金来源、持股数量、利益冲突等方面综合去考虑，各个机构投资者对公司治理的作用存在差异（Xia，2005；Cornett，2007）。

国内之前的研究表明，由于外部法律、市场环境的限制以及企业自身监督能力和动机的制约，国内机构投资者并没有参与公司治理并施加影响。李向前（2002）认为由于我国上市公司一般都由控股股东控制，其他股东很难发挥作用，加之机构投资者内部的公司治理人才的匮乏，即使机构投资者有参与意向，也很难实现。耿志明（2002）发现我国机构投资者多是投机性的，具有明显的短期行为和高频率的交易行为，造成投资对象的股票波动较大，价值经常变化，机构投资者发挥公司治理的效果很不显著。同时，我国大的机构投资者多数都有政府背景，或者依赖于政府的资源，而且市场的自由度不够，政府干预过多，造成机构投资者无法发挥作用，因为政府与投资机构的目标往往是不一致的。但是随着市场经济的发展和完善，机构投资者的作用也逐渐显现出来。石良平等（2007）以2003—2005年117家基金重仓股为样本，研究每股收益与基金持股的关系，发现机构投资者对持股对象下一年的收益有显著影响，呈正相关的关系，机构投资者可以影响公司价值。Yuan等（2007）发现我国基金持股对企业托宾Q值之间有显著的正相关关系，对行业调整总资产利润率也是正相关，因为机构投资者汇集了个人股东的股权，有效防止了“搭便车”的现象的结果。王宗军（2008）指出随着市场经济发展，政府从行政职能往服务职能转换，配合股权分置改革，政府的直接管理角色将转变，变成监督者。而机构投资者的持股数量和积极性提高，将成为外部监督一个重要的主体，发挥更大作用。范海峰、胡玉明和石水平（2009）结合了产权理论和代理理论，研究社保基金和证券投资基金对公司治理的影响。文章采用2005—2007年期间407家社保基金重仓股所组成的横截面数据，与公司治理特征变量进行统计分析，发现社保基金和证券投资基金之间由于政治和社会以及薪酬机制的不同，会对股东与管理层的利益冲突趋同，对公司的业绩也产生不同的影响。邓丽姬和王娃宜（2010）研究了机构投资者持股对公司治理结构影响，认为现有机构投资者在公司治理中确实发挥了作用，并通过优化公司治理结构，最终影响了公司业绩。内部治理结构的主要指标独立董事比例、高管薪酬、董事会积极性均与机构投资者持股正相关。

7.2.2　机构投资者的参与治理方式

机构投资者参与上市银行治理的途径主要包括行使投票权、提交股东提案、与管理层沟通、诉讼等。

第一，行使投票权。在两权分离的现代公司制企业中，股东是公司剩余索取权的拥有者，但在实践中却往往处在信息的劣势，经营者会以各种手段来摆脱股东的产权约束与监督，从而侵犯到股东权益。机构投资作为企业的大股东，相对于其他的小股东来说，机构投资者更有能力和动力行使自己的投票权，对公司的重大决策发表自己的意见，从而保护股东的权益①。

① 郁露露．机构投资者公司治理效应研究［J］．产业与科技论坛，2012（9）．

第二，提交股东提案。机构投资者作为股东之一，可以就其关心的问题，向股东大会或者特别股东大会提出股东提案，向管理层施压。我国的《公司法》规定，单独或者合计持有公司股份达到3%以上的股东，可以在股东大会召开前十日提出临时提案并书面提交董事会。单独或者合计持有10%以上股份的股东在特定情况下有权提议召开临时股东大会、董事会临时会议。由此可以看出，发起一份股东提案所受到的限制并不多，在股份数的要求上也并不苛刻，所以提交股东提案已成为机构投资者使用较多的一种参与公司治理的方式。

第三，与管理层沟通。它是指通过直接与上市公司的管理层的讨论，进而实现改进上市公司的治理结构、改变上市公司整体业务战略等目的。沟通方式主要有：举行与上市公司管理层的“一对一”会议、参加上市公司的推介会并及时了解上市公司的最新动态及发展战略等。与机构投资者参与公司治理的方式相比较，与管理层沟通成本较低，主要是差旅费等，但其可能获得的收益却是巨大的。

第四，诉讼。它是指当股东的利益因公司管理层的失职而遭受损失时，利用法律的手段向公司管理层提出损失赔偿的要求。相对于以上三种方式，诉讼要付出的时间和精力均较多，而且诉讼将带来高昂的经济成本，且不能转嫁给客户，因此，通常只有在机构投资者通过其他方式均难以挽回或减轻损失，且损失较大时，才对上市公司或其公司管理层提起诉讼。

7.2.3 机构投资者的局限和发展

随着机构投资者资产规模的扩大，其所持股份流动性受到影响，机构投资者有了克服中小股东在监督公司管理层上“搭便车”的动机和条件，但不同的机构投资者有不同的特点，其对公司治理及公司价值的作用各不相同。从我国的相关研究可以发现，较早期观点认为我国机构投资者参与公司治理作用受限于我国机构投资者尚处于发展初期、资产规模偏小以及资本市场不完善。随着我国机构投资者资产规模扩大和资本市场改革的深入，越来越多的研究认为机构投资者持股量与上市公司价值正相关，并有可能成为合格的公司监督主体。但这些研究主要针对证券投资基金，或将所有机构投资者视为同质的基金，简单认为机构股东对公司价值要么影响不显著，要么有正面影响，而忽视了机构管理者的经营目标存在差异，而且可能对公司价值造成负面影响，也没有解决行业性和内生性问题。

鉴于公司董事会监督不力及机构投资者整体对公司价值的推动作用，机构投资者监督已经成为上市公司监督的可靠机制，我国应继续大力发展机构投资者。

7.2.4 机构投资者对我国商业银行治理的作用

作为不同于一般上市公司的类型，对商业银行在有机构投资者参与的情况下的研究，学者们提出了各自的观点。吴佩飞（2011）以交通银行为例，分析机构投资者的引入有利于优化股权结构，增加董事会的能力和经验，优化治理结构，提高业务能力，从而提升业绩。徐成波等（2012）以2003—2010年的上市商业银行为样本，研究了商业银行董事会特征和机构投资者持股对商业银行的公司治理效应。实证结果表明，在全样本下商业银行董事会的治理作用不明显，而机构投资者却有很好的治理效应。在以独立董事比例为依据的分组样本中，对于低独立性样本，独立董事和机构投资者具有互补效应；对于高独立性样本，独立董事和机构投资者呈相互替代的关系。在以机构投资者持股比例为依据的分组样本中，无论是在低机构样本组中还是高机构样本组中，商业银行独立董事和机构投资者之间都呈互补关系。

在不同类型机构投资者对商业银行治理的影响研究中，伍伟和刘惠好（2008）研究机构投资者股权对银行治理的效果，通过实证指出不同的机构投资者有不同的表现，QFII、证券公司、社保基金都影响银行治理效果，而证券投资基金和企业法人不能产生显著影响。康晓飞（2011）通过对我国不同类型的机构投资者与银行业绩进行实证，认为由于证券公司业务方向和参股上市银行的限制，使得其既没有参与银行治理的动机，又没有能力；而QFII的参与性更强，治理效果也更加明显；证券投资基金实力强，持股比例高、数量大，并且偏好稳定的银行股，关注长期收益，因此证券投资基金参与银行治理的积极性较高，方式较多，银行业绩的表现也好，但是其作用还有待充分挖掘和发挥。保险公司由于实力较强，而且存在国家管制，并且对资金安全性的关注程度较高，因此其更加关注银行的经验和管理，也是银行治理的积极参与者之一；社保基金持有银行股份比重较小，参与程度不大。总体说来，积极参与银行公司治理的机构投资者，对银行业绩的提升和治理水平都有显著影响。

另外，按照我国银监会的要求，我国上市商业银行须引进境外战略投资者，以提高管理能力和治理水平。吴念鲁（2005）指出引进公司治理完善、管理经验丰富、经营业绩良好的国际一流金融集团，可以帮助加快完善治理结构，获取更大进步。许平国等（2006）指出境外战略投资者能有效促进商业银行的制度创新，对现有的治理进行改革，从而提高银行治理水平。郑洁琼（2012）研究表明，增加境外投资者、战略者的数量和持股时间可以提高治理效应，但受制于境外金融机构最高股权份额的规定，增加境外战略投资者持股比例对于银行治理水平的改善作用并不明显。马政（2006）在其博士论文中对境外投资者对商业银行治理的机制进行了系统的研究，指出由于我国市场不规范，市场化机制存在缺陷，私人经济参与商业银行股份的盈利动机强于国有股东，但是其治理能力弱；同时社会大众股东的监督成本太高，“搭便车”的可能性较大，分散股权对公司治理的影响较低，因此，具有经济实力和丰富市场化经验的境外投资者，就成为合理的选择。这是解决我国商业银行改革“一股独大”问题的重要手段，但同时也需要其他机制的保障，比如信息披露制度。

总体说来，积极的机构投资者对于商业银行提高治理水平，创造更好的业绩有着非常重要的作用。但是也有许多需要注意的问题，首先是鉴别战略投资者，只有符合熟悉市场规则和规范的公司治理机制要求的投资者才能引进；其次是持股时间需要合理，短期持股投机性更强，参与公司治理的可能性更小；再次是参与机构要认真履行勤勉、忠诚义务，对银行发展发挥积极作用。

7.3 产品市场和经理人市场

7.3.1 产品市场

7.3.1.1 产品市场竞争与公司治理

一般认为，市场的竞争性越强，银行公司的管理者就存在更大的压力为公司的价值最大化而努力工作，以防止被更为敬业和廉洁的管理者驱逐出市场，而更为努力的银行公司管理者，更有可能保持公司的财务健康，从而要素市场竞争就以一种“间接的”作用于银行的方式，确保银行的贷款本息能够得到按时支付[①]。Blair 指出正是市场压力的出现，使得有了防止商业公司滥用它们的权利和长期维持家族统治的基本机制，确保为其整体价值提升服务。银行业由于多种原因很难达到产品市场的规范和公平竞争的要求，从而弱化了产品市场的公司治理功能，使商业银行外部市场治理机制的作用发挥减弱。

谭云清（2010）研究产品市场竞争与公司治理有效性，发现在激励方面，企业面临的市场需求规模越大，委托人给予管理者的工资和激励强度也就越高，管理者付出的努力水平越高；产品市场竞争越激烈，经理人为了保住市场地位，就会更加努力工作，因此提升企业业绩，产品市场竞争同时可以发现经理人能力水平的高低，并且促使经理人使用产品差异化战略来提高企业利润；监督方面，竞争越激烈，企业价格越低，市场需求越大，均衡努力水平、监督水平和工资水平就越高，产品市场竞争与监督水平呈互补关系；成本方面，在不完全信息下，产品市场竞争可以有效提高产品质量，减少企业代理人成本；大股东占用行为方面，产品市场竞争可以有效降低信息不对称和加强内部治理，从而减少大股东资

① 易志强．外部治理机制对银行业绩影响的实证研究［J］．浙江工商大学学报，2013（3）．

金占用。文章还提出了建立市场化体制的建议，只有通过市场化的体制，产品市场竞争才能有序进行，防止垄断和过度竞争，才能发挥外部竞争在公司治理中的作用。

7.3.1.2 产品市场竞争促进公司治理的途径

（1）对经理人补偿激励

从理论上讲，将企业同行业内其他企业市场业绩比较，综合企业实力和产品特点，可以看出经理人的管理能力、营销能力和努力水平。这样就可以滤去行业的影响，得到真实的管理水平信息。同时，在激烈竞争中业绩好的企业，管理者的收入就会更高，有效激励管理者。

其作用机制方面，一种说法认为企业的内部管理体系会影响企业在市场上的地位，以及营销策略的选择，竞争具有“数量效应”、“努力效应”和“信息效应”等三个效应（Esther，Galor，1993）。另一种说法认为，经理人由于实际控制着企业的经营，在与委托人谈判激励合同的时候有更强的议价能力。在面临着更大的市场竞争的时候，委托代理问题将会不如之前那么强烈，但是由于市场份额减少，经理人业绩会减少，个人收益也趋于减少（Hermalin，1992）。为了激励经理人，股东会给予经理层更大的权限去运作市场，经理人为了保住职位，也会更加努力，双方的利益更趋于一致。一旦业绩变好，股东的财富增加，经理的收入和声誉也会增加。

（2）产品市场竞争与资本结构互动

资本的逐利性要求投资者在选择投资对象的时候要求有足够稳定和更多的利润。对于企业融资决策和产品市场竞争的研究也成为研究的热点之一。在金融市场上的投资者，会选择那些相对于竞争者有更好收益的企业作为投资对象，而这些对象一般都是公司治理水平更好的公司。同时，为了保证持续获得投资收益，投资者更加关注公司治理结构，积极参与公司运作，产品市场竞争影响了企业的资本结构，从而进一步影响公司治理的有效性。

（3）基于竞争的创新激励作用

企业创新主要通过内部和外部两种效应来实现。内部是技术的革新、新工业的应用等方式，促进企业管理和产品创新。外部机制方面，当企业所有权与控制权相分离而导致了代理问题的存在，市场竞争会降低代理问题的负面影响，使企业创新更积极地促进企业效率的提高，这就是竞争的外部效应。其表现在市场竞争要求企业创新产品和管理，管理者在创新过程中，对于创新项目和创新过程比较谨慎，因为项目的失败会被股东认为是能力不足或不负责任，因此在进行创新的时候会充分考虑股东的反应，从而形成约束机制；而一旦创新获得收益，会赢得股东的信任，并为股东带来新的收益，自身的收益和声誉也会提高。竞争威胁从外部建立了对经理人的激励和约束机制，最终提高企业业绩。

尽管对于不同类型的产品市场、不同类型的企业而言，其作用机制、路径依赖有所不同，但就结果来说，有效的市场竞争更可能导致公司绩效的提升①。从现有的文献来看，有效的产品市场竞争可以通过经理人激励、资本结构优化和创新激励方面，减少委托代理冲突。

7.3.1.3　产品市场对于商业银行治理的作用

商业银行的产品市场主要提供金融产品和服务，其专业化和收益越高，越能在市场上有更高的占有率。市场占有率大，经理层的收益也就越高，声誉也越好。反之，占有率越小，经理人受到的压力就越大，促使其采取扩大市场份额的措施，更加积极完成企业管理任务。然而，由于行业管制，我国商业银行存在各种进入壁垒，比如严格的准入条件、对重要资源的拥有权、银行产品的差异等等，使得我国银行业市场并非完全有效，垄断带来了低效率。经理人由于垄断而获利，失去了努力的动力。因此，进一步开放市场进入准则，有利于完善银行治理。

我国人口基数大，且受传统观念的影响，更倾向于银行储蓄和理财，众多的银行产品消费者，拥有数量庞大的资金，使得银行可以筹集大量的可贷资金用于风险配置活动。良好的企业形象、突出的企业业绩和优质的金融产品和服务，能够吸引大量的存款人和贷款人，从而提高市场占有率，银行利润水平也得到保障。消费者把银行的盈利水平和企业进行对照，就可以判断管理层的经营努力程度，可见，充分竞争的金融产品市场的存在，有助于克服经营权和管理权分离下的信息不对称，为解决代理问题提供可靠的信息支持，从而提高银行的整体治理绩效。尹毅飞（2004）以商业银行中间业务为例，对银行的治理机制进行研究，他指出，国有银行相对于中小商业银行，营销、结算网络发达，具有通过分支机构的有效合作为客户提供高效、大批量和日常性银行服务的能力和优势，但是由于内部转移价格制度的缺陷，使得实际操作不尽如人意。另外考核奖励机制不完善、中间业务流失率高、高附加值业务发展缓慢、定价技术落后和新产品管理问题，都使得国有商业银行治理机制无从发挥，反过来进一步促使银行中间业务发展不合理。李春萍（2006）指出国有商业银行竞争的制胜关键是具有竞争力的产品。她提出了国有商业银行经理激励模型，虽然只是基于人力资源管理和激励理论的角度对经理层的激励措施进行分析，但是为银行治理提供了很好的实证依据，那就是开发有竞争力的产品，可以提高经理层的工作积极性和效率，从而扩大股东价值。

① 谭云清，韩忠雪，朱荣林．产品市场竞争的公司治理效应研究综述［J］．外国经济与管理，2007（1）．

7.3.2 经理人市场

7.3.2.1 经理人市场与公司治理

人力资本反映在公司治理上的是企业经营者及一般劳动力的选择及其潜在竞争问题。当人力资本市场完善的时候，不合格的经理就会被替代。同时，经理人在市场所累积的信誉，对企业股东在选择代理人的时候，有效降低了信息不对称（虽然不能完全对称）。当然，在经理人市场不完善的时候，情况就不一样了。因为当市场上有优秀经理人（能力强、勤勉、忠诚的）供不应求的时候，得不到最优秀的企业就会退而求其次，这样往往使得企业业绩达不到预期，委托代理冲突还会继续存在。

经理人市场是根据现代企业委托代理关系的发展而逐步发展起来的。功能完善的经理市场能根据经理人员的前期表现对其人力资本估价，因而能激励经理人员努力工作①。一般来讲，有效的经理人市场应该包括三个条件：一是有足够的市场参与主体，即市场中有相当数量的企业和职业经理人，构成职业经理人市场的需方和供方；二是具备有效的竞争规则，这些规则既包括正式制度，也包非正式制度，保证所有的市场参与主体按照规则行事；三是需要信息对称，市场均衡存在②。然而我国现阶段这三个条件都不符合。刘文革和周方召（2008）研究高管薪酬、企业业绩和经理人市场均衡，指出在经理人市场上，企业雇佣的高管能力分布和企业提供管理者的报酬是由“企业提供的除报表中明确表示的物质报酬以外的其他利益”和“企业业绩对能力的敏感度”共同决定的。闫景园和黄安仲（2008）研究在我国外部经理人市场尚不完善的情况下，外部经理人市场上的声誉作为经理人显性激励契约的替代作用有限。在不存在外部经理人市场的前提下，经理人市场对经理人产生激励的方式和影响因素表明，内部经理人市场的考核晋升机制和不同职位的隐性收益对经理人的行为有重要影响。徐冯璐（2011）用两阶段动态模型对银行分支机构绩效考核的棘轮效应、引入内外部经理人市场后经理人效用函数变化对棘轮效应改善进行分析，得出相对于外部经理人市场而言，完善的内部经理人市场能更有效改善棘轮效应，激励经理努力工作。建议实施与绩效挂钩的职务显性货币收益，建立控制权约束机制，减小隐性控制权收益。

7.3.2.2 经理人市场对银行治理的作用

银行经理人经常是银行行长或者经理。其产生的竞争选聘机制，需要将职业

① 李维安，曹廷求．商业银行公司治理：理论模式与我国的选择［J］．南开学报（哲学社会科学版），2003（1）．

② 何承文．国有企业职业经理人市场问题研究［J］．现代企业教育，2007（7）．

银行家的职位交给有能力且有积极性的银行经理候选人，能有效促进经理人努力勤勉为股东服务。陈立新（2000）认为，国有商业银行产权模糊和所有者虚置情况下，没有一套有效的激励约束机制，使得经营管理人员在个人目标的实现与其贡献两者不对称达到一定的程度时，有可能寻找其他方式来寻求平衡：一是转换环境，到体制外“另谋高就”；二是以“灰色收入”、“黑色收入”与巨额的在职消费来弥补合法收入之不足；三是采取“在其位不谋其政”的方法，少释放自身潜能，少操些“闲心”。因此，承认并尊重经理人的资本价值，并由市场决定其身价，形成经理人竞争的市场对于提高银行治理、防止“内部人”控制是非常关键的。张智慧和梁志坚（2004）对职业经理人制度及其发展进行分析，并结合花旗银行的职业经理人经验，提出在上市银行的管理层中引进职业经理人制度的管理新思路。他们指出，我国银行经理制度与发达国家相比，一是缺乏良好的经理人市场，管理者的约束和威胁小；第二是激励方式方面，国外是市场化的，比如货币收入和期权股票等未来价值激励，而我国的激励方式是职务晋升，是非市场化的。姜宝军（2009）认为，目前我国国有商业银行选择银行家采取行政命令的办法存在缺陷，建立竞争性的评聘机制有着极其重要的意义。于一和何维达（2012）认为我国目前尚未形成有效的银行经理人市场，行长的选聘主要通过行政渠道进行，因此经营业绩不能成为CEO与董事会谈判的筹码。

综上所述，加快银行人事制度改革和经理市场化的进程是当务之急。随着我国银行业竞争的加剧，行业之间人才流动也逐渐频繁，“跳槽”成为银行员工的可备之选。然而，各种严格的招聘标准和区域性、行政性障碍，还是阻碍了银行经理人市场的发展。同时良好的外部环境也是经理人市场发展的必要条件。外国职业经理人的成功，在于有序的市场环境和良好的法律保障，积极采用新的管理方式，同时重视法制、市场机制、价值评估机制等外在环境的改善，是促进商业银行治理的必需功课。

7.4 外部监督

外部监督主要源于政府及其相应的机构，以及相应的制度与规范。本书讨论的银行外部监督主要是一个机构和一个机制，即银监会监督和外部审计制度。

7.4.1 外部监督的特征

作为一种不同于公司内部监督的外部制衡，公司治理的外部监督具有以下三大特点：一是间接性，公司治理的外部监督虽然也涉及一系列的机构和组织，但是它们都居于公司的外部，在公司的经济行为没有越出国家的法律规定和政策的情况下，外部监督并不直接介入到公司的日常管理中去，也不干预公司的微观经济运行；二是宏观性，公司治理的外部监督，并不仅仅是要规范公司个体的内部治理和微观行为，而是要在规范公司个体行为的基础上，对整个市场经济进行协调，平衡市场中的各种利益，促进整个社会体系的良性运行；三是综合性，公司治理的外部监督涵盖的内容非常广泛，不仅有国家行政权力的监督，司法权力的监督，还有社会力量和道德力量的监督，它是一个综合的整体，缺乏任何一种因素都会大大地削弱其制约作用。这四种监督力量结合在一起，就形成了一张由国家到公民，由强制性到自主性的网，它防范严密，力量强大，在国家政策和法律法规的支撑下，修正公司的不良行为。

7.4.2 银监会监督①

在我国，对银行治理的外部监督机构之一就是中国银行业监督与管理委员会（简称“银监会”）。中国银监会自 2003 年 4 月 28 日起正式履行职责，是国务院直属事业单位。世界金融市场发展的历史告诉我们，政府管制是一种普遍存在的现象，只不过在不同的国家（地区）和不同的时期（阶段）政府出于不同的目的而采取的管制政策或措施有所不同②。管制作为一种增加的外部力量必然会对商业银行及其管理人员产生影响。尤其需要说明的是，管制不同于市场，它既在微观领域，又在宏观领域发挥作用，管制较市场更注重公共利益的特点，也对商业银行的治理结构产生重大的影响。

7.4.2.1 银监会职责

银监会的具体职责包括：依照法律、行政法规制定并发布对银行业金融机构及其业务活动监督管理的规章、规则；依照法律、行政法规规定的条件和程序，审查批准银行业金融机构的设立、变更、终止以及业务范围；对银行业金融机构的董事和高级管理人员实行任职资格管理；依照法律、行政法规制定银行业金融机构的审慎经营规则；对银行业金融机构的业务活动及其风险状况进行非现场监管，建立银行业金融机构监督管理信息系统，分析、评价银行业金融机构的风险状况；对银行业金融机构的业务活动及其风险状况进行现场检查，制定现场检查程序，规范现场检查行为；对银行业金融机构实行并表监督管理；会同有关部门建立银行业突发事件处置制度，制定银行业突发事件处置预案，明确处置机构和

---

① 有关银监会的相关内容参见中国银行业监督委员会官网 http：//www.cbrc.gov.cn.

② 李维安，曹廷求．商业银行公司治理：理论模式与我国的选择［J］．南开大学学报（哲学社会科学版），2003（1）．

人员及其职责、处置措施和处置程序，及时、有效地处置银行业突发事件；负责统一编制全国银行业金融机构的统计数据、报表，并按照国家有关规定予以公布；对银行业自律组织的活动进行指导和监督；开展与银行业监督管理有关的国际交流、合作活动；对已经或者可能发生信用危机，严重影响存款人和其他客户合法权益的银行业金融机构实行接管或者促成机构重组；对有违法经营、经营管理不善等情形银行业金融机构予以撤销；对涉嫌金融违法的银行业金融机构及其工作人员以及关联行为人的账户予以查询；对涉嫌转移或者隐匿违法资金的申请司法机关予以冻结；对擅自设立银行业金融机构或非法从事银行业金融机构业务活动予以取缔；负责国有重点银行业金融机构监事会的日常管理工作；承办国务院交办的其他事项。

7.4.2.2　监管理念

银监会的监管理念主要包括四点：一是“管风险”，即坚持以风险为核心的监管内容，通过对银行业金融机构的现场检查和非现场监管，对风险进行跟踪监控，对风险早发现、早预警、早控制、早处置；二是“管法人”，即坚持法人监管，重视对每个银行业金融机构总体金融风险的把握、防范和化解，并通过法人实施对整个系统的风险控制；三是“管内控”，即坚持促进银行内控机制的形成和内控效率的提高，注重构建风险的内部防线；四是“提高透明度”，即加强信息披露和透明度建设，通过加强银行业金融机构和监管机构的信息披露，提高银行业金融机构经营和监管工作的透明度。

7.4.2.3　监管目标

银监会的监管目标主要包括：通过审慎有效的监管，保护广大存款人和消费者的利益，增进市场信心；通过宣传教育工作和相关信息披露，增进公众对现代金融的了解；努力减少金融犯罪。

在监管方式上，银监会根据金融市场的发展，需要实现五个转变：由合规性监管为主向风险监管和合规监管相结合转变；由分割式监管向注重对法人机构的总体风险的把握、防范和化解转变；由一次性监管向持续性监管转变；由定性监管向定量监管与定性监管相结合转变；由侧重监管具体业务向监管公司治理和风险内控的有效性转变。

银监会的监管政策和手段要用市场化的监管来代替行政化监管，以市场激励机制为基础，通过强化外部约束和激励调动商业银行内部的能动力，强化信息披露制度来增加商业银行的透明度，加强储户和社会公众对商业银行的监督，使其主动适应个性监管要求和规定。

7.4.3　外部审计制度

商业银行外部审计作为一种古老的审计鉴证业务在各国现代金融风险监管活

动中发挥着重要作用。它与金融法规、金融监管当局的监管、商业银行内部控制以及商业银行内部审计稽核等共同构成银行的监管体系。有效的商业银行外部审计不仅能提高商业银行财务报表的可信度，促进商业银行加强内部管理，提高资产质量和效益，防范和化解金融风险，也为金融监管当局提供可靠的第一手资料，大大提高监管效率并为实施重点监管打下基础。西方主要商业银行外部审计都是由民间的会计师事务所承担。民间审计模式是民间审计在一定社会环境或条件下为履行其职能，实现其目标而采取的所有程序与方法的总和。由于社会经济环境是不断变化的，所以审计目标也是变化的，因而为实现审计目标所采用的审计模式也是变化的。我国商业银行外部审计主要由国家审计署及各级审计机关承担。《中华人民共和国商业银行法》规定国有商业银行应接受国家审计署对其财务收支进行监督审计。外部环境的变迁，要求创造公平、有序的市场竞争环境并防范金融风险，因此充分发挥商业银行审计的作用无疑迫切而重要[①]。

7.4.4 外部监督的作用

外部监督作为公司治理的不可缺少部分，对银行治理的实践有着非常重要的现实意义，具有不可忽视的作用。其表现为以下几个方面：

第一，外部监督可以在一定的程度上弥补市场机制本身的不足，减少市场经济的自发性和盲目性，为公司的生产经营营造良好的经济环境。由于市场不完备以及市场经济的失灵，外部监督可以为商业银行提供一定的行为准则。市场机制是一种以交换为基础的经济形式，完全凭借价格杠杆和竞争机制来实现市场资源的配置。在充分尊重市场机制的基础上，通过制定相应的法律法规和行政手段的监管，可以平衡各方利益，使得银行避免在市场中因盲目行为而造成经营和信贷风险。

第二，外部监督有利于促使公司关注其外部利益，减少损害外部主体利益的违法行为，尽到更多的社会责任。银行业作为国家的经济核心，关系到整个国民经济的安全和健康。一旦发生银行风险，其危害巨大。1997 年东南亚金融危机和 2008 年的金融风暴就可以看出，良好的银行治理对国家经济和区域经济、世界经济的影响力。但是，作为银行的股东和管理者，其终极目标就是要在市场竞争中实现个体利益最大化。社会责任与经济利益的冲突，往往造成了追求自身利益而以牺牲社会利益为代价，形成外部不经济。在越来越重视对社会整体利益保护的今天，用法律和政策制度的外部监督越来越成为约束公司的逐利行为的重要手段，从而有效协调公司个体利益和公司外部利益两者之间的关系。正如德国法

---

① 万静芳．论我国商业银行外部审计制度和模式的创新［J］．金融论坛，2004（7）．

学家耶林所认为的，法律的目的是在个人原则与社会原则之间形成一种平衡，保护社会生活条件乃是法律的实质性目的。

第三，在我国，国有企业所有者缺位的情况下，国有银行或国家控股参股的银行又占据很大比例，外部监督可以促使公司的内部治理取得实质性的成效。根据《中华人民共和国公司法》的相关规定，有权代理国家行使国有资产权限的主体是国家授权投资的机构、国家授权投资的部门以及国务院授权的经营管理制度健全、经营状况良好的大型国有独资公司，实践中还包括作为行政机关的政府部门（如国有资产管理委员会），这些国有资产代理人拥有对公司的控制权却不必承担控制的后果，公司所有权和控制权分离的结果是权、责不相称，代理人滥用代理权，或者代理人虚位，致使公司治理效率低下，国有资产保值、增值困难。我国公司治理中存在着较为严重的“内部人控制”现象。正因为所有者缺位和代理人滥权，所以给董事和经理等高级管理层提供了空间和机会控制公司的重要权限，独断专行，形成所谓的“内部人控制”，致使公司失去内外监督，公司机构之间不能有效制衡，公司内部治理失效。要解决这些问题，只有加大公司治理的外部监督力度，一方面通过法律法规的完善，另一方面通过国家相关政策和制度的健全，在制度化层面上消除这些问题产生的基础，从而促使公司内部治理效应的发挥[①]。

7.5 小　结

外部治理机制作为银行治理的重要方面，其作用主要通过三种方式来实现：第一，强制性措施。比如证券市场对上市公司的各种规定与制度，银监会的监管和外部审计制度。这些制度在制定过程中参考了各国银行公司治理的经验和教训，在实践过程中不断发展，因此具有实际效应；第二是经济利益的驱动，机构投资者必须实现投资者资金的保值增值，只有实现了增值，机构投资者才能发展。机构投资者会直接或间接驱动企业进行更好的治理，提高股东价值；第三就是合法性约束力。这种约束力可能是法律上的（比如强制性措施），也可能是非法律的，需要自身提高的。企业为了生存，必须在社会和市场上获得广泛认可的地位。企业要发展，需要消费者认可，银行要发展，需要存款人和公众认可，经理人要生存，需要行业的认可其能力和勤勉。得到这些认可最好的方式就是获得合法性地位，这些外部力量推动了公司治理的发展。

---

① 邹武鹰．公司治理外部监督的法律分析［J］．湖南商学院学报（双月刊），2005（3）．

第 8 章　商业银行治理与绩效的实证分析

8.1　文献回顾与研究现状

8.1.1　银行股权结构治理研究

Anthony 等（1990）研究了银行股权结构与风险承担之间的关系。相比而言，股东控制的银行比管理者控制的银行有更大的动机承担高风险，放松金融管制期间更是如此，并利用 1979—1982 放松管制期间进行了验证[①]。Mark Hirschey（1999）研究发现管理者股权持有与银行会计利润和市场价值之间呈现负相关关系，较高的管理层持股只在小银行中比较典型。非公开持股银行的低效也许是对规模不经济的反映[②]。W. Gary Simpson，Anne E. Gleason（1999）研究了银行所有权、董事会结构和内部控制机制对银行生存的影响，利用 300 家银行数据发现董事会结构、CEO 的所有权对银行困境并没有显著影响。但却发现董事长和 CEO 两职合一的银行更不容易发生危机[③]。Yener 等（2001）认为不同所有权的代理问题在存在国有银行、互助银行和私营银行的银行系统中是一个受到关注的领域。作者通过建模方法比较了德国银行市场上不同所有权形式的银行在技术变革的情况下成本和收益的缺乏效率问题。研究结果发现难以找到证据说明私营银行比国有银行、互助银行更有效率，但任何形式的所有权都受益于规模经济，并且指出公共银行和互助银行在成本和收益方面都比私营银行有一定的优

① Anthony Saunders，Elizabeth Strock，Nickolaos G. Travlos，“ownership structure，deregulation and bank risk taking”，The Journal of Finance，Volume 45，Issue 2，pages643－654，June，1990.

② Mark Hirschey，“Managerial equity ownership and bank performance：entrenchment or size effects?”，Economics Letters，Volume 64，Issue 2，Pages 209－213，August 1999.

③ W. Gary Simpson，Anne E. Gleason，“Board Structure，Ownership，and Financial Distress in Banking Firms”，International Review of Economics and Finance，1999，8，Pages281－292.

势。Lang and So（2002）利用全球78个国家958家银行的样本数据，研究了不同的股权性质——政府、家族、工商业企业、外国投资者与经营利润的关系，结论认为银行的经营利润和股权结构没有显著关系[①]。Kwan（2004）比较了公共银行持股公司和私营银行持股公司的绩效，发现同规模的公共银行持股公司盈利低于私营银行持股公司，运营成本却较高，承担的风险也较低[②]。Robert（2007）利用世界范围内银行的面板数据研究了银行国外所有权上升对银行利息税和收益的影响，发现国外所有权的上升对银行的收益具有负相关关系，为主场优势理论提供了证据[③]。Allen等（2007）通过对1994—2003期间中国银行效率的分析，发现四大国有银行的效率是最低的，外国银行的效率是最高的。银行的国外少数股权明显提升了经营效率[④]。

国内学者关于银行股权的研究也较多。陈德胜等（2006）研究了集中型股权结构大股东对小股东的利益侵害问题、小股东对经理层的监控不力问题、大股东对经理层的监控过度等问题，并提出了政策建议[⑤]。杨德勇和曹永霞（2007）选取我国境内上市的五家银行，对其股权结构的不同安排与绩效关系进行了实证分析。结果发现第一大股东的持股比例与银行绩效显著负相关，前五大股东与前十大股东的持股比例与银行绩效显著正相关，流通股比例与上市银行绩效负相关[⑥]。李耘（2008）以我国的商业银行为研究样本，对比分析了国有商业银行股份制改革前后与股份制银行的绩效关系，结论是股权结构的确与商业银行的绩效有关系、股权的相对分散以及公司治理结构的完善，是有利于提高商业银行的绩效水平的[⑦]。张本照和许亮（2009）以五大国有控股银行为样本，结合股权性质和股权制衡度分析了股权高度集中下的国有控股商业银行公司治理问题，并提出了股权优化、健全独立董事制度、完善外部监事制度等治理机制[⑧]。王青和侯晓

① Lang and So, "Bank Ownership Structure and Economic Performance", Working Paper, Chinese University of Hong Kong, 2002.

② Simon H. Kwan, "Risk and Return of Held Versus Privately Owned Banks" FRBNY Economic Policy Review, Sep 2004, Pages 97－107.

③ Robert Lensink, Ilko Naaborg, "Does foreign ownership foster bank performance?", Applied Financial Economics, Volume 17, Issue 11, 2007.

④ Allen N. Berger, Iftekhar Hasan, Mingming Zhou, "Bank ownership and efficiency in China: What will happen in the world's largest nation?", www.sciencedirect.com.

⑤ 陈德胜，雷家骕，冯宗宪．商业公司治理中集中型股权结构的问题与对策综述［J］．当代经济管理，2006（8）．

⑥ 杨德勇，曹永霞．中国上市银行股权结构与绩效的实证研究［J］．金融研究，2007（5）．

⑦ 李耘．商业银行股权结构与绩效关系的实证分析——从绩效的视角看国有商业银行的股份制改革［J］．经济问题探索，2008（7）．

⑧ 张本照，许亮．国有控股商业银行股权结构与公司治理关系分析［J］．特区经济，2009（12）．

辉（2010）通过建立基于不完全契约理论的数学模型的研究发现，国有商业银行的部分参股能够促使跨国咨询公司增加与专用性咨询服务相关的专用性资源投入，提供更有价值的专用性咨询服务，从而帮助国有商业银行加快公司治理机制水平的提升①。赵尚梅等（2012）以非上市城市商业银行为样本，实证分析了地方政府、地方融资平台与地方城市商业银行的股权结构、信贷结构、绩效关系及传导机制，认为从短期看，背靠政府这一特殊股东，有利于保证城市商业银行的初始成长，但从长期看，应当改变地方政府对城商行的控制局面②。杨帆和张智英（2012）通过对国内14家上市商业银行的研究发现，第一大股东拥有相对控制权对于公司的经营决策是有利的，但是股权过分集中则可能对公司的盈利能力产生负面影响。在偿债能力方面，股权结构指标对不良贷款率有显著影响，国有股和外资股的存在对提高银行经营稳健性具有积极的作用，而股权过分集中不利于提高银行经营的稳健性③。

8.1.2 银行董事会治理研究

银行董事会在健全具有复杂性的银行治理中发挥着至关重要的作用。面对银行信贷的不透明性，股东、债权人等利益相关者难以对银行进行有效治理，董事会的作用就显得更加重要（Levine，2004）。还有，需要对银行进行严格的规制以避免系统性危机带来的负外部性以保护股东和存款者的利益（Flannery，1998）。Macey和O'Hara（2003）认为银行董事会作为治理机制比非银行公司的董事会更加重要，因为银行董事会不仅对股东还对存款者和监管者同样负有受托责任④。Andres和Vallelado（2008）利用加、法、英、意、美等国的69家大型商业银行1995—2005年间的样本，研究发现了董事会规模和绩效的倒"U"形曲线关系，非执行董事比例和绩效间的关系亦是如此。研究认为大的但并非过度独立的董事会更有利于发挥监督和建议职能，创造更多价值⑤。Shams Pathan（2009）利用美国212家大型银行持股公司1997—2004年期间的样本数据，研究

① 王青，侯晓辉．部分参股、专用性咨询与国有商业银行的治理——基于不完全契约理论的分析[J]．经济问题，2010（6）．

② 赵尚梅，杜华东，车亚斌．城市商业银行股权结构与绩效关系及作用机制研究[J]．财贸经济，2012（7）．

③ 杨帆，张智英．商业银行股权结构与经营绩效——基于上市银行的实证[J]．哈尔滨商业大学学报（社会科学版），2012（1）．

④ Jonathan R. Macey and Maureen O'Hara，"the Corporate Governance of Banks"，FRBNY Economic Policy Review，April 2003，Pages 91－107.

⑤ Pablo de Andres，Eleuterio Vallelado，"Corporate Governance in Banking：The Role of the Board of Directors"，Journal of Banking&Financing，32（2008），2570－2580.

了董事会结构和风险承担之间的关系，发现强力的董事会（董事会更多地反映了股东的利益），尤其是小的、更少限制的董事会对银行风险承担有积极的影响。相比之下，CEO的权力（CEO控制董事会决定的能力）对银行风险承担有消极影响[①]。Adams和Mehran（2012）通过对34年间的银行样本研究发现，董事会的独立性并不影响银行绩效（以托宾Q表示），董事会的规模却与银行绩效正相关[②]。

随着商业银行公司治理研究的深入，国内学者们也开始越来越多地关注公司治理的中心——董事会治理。徐振东（2003）研究了商业银行的职能分设与董事会权限[③]。杨大楷和王惟德（2004）对我国商业银行董事会制度的现状和值得吸取的经验教训进行了研究[④]。郑永俊（2000）对我国上市银行独立董事进行了探讨[⑤]。窦洪权（2005）、陈德胜等（2006）利用一般公司董事会治理的研究方法从规模、结构，特别是独立董事的角度对董事会的独立性和有效性分别进行了研究。朱博文和潘旭（2011）对2002—2010年间51家银行数据的研究表明：董事会规模与银行规模正相关，与其贷款领域负相关，与以资产收益率衡量的CEO谈判力量显著负相关。在董事会独立性方面，董事会独立性与银行多样化经营程度显著正相关，与以资产收益率和行长年龄衡量的CEO谈判力量负相关。在董事会结构对银行收益和风险的影响方面，董事会规模与银行资产收益率负相关，董事会独立性与银行资产收益率正相关，但均不显著；董事会规模和独立性均与银行不良贷款率正相关[⑥]。张娜等（2011）利用我国14家上市银行2006—2009年的面板数据，对银行企业董事会特征与银行绩效间的关系进行了实证检验。结果显示，独立董事、女性董事对银行绩效具有显著的正向影响；董事会规模、董事长与总经理的兼任对银行绩效具有反向影响；董事会会议与银行绩效呈现正相关关系，但并不显著。于一和何维达（2012）利用系统GMM方法对我国52家商业银行2004—2009年的董事会结构进行了实证研究，结果发现，通过前一阶段的治理改革，我国商业银行董事会已不仅是外生合规的产物，银行也能够依据自身业务范围、风险、规模、绩效等异质性因素对董事会结构进行内生创新。特

---

① Shams Pathan, "Strong boards, CEO Power and bank risk-taking", Journal of Banking&Finance 33 (2009), Pages 1340－1350.

② Adams, R. B., Mehran, H., "Bank Board structure and Performance: Evidence for Large Bank Holding Companies", Joural of Financial Intermediation, 21 (2012), Pages 243－267.

③ 徐振东．论在银行公司治理中实现三权有效制衡［J］．国际金融研究，2009（9）．

④ 杨大楷，王惟德．试述完善国有商业银行董事会与监事会制度［J］．金融理论与教学，2004（4）.

⑤ 郑永俊．股份制商业银行设立独立董事的探讨［J］．新金融，2000（12）．

⑥ 朱博文，潘旭．商业银行董事会结构的内生决定因素——基于中国51家商业银行数据的实证研究［J］．金融论坛，2011（11）．

殊的经营环境导致了我国商业银行董事会规模大、独立性低的独特结构①。王福胜和宋海旭（2013）从多元化战略决策的视角对董事会治理有效性进行研究，运用 2007—2009 年沪市 A 股上市公司数据为样本，发现董事会规模的缩减、独立董事比例的增加、董事长与总经理两职合一有助于企业做出恰当的战略决策，提升企业价值，提高董事会治理的有效性；战略委员会的设置虽对董事会战略决策职能的发挥有积极作用，但作用尚不明显。

8.1.3　银行激励与约束机制研究

由于银行业相对于一般行业的不同，其经理薪酬问题远比其他行业更易引起关注。Houston 和 James（1995）研究发现，银行 CEO 现金报酬较少，参与股权计划的可能性较小，薪酬中来自期权和股权计划的部分与其他行业的 CEO 相比，只占很小部分。研究也比较了银行业内部薪酬契约的不同，发现股权激励与银行价值间显著的正向关系。该研究结果与薪酬政策促使更多的风险承担的假说并不一致②。Ang，Lauterban 和 Schreiber（2000）通过研究 1993—2006 年期间 166 家美国银行高管层（包括 CEO 以及 3～4 名高管）的薪酬后发现，CEO 薪酬较高，特别是与绩效相关的部分，但基本薪酬所占的权重与其他高管相比较小，且薪酬弹性较大。其他高管也存在相似的薪酬结构和薪酬弹性③。Fahlenbrach 和 Stulz（2011）考察了最近的信贷危机期间银行表现是否与危机前 CEO 的薪酬有关。研究发现银行 CEO 薪酬激励与股东利益联系更紧密的绩效表现较差。银行 CEO 的期权薪酬部分较高以及现金薪酬占比较大的在危机期间表现不差。CEO 们在预期危机到来时并没有减少持有的股票，因此在危机到来后遭受了较大的损失④。John 和 Qian（2003）研究了银行业高管薪酬的激励特征。经济学理论认为由于银行是高杠杆率和受到严格监管的行业，银行高管薪酬结构应具有低回报——绩效敏感性。研究发现，银行 CEO 的回报——绩效敏感性比制造业公司的 CEO 敏感性要低，这种不同是由于债务比率的大为不同造成的。而且这种

① 于一，何维达．商业银行董事会结构：内生创新还是外生合规［J］．山西财经大学学报，2012（2）．

② Joel F. Houston，Christopher James，“CEO Compensation and Bank Risk：Is Compensation in banking Structured to Promote Risk Taking”，Journal of Monetary Ecomonics，Volume 32，Issue 2，Nov 1995，Pages 405－431.

③ James Ang，Beni Lauterbach，Ben Z. Schreiber，“Pay at Excutive Suite：How do U. S. Banks Compensate Their Top Management Teams”，Working Paper，Anderson Graduate School of Management，UC Los Angeles.

④ Rüdiger Fahlenbrach，René M. Stulz，“Bank CEO incentives and the credit crisis” Journal of Financial Economics，Volume 99，Issue 1，Jan 2011，Pages 11－26.

敏感性随着银行规模的上升而下降[①]。

尽管国内银行业国有成分较多，但高管薪酬的市场化同样引起了理论界的极大关注。陈学彬（2005）认为，中国商业银行已初步建立了基本薪酬加绩效薪酬的薪酬激励机制；员工薪酬水平和银行效益水平较低，并呈现上市、非上市和国有银行递减系列；股份制银行高管人员薪酬差异大，基本与其经营业绩联系；股份制银行高管人员薪酬与员工薪酬水平差距逐步扩大；中国商业银行人力资本成本较低，但使用效率也较低；经济福利仍然是商业银行吸引和留住人才的主要经济手段；薪酬形式单一，长期激励机制缺乏。回归分析显示样本银行高管人员和员工薪酬与银行资产规模、资产收益率有较强的正相关性，与净资产收益率和资本充足率负相关，与每股收益和不良贷款比率负相关，但统计不显著。说明其薪酬水平与银行规模业绩联系较紧密，而与资产效率业绩的联系相对较弱[②]。李波、单漫与（2009）利用委托代理理论、内部控制理论和经理人市场理论，对我国国有商业银行的治理结构和管理层激励进行了分析，结论提出要防止国有商业银行的多目标经营、授予足够的经营决策权、改善市场经营环境、使用优先股方式实现国有股权，确保在管理层激励机制的设计中兼顾优先股股东的利益，从而防止国有商业银行管理层的过度冒险行为[③]。宋增基等（2010）实证分析了2005—2008年间11家已上市银行董事会独立性与CEO报酬之间的关系，研究发现长任期的CEO、CEO兼任董事长、较大比例的内部董事和较大的董事会规模构成了中国上市银行的监管障碍。银行CEO的高薪酬对应的是银行业绩的显著增长。CEO报酬是银行公司治理的强化机制，授予银行CEO合理的激励报酬可以克服银行监管障碍，提高银行治理水平[④]。曲世友、崔莹（2012）认为现阶段其委托代理关系可以概括为股东、监管部门、社会公众同管理层的关系，管理层作为代理人需要完成的任务分别为提高绩效、控制风险以及履行积极的社会责任。并基于Holmstrom-Milgrom模型所构建了委托代理模型，发现在委托人三方同时提供最优激励的情况下，管理层可获得最优激励。但目前来看，监管部门和社会公众均很难达到最优激励，这将导致管理层愈发追求绩效，减少对风险控制和社会责任的努力，不利于商业银行竞争力的提高[⑤]。

---

① Kose John, Yiming Qian, "Incentive Features in CEO Compensation in the Banking Industry", FRBNY Economic Policy Review, Vol. 9, No. 1, April 2003. Pages 109－121.

② 陈学彬．中国商业银行薪酬激励机制分析［J］．金融研究，2005（7）．

③ 李波，单漫与．国有银行治理结构与管理层激励——多项任务委托代理、经理人市场和优先股［J］．金融研究，2009（10）．

④ 宋增基，杨天赋，王戈阳．银行董事会特征、CEO报酬与银行绩效——基于对11家股份制银行的数据分析［J］．金融论坛，2010（6）．

⑤ 曲世友，崔莹．多任务目标条件下商业银行激励契约优化研究［J］．预测，2012（4）．

8.1.4　银行外部治理机制研究

Jensen（1988，1993）主张接管是美国重要的、有效的公司治理设计。因为竞争可以通过接管解决公司治理问题。市场表现较差的公司会收到其他公司提出的收购要约，而公司股东会决定是否接受这个要约。如果股东接受了要约，收购公司可能会解雇目标公司的经理层。一个流动性强的接管市场会对公司经理形成激励，促使他们为股东利益行事以避免在接管后被解雇。Schleifer 和 Vishny（1997）则认为，虽然"……产品市场竞争可能是这个世界上通向经济效率的最强大力量，但我们怀疑它是否能单独解决公司治理问题"。Barth 等（2003）发现强大的监管权力与腐败有积极联系，对银行发展的总体水平有消极影响。更进一步，Barth 等指出监管权力与限制新银行的进入有关联，而这相当于监管对竞争的阻碍。最后，他们还指出严格的资本要求并不会产生更安全的银行或者提高银行效率。闫庆民（2005）提出在股东可能成为风险偏好者的情况下，作为银行主要出资人的债权人应当在银行公司治理中居于主导地位，债权人—股东（经营者）之间的委托代理问题成为银行业公司治理的关键所在[①]。Mehran 等（2011）认为公司治理可以被看作是包含公司行动产生和执行的事先约定的程序，这些程序存在于公司控制、管理者才能、融通资金的市场环境中。并认为公司治理程序的有效性与市场产生的信号和激励紧密相连，或者简单地说，取决于市场纪律的质量。市场纪律包括银行资本管制的影响以及金融机构在市场纪律下规模和经营范围扩张的影响。

8.1.5　银行治理特殊性研究

在银行公司治理研究的后期阶段，学者们开始注重从银行业与其他行业的不同之处对银行公司治理进行理论分析和实证研究。这些特殊性在前文已有所总结，这里将重点阐述一些学者对银行治理特殊性研究的成果。

RafaelLa Porta 等（2002）通过对 92 个国家的前十大银行的研究发现，在全球银行业中，国有股权仍非常普遍，而且比例较高，特别是在缺乏发达的金融市场以及运作良好的金融机构的不发达国家更为普遍。到 1995 年，虽然很多国家的银行都实行了私有化，但世界银行业的国有股权仍达到 41.57%（中位值 33.4%），即使去掉此前的社会主义国家，该比例也只略低于 38.5%（中位数

① 闫庆民．银行业公司治理与外部监管［J］．金融研究，2005（9）．

30%)，而这一比例在1970年超过58.9%（中位数57.1%）[①]。Adams和Mehran（2003）研究了1986—1996年间，以资产账面价值计的最大200家银行持股公司中的35家。首先发现，董事会平均由18位董事组成，但分布广泛（最少8人，最多36人)，在样本期间，董事会的规模是在减少的（这一数字在1986年为20.3人，1999年为17人)，外部董事平均占比68.7%。而标准普尔的制造业公司平均董事人数比银行持股公司要少6人，60.6%的平均外部董事比例也比银行持股公司要低。其次，在董事会活动和委员会结构方面，银行持股公司董事会会议平均值稍多，但会议次数的中位数与制造业公司差异明显，董事会委员会则无论平均数还是中位数均差异明显。再次，CEO薪酬方面，银行CEO的股票期权占薪酬比例以及持股比例与价值均较制造业公司为低。最后，在持股机构数量以及机构持股比例两方面，银行持股公司均显著低于非管制的、非金融的标准普尔公司[②]。Levine（2003）指出银行内部和外部之间高度的信息不对称使分散的股东和债权人很难监督管理者。拥有控制权的所有者有动机提高银行的风险状态，而信息的不透明性致使债权人难以控制银行的风险转换。而且，信息的不对称也使结合管理者和股东利益的激励性合同难以签订。不透明性还使内部人侵害外部人以及政府利益变得更加容易。不透明性也削弱了竞争性市场的力量[③]。袁宜（2008）首先归纳了商业银行的特殊性，包括基于存款业务的特殊性、基于贷款业务的特殊性和基于存款和贷款业务交互作用的特殊性等，以及由这些特殊性所派生的商业银行特殊的公司治理环境，进而在此基础上探讨了商业银行的公司治理目标以及相应的治理结构和治理机制设计。Bruner（2011）认为存款保险体系可以通过为一定数目内的存款提供保障来解决存款者的集体行动问题。但存款保险自身也引起了对风险暴露监督不足的问题。与典型的公司债权人不同，对政府提供的存款保险有充分信心的存款者没有充分的理由去关注银行是如何管理的，而银行股东则因为有限责任和存款保险有强烈的风险承担动机。政府虽然有充足的动机去监督银行，实际上也加强了监管制度和资本要求来解决存款保险造成的道德风险问题，但无法做到私人借贷者那样努力，而且监管代理一定程度上

① Rafael La Porta, Florencio Lopez-de-Silanes, Andrei Shleifer, "Governance Ownership of Banks", The Journal of Finance, Vol. 57, No. 1, Feb, 2002, Pages 265－301.

② Renée Adams, Hamid Mehran, "Is Corporate Governance Different for Bank Holding Companies?", FRBNY Economic Policy Review, Apr, 2003, Pages 123－142.

③ Ross Levine, "The Corporate Governance of Banks: A Concise Discussion of Concepts and Evidence", DisscussionPaper No. 3, Global Corporate Governance Forum, July 21, 2003, http: //www.gcgf.org.

是由政治决定的，容易出现监管者被俘获问题[①]。

8.2 国有商业银行治理与绩效的实证研究

为深入探讨国有商业银行治理与绩效之间的关系，实证研究将通过选取衡量公司治理的指标变量和衡量商业银行经营的绩效变量，利用多元回归的方法分析治理指标与绩效指标之间的影响关系。

8.2.1 变量设计

研究以银行绩效为因变量，包括净资产收益率、总资产增长率、不良资产率；以治理方面的指标为自变量，包括所有者持股、董事会、管理层、社会责任相关方等多个指标。

8.2.1.1 商业银行绩效指标选取

首先，从股东的利益角度考虑，净资产收益率可以比较准确地衡量股东投入银行资产所产生的收益，所以本研究绩效指标首先选取净资产收益率作为衡量银行绩效的指标；其次，由于利益相关方治理可能增加银行的成本，对银行利润的影响可能为负，但对银行的增长会有积极影响，因此选择总资产增长率作为银行绩效的另一指标。最后，根据银行的经营原则，银行经营不仅要注重营利性，更要注重安全性和流动性，由此选择不良资产率作为衡量安全性的指标。在此，首先要说明的是，由于不良资产率与净资产收益率、总资产增长率指标方向相反，因此假设中的正相关是指该变量值越大，净资产收益率越高，总资产增长率越高，而不良资产率越低；负相关则相反。

8.2.1.2 股权治理与商业银行绩效

股权结构作为商业银行治理的产权基础，对商业银行的决策与管理、激励与约束等起着决定性的作用。股权结构可以认为包括股权集中与股权性质两方面的内容。从股权性质来看，主要考察的是政府股东与私有股东对治理机制乃至绩效的不同影响。理论上一般认为政府股东对银行的影响有两种，可以称为“扶持之手”和“掠夺之手”，“扶持之手”认为政府作为银行的股东增加了公众对银行体系的信任，而且由于银行体系在经济中的重要性，政府不会对出现问题的银行置之不理，会从税收、经营范围、资源等多方面提供支持，从而国有银行在一定情况下更加高效；而“掠夺之手”则认为政府会利用大股东身份指使银行为不符合

① Christopher M. Bruner，“Corporate Governance Reform in a Time of Crisis”，the Journal of Corporation Law，Vol 36：2，2011，Pages 309－340.

条件的贷款企业提供信贷、为社会事务提供资金支持等，从而提高银行的经营成本、降低绩效。但从我国商业银行的经营环境来看，一方面国有商业银行进行股份制改革的过程中，政府已逐渐减少了对银行具体业务的行政干预，减少了“掠夺之手”的作用；另一方面，考虑国有商业银行在经济体系的中介作用，政府作为间接股东的支持作用并没有退出，扶持之手仍在继续发挥作用。因此，

假设 1：国有股东的性质对商业银行的绩效有积极影响

此外，股权的分散与集中对经营绩效也会产生不同的影响。在股权分散的情况下，分散股东的“搭便车”行为难以对管理者的行为形成有效的监督，缺乏监督的管理层有可能不是以股东利益最大化为目标，而是进行一些扩大权力、在职消费等增加自己利益的行为。在股权较为集中或者说存在大股东控股的情况下，控股股东为自身利益着想，会有较强烈的动机对管理层行为进行激励和监督，使双方的利益达成一致。但又会引发另外一个问题，控股股东可能会利用控股地位和被其所控制的管理层，侵害其他中小股东、债权人以及其他相关者的利益。如果在存在持股比例较大股东的情况下，同时又有其他一些股东能够通过联合对大股东形成有效的制约，那么这种股权集中程度既能够对管理层进行激励和约束，又能够制约大股东的自利行为。所以，股权的适度集中有利于治理机制发挥作用。就我国国有商业银行的股权集中程度而言，存在较为明显的控股股东，其他股东很难对控股股东形成有效的制约，因此，

假设 2：股权集中程度对商业银行的绩效有消极影响

8.2.1.3　董事会治理与商业银行绩效

董事会与公司绩效之间关系的研究包括董事会规模、两职问题、独立董事、董事会下属委员会、董事会多元化对公司绩效的影响。

首先，董事会规模。董事会合理的规模究竟应该是多大并没有一致的看法。但从对董事会规模过大的相反看法可以略窥一斑。一方面看法是，如果董事会人数过多，一是增加相互间沟通与协调的难度，减低工作效率；二是导致董事会成员对错误的当众批评因人多而犹豫不决，降低监督效率；三是出现“搭便车”的动机和行为；四是降低创新动力。但相反的看法是，董事会规模大也有相应的好处，一是形成专业知识和管理经验的互补，降低银行风险；二是有利于协调相关各方的利益；三是带来更多的外部资源。与非银行公司相比，银行一般拥有较大规模的董事会。此外，在对董事会规模和公司绩效的实证中，结论也不统一。包括显著的正相关关系、负相关关系、不存在显著关系、倒“U”形关系等，而且对于不同的绩效指标，有时也出现不同的相关关系。考虑到我国国有商业银行国有股东对董事会的控制，董事会规模越大越容易形成内部的相互制衡作用。因此，

假设 3：董事会规模与银行绩效呈现正相关关系

其次，独立董事。由于银行董事会中的非独立董事可能与股东或管理层具有利益关系，在一些重大问题的决策上代表相关方利益而不是代表公司利益，造成决策与公司的利益不符或者相关方利益损益不平衡。这就需要与银行没有重要关系的独立董事代表公司的利益或弱势投资者的利益发表意见。同时，独立董事还可以比较客观、独立地履行监督职能，形成对其他董事和经理层的制衡作用。此外，在审计委员会、风险管理委员会等下属委员会中也需要以独立董事会为主，发挥其相关经验和独立决策的作用。在对独立董事比例和公司绩效的关系的实证研究中，研究者们得出的结论并不一致，如弱正相关关系，显著的正相关关系，显著的倒“U”形关系。而在国有商业银行内部，独立董事的增加将有利于形成对国有股东代表董事和管理层的监督制约作用。因此，

假设 4：独立董事的比例与银行绩效呈现正相关关系

为能够充分发挥各个董事会的职能作用，银行一般会设立风险管理委员会、审计委员会、薪酬委员会、提名委员会甚至治理委员会等。各家银行由于规模和要求不同，设立的委员会个数不同，在名称方面有时也有所差异。相对于一般公司而言，银行在风险管理上有特别的要求，因此风险管理委员会的设立是个特殊之处。该委员会的职责包括获取风险信息、制定风险管理政策、监控银行经营活动中的风险等。有的银行还设立首席风险官一职，采取向董事会直接报告的方式对银行的风险进行管理监控。至于其他的委员会与一般公司委员会差异不大。

假设 5：董事会下属委员会数目与银行绩效正相关

一般认为董事会在专业上的多元化能够发挥各个董事的经营管理经验和专业技能，在年龄上的多元化则能够同时发挥稳重因素和创新因素的作用，但也要考虑精力与经验的因素，加入女性董事则能够为董事会增加谨慎与和谐因素。但多元化的程度较难衡量，本研究以 50～70 岁的董事人数计分，以董事来自的专业数目计分，以女性董事人数计分，加总得分作为董事会多元化程度的指标。因此，

假设 6：董事会多元化程度与银行绩效正相关

在两职合一的问题上，我国商业银行基本已按照《股份制商业银行公司治理指引》（2002）第三十二条“商业银行董事长和行长应当分设”执行，因此两职是否合一对银行绩效的影响已经无法体现出来，因此不再加以研究。

8.2.1.4 管理层薪酬与商业银行绩效

由于所有者与管理者之间的委托代理问题的存在，仅仅依靠对管理者的监督或者制衡机制难以完全解决，因此需要设计有效的激励机制，使管理者的利益与股东的利益能够有效结合，促使作为代理人的管理层采取适当的行为，在最大限度增加股东利益的基础上，实现自身的利益。所以，作为股东和管理者之间分享

契约的激励机制对银行经营成效的好坏有重要作用。激励大致可以分为物质激励和精神激励。物质激励的主要方式是薪酬激励，薪酬激励包括基础薪水、年度奖金计划、股权激励、股权期权、长期激励、延迟报酬等，而精神激励则包括目标激励、理想激励、成就激励、尊重激励、竞争激励等方式。就我国国有商业银行而言，物质激励部分以薪酬激励为主，且主要是基础薪水和年度奖金计划形式；其他激励如在职消费、福利等也是不可忽视的部分（但数据难以取得）；精神激励则主要在于行政地位的提高或者是政治升迁，如成为人大代表、政协委员、政府部门的领导等。且由于国资委《中央企业负责人薪酬管理暂行办法》和“限薪令”的要求，银行管理层货币薪酬受制于上限，在职消费成为替代性选择。但一般说来，由于担心被代替，因此，

假设 7：管理者的薪酬与银行绩效正相关

8.2.1.5　银行其他利益相关者与绩效

利益相关者理论认为，企业经营的目标不仅在于获取尽可能多的股东利润，还需要考虑其他相关方如经营管理者、债权人、供销方、消费者及社区的利益，因为相关各方也以其对企业的专用性资产投资承担了相应的风险。因此股东利益最大化不等于整体利益最大化，各利益相关者的利益最大化才是现代企业追求的目标。所以，该理论认为公司治理不能局限于股东与经理层之间的关系或是大股东与中小股东之间的关系，而是应该有其他利益相关者参与的共同治理。

与一般企业相比，商业银行由于其高杠杆率的资本结构、经营信息的不透明性等行业特征，以及创造货币供给、资源配置、维持支付清算体系运行等职能要求，其治理机制存在较大差异。如果说关于股东至上和利益相关者理论在一般公司治理领域还存在争论的话，那么在商业银行公司治理问题上，利益相关者理论则得到了一般认可。

但利益相关者虽然理论上行得通，但实践中也遇到了一些问题。如对各利益相关者财富最大化的目标如何测量和明确，因为各利益相关者之间可能存在冲突。利益相关者的重要性如何确定或者说如何确认各利益相关者在公司治理中的权力份额。总之，一方面银行对利益相关者履行相应责任会造成银行支出的增加、成本的上升和绩效的下降；另一方面，也会增加利益相关者对银行的信任，提高银行的声誉，带来银行长期价值的上升。本研究以支付给员工以及为员工支付的现金比率、资本充足率（相对于一般企业以资本充足率指标衡量对债权人的保护程度）、银行社会责任得分（在投资者关系、客户满意度、公益、环保等社会责任方面获奖数量情况）作为社会相关责任指标。因此，

假设 8：社会相关责任履行与银行净资产收益率负相关，与总资产增长率正相关，与不良资产率负相关

表8-1 变量名称与定义

变量	变量名称	符号	指标含义与计算
因变量	净资产收益率	ROE	净利润/加权平均净资产
	总资产增长率	GOA	（今年末总资产－上年末总资产）/上年末总资产
	不良资产率	RBC	（次级＋可疑＋损失）贷款/贷款总量
自变量	国有股比例	SHR	国有股份比例/年末总股份比例
	其他股东的制约	OHR	第二到第五大股东所占股份比例
	董事会规模	BOS	董事会人数
	独立董事比例	IND	独立董事人数/董事会人数
	董事会多元化	DVD	40～65岁董事人数，董事会成员专业数，女性董事人数，每人（个）/分，以总分计
	次级委员会设置	SCD	以个数计分
	管理者薪酬	TEC	前三名高管平均薪酬
	董事与高管持股	DMH	董事与高管总持股比例/总人数
	员工支出	STC	支付给员工以及为员工支付的现金/经营活动现金流出
	债权人保护	DB	资本充足率
		DB2	每股经营活动现金流量净额
	社会相关责任	SR	与银行社会责任相关获奖数量

8.2.2 样本选取与数据来源

样本选择：本研究以证券交易所上市的16家商业银行作为样本，以2011—2012年两年的数据资料作为研究对象。由于对国有银行的界定是以绝对控股还是以相对控股为准存在一定争议，相对控股所要求的持股比例也不存在唯一的标准，而且从国内政府对银行业的管制情况看，衡量国有商业银行控股情况并没有必要采用绝对控股标准。因此本研究采用了相对控股的概念，只要国有股份比例达到相对控股程度（不存在持股比例相近的非国有股东）即可称为国有商业银行，其他没达到相对控股标准的则不算作国有商业银行。由此，在本研究中先以所有上市商业银行为样本，研究公司治理机制与银行绩效的关系。然后，再剔除非国有商业银行样本，研究国有商业银行公司治理变量与绩效的关系，并将两者的研究结果做一简单的分析比较。

数据来源：本研究所使用的净资产收益率、总资产增长率、不良资产率、持股比例、董事会规模、独立董事比例、高管薪酬、董事与管理层持股、董事会多元化、员工现金支出、资本充足率、每股经营活动现金流量净额等数据主要来源于上交所公布的各公司的年度报告。其中，关于社会公益、环保等相关责任活动的一些获奖情况则主要来自各家银行公布的《社会责任报告》（兴业银行称之为《可持续发展报告》）。同时对一些不确定数据则通过金融界、网易财经等途径进行核对，力求保证数据的准确性。

8.2.3 变量的描述性统计

这里首先对16家上市银行的15个变量进行描述性统计，包括最大值、最小值、平均数、中位数、标准差。然后再对16家银行分类，对国有银行和非国有银行的相关变量进行统计分析并比较。

本研究采用的净资产收益率是扣除非经常性损益后的加权平均净资产收益率。从各家上市银行的收益率看，最高为24.49%，最低为15.57%，这两家银行前者不良资产率和资本充足率均较低（资本充足率在16家银行中倒数第三），平均为20.54%。从国有银行和非国有银行看，平均值分别为20.49%和19.9%，并不存在显著的差异，且非国有银行的平均资本充足率要略高于国有银行(12.51%和12.25%)。

在总资产增长率方面，最高增长73.01%，最低的甚至略有减少（−1.1%），平均为22.6%。但是国有银行和非国有银行差异显著，国有银行平均增长17.44%，而非国有银行平均增长29.23%，这种增长率的差异应该和两类银行的规模有一定关系。规模相对较小的银行增长比较容易。

表8-2　上市商业银行变量描述性统计（2011）

	MAX	MIN	AV	MED	SD
ROE	0.2449	0.1577	0.2054	0.2035	0.0256
GOA	0.7301	−0.011	0.226	0.1821	0.1589
RBC	0.0155	0.0038	0.0076	0.0066	0.003
SHR	0.8276	0	0.4061	0.3346	0.2638
OHR	0.5219	0.0052	0.2286	0.2154	0.1268
BOS	19	13	16.3125	16.5	1.7017
IND	0.4444	0.2857	0.3502	0.3431	0.0362
DVD	27	17	23.875	25	3.1172
SCD	6	4	5.5	6	0.6325
TEC	641	91	260.34	191.65	165.71

（续表）

	MAX	MIN	AV	MED	SD
DMH	0.0004	0	3E－05	0	9E－05
STC	0.0515	0.0104	0.029725	0.02815	0.01207
DB	0.1536	0.1057	0.1237	0.12	0.0137
DB2	11.54	－8.4	2.7875	1.075	5.3223
SR	32	3	12.75	12.5	7

上市商业银行的不良资产率总体较低，平均仅为0.76%，但最高的银行与最低的银行相差也较大，高者达1.55%，低者仅0.38%，相差数倍（农业银行116775.77亿元的总资产，发放贷款和垫款总额56287.05亿元，1.55%的不良贷款率意味着800多亿元的不良贷款余额）。国有银行和非国有银行的平均不良资产率分别为0.9067%和0.5671%，相差悬殊。当然这可能与政府对国有商业银行较强的行政性干预有着分不开的关系。

在董事会结构方面，首先董事会的规模虽然有些差异，在13～19人之间，平均为16人，但国有银行和非国有银行的董事会规模平均相差1人，非国有银行董事会规模略大，这与其股权相对国有银行较为分散有关。在独立董事比例、董事会多元化、董事会委员会设置方面，两类银行没有显著差异。董事会的独立性主要还是以满足监管部门的要求及委员会运作的要求为主，平均为0.3529和0.3333，与1/3的要求基本接近[①]。各家银行也基本注意了对董事会内部结构的设计，董事会的年龄基本在40～70之间，女性董事会的人数在1～4人之间，董事会成员的专业基本都包括经济、金融、会计、工商管理、法律等，还有一些统计、材料、语言文学、电脑科学等专业，构成了董事会成员年龄、性别、专业多方面的多元化；委员会的设置也在4～6个之间，只有6家银行设置了5个下属委员会，1家银行设置4个下属委员会，其余均设置了6个委员会，平均分别为5.33和5.71个。此外，合并计算的董事和高管层平均持股比例非国有银行明显要高于国有银行，反映出市场化对股权、股票期权等长期激励方式的要求。在管理层薪酬方面，根据各家银行给出的高管薪酬数据，国有银行和非国有银行的高管薪酬还是有一定差距的，非国有银行的最大值和最小值均比国有银行高，且国有银行平均薪酬195.2万元，而非国有银行平均为344.1万元。

① Aebi等（2012）对美国372家银行（包括储蓄银行）的研究发现独立董事的比例平均为77.52%（2002年后纽约证券交易所要求的比例是半数以上）。而从我国16家银行的数据可以看出，独立董事比例还处于满足监管要求的阶段，还难以充分行使独立董事的职能。

表 8-3 国有与非国有商业银行变量对比（2011）

	MAX	MIN	AV	MED	SD
ROE	0.239	0.175	0.208311	0.2049	0.021276
	0.2449	0.1557	0.201571	0.199	0.031763
GOA	0.3289	0.1296	0.174433	0.1634	0.061757
	0.7301	−0.0105	0.292286	0.2722	0.221143
RBC	0.0155	0.0056	0.009067	0.0092	0.003052
	0.0078	0.0038	0.005671	0.0053	0.00139
SHR	0.8276	0.3235	0.590044	0.632	0.178508
	0.2914	0	0.169643	0.1978	0.124628
OHR	0.5219	0.0052	0.233378	0.1627	0.162454
	0.3301	0.1311	0.222486	0.2269	0.070423
BOS	18	14	15.88889	16	1.269296
	19	13	16.85714	18	2.115701
IND	0.3889	0.2857	0.374811	0.3529	0.03104
	0.4444	0.3077	0.353329	0.3333	0.04436
DVD	27	19	24.33333	25	2.54951
	27	17	23.28571	25	3.860669
SCD	6	4	5.33333	5	0.707107
	6	5	5.714286	6	0.48795
TEC	410.8	91	195.2	154.2	126.0795
	641	173.2	344.0857	300.8	181.4024
DMH	5.08E−06	0	5.72E−07	0	1.69E−06
	0.00036	0	5.69E−05	2.37E−08	1.8E−08
STC	0.0515	0.0233	0.036122	0.0391	0.010484
	0.034	0.0104	0.0215	0.0183	0.008797
DB	0.1368	0.1057	0.1225	0.1227	0.009492
	0.1536	0.1086	0.125171	0.1183	0.018562
DB2	11.54	−0.02	2.97	1	3.881198
	11.17	−8.4	2.552857	3.78	7.114702
SR	32	7	13.88889	12	7.6721
	24	3	11.28571	13	7.296444

注：对应每一变量，上一行为国有商业银行相应数值，下一行为非国有商业银行相应数值。

在员工待遇方面，研究选取支付给员工以及为员工支付的现金/经营活动现金流出衡量银行为员工薪酬与发展方面的现金支出。各家银行的支出从1.04%到5.15%不等，差异相对较大。而在国有、非国有银行之间，国有银行平均超过3.61%，而非国有银行为2.15%，说明国有银行在包括员工薪酬、福利、培训等方面的支出相对较多，但由于职工人数也相对多，所以总体待遇反而可能不及非国有银行。

在债权人保护方面，本研究采用了资本充足率和每股经营活动现金流量净额来分析银行对债权人保护程度。所有上市银行的资本充足率最高为15.36%，最低为10.57%，均已超过监管要求。资本充足率的比较前面已有所分析。在经营活动现金流量方面，平均值是2.7875，但非国有银行是2.55，而国有银行是2.97，说明国有银行更为重视流动性问题，也可视为充足的流动性能够更好地应对债务本息的支付。

至于商业银行在社会责任、消费者、公益环保等方面的获奖信息情况，虽然评奖情况可能不一定完全符合实际，得奖的多少也和商业银行的经营区域、业务范围有关，但本研究认为这些获奖至少可以在一定程度上反映银行在社会责任相关方面的付出程度，从获奖情况看，国有银行将近14次，非国有银行则平均为11.28次，反映出国有银行对社会责任与公益、企业形象等方面的活动相对还是比较重视的。

表8-4　16家上市商业银行变量描述性统计（2012）

	MAX	MIN	AV	MED	SD
ROE	0.2654	0.1661	0.2053	0.2019	0.0315
GOA	0.441	0.0702	0.2182	0.1842	0.116
RBC	0.0133	0.0043	0.0081	0.008	0.0021
STC	0.0714	0.0122	0.035	0.0292	0.0179
DB	0.1565	0.1075	0.1287	0.1276	0.0148
DB2	36.27	−1.18	6.6658	2.635	9.6171
SR	35	4	12.563	9	9.345

2012年的变量这里只统计了净资产收益率、总资产增长率、不良资产率、员工支出、资本充足率、每股经营活动现金流量净额、社会责任活动等几个。这是因为本研究在对2011年银行公司治理变量（包括员工、债权人、社会责任变量等）与银行绩效回归分析的基础上，继续研究2011年的员工、债权人、社会责任等变量与2012年绩效变量的关系，探讨前一年对利益相关方的支出或保护

是否会对银行第二年的绩效产生影响，或者2011年的绩效变量是否会对2012年的利益相关方的支出或保护产生影响（如绩效较好可能会增加对员工的培训、公益支出等，而绩效较差则可能较少这些方面的支出）。

相较于2011年而言，上市银行在这几个指标方面多数变化不大。净资产收益率基本相同，总资产增长率稍有下降，而不良资产率提高了0.03%，资本充足率提高了0.5%，但员工支出增加由平均2.97%增加到了3.5%，每股现金流量净额变化由2.7875增加到了6.6658。

表8-5　国有与非国有商业银行变量对比（2012）

	MAX	MIN	AV	MED	SD
ROE	0.2449	0.1661	0.2044	0.2057	0.026788
	0.2654	0.1676	0.206386	0.198	0.038965
GOA	0.32	0.0702	0.158567	0.1377	0.077799
	0.441	0.1709	0.294857	0.2769	0.115576
RBC	0.0133	0.0061	0.0089	0.0088	0.002041
	0.0095	0.0043	0.007	0.0076	0.001761
STC	0.0714	0.0216	0.044367	0.0472	0.016092
	0.0471	0.0122	0.023014	0.0186	0.012374
DB	0.1432	0.1085	0.128567	0.1344	0.012885
	0.1565	0.1075	0.1288	0.1245	0.018146
DB2	13.85	−1.18	4.111111	1.48	5.336528
	36.27	−0.7	9.950429	4.963	13.07183
SR	35	7	12.88889	8	9.143911
	34	4	12.14286	10	10.31873

注：对应每一变量，上一行为国有商业银行相应数值，下一行为非国有商业银行相应数值。

从两类银行相比而言，非国有银行的总资产增长率依然远远高于国有银行，但国有的不良资产率微小上升，非国有银行的不良资产率则上升较多，两者差距减小；员工支出方面国有银行依然较非国有银行多，占经营现金流量的比例将近非国有银行的两倍；资本充足率都有所上升，相差很小；但在每股经营活动现金流量方面，非国有银行超过国有银行2倍以上；在社会责任相关方活动获奖方面，非国有银行则缩小了与国有银行的差距。

表 8-6　变量相关系数表（2011 年）

	ROE	GOA	RBC	SHR	OHR	BOS	IND	DVD	SCD	TEC	DMH	STC	DB	DB2	SR
ROE	1														
GOA	.0318	1													
RBC	-.181	-.414	1												
SHR	.0136	-.434	.6496	1											
OHR	-.209	-.275	.4555	.1955	1										
BOS	0.0494	0.1097	-0.417	-0.597	-0.076	1									
IND	-.033	.5768	-.339	-.341	-.298	.6333	1								
DVD	0.2394	0.0918	-0.194	-0.151	-0.519	0.6488	0.6409	1							
SCD	.0317	.008	-.283	-.415	.1309	.6504	.4292	.5072	1						
TEC	.2197	.76	-.592	-.633	-.339	.357	.4395	.3188	.2319	1					
DMH	-.332	-.386	-.079	-.258	.2174	.2291	-.149	-.114	.1951	-.132	1				
STC	.228	-.438	.6682	.5473	.1916	-.157	-.2	.1158	-.043	-.409	-.278	1			
DB	-.519	-.359	.2684	.025	.1638	-.223	-.216	-.281	-.203	-.397	.6196	-.023	1		
DB2	-.117	.0987	-.164	.0034	.0742	.1522	.066	.0942	.0802	.191	-.541	.0701	-.353	1	
SR	.5875	-.256	.1661	.2842	.2919	-.02	-.007	.0333	.1285	-.23	-.236	.2949	-.156	.0774	1

8.2.4　上市商业银行治理与绩效实证研究结果与分析

研究首先对所有上市商业银行相关治理变量与净资产收益率、总资产增长率、不良资产率三个绩效变量进行了多元回归分析，结果见表 8-7、表 8-8、表 8-9 所列。

8.2.4.1　2011 年银行治理与绩效回归分析

从表 8-7 对净资产收益率的回归结果看，其他股东的制约、独立董事比例、董事会多元化、董事与高管持股比例、对员工的支出、每股现金流量与净资产收益率的相关关系为负，且并不显著。由于净资产收益率可以视为衡量股东收益的指标，其他股东的制约、独立董事比例对控股股东利益最大化的行为形成了约束，而董事与高管持股比例很低，与利润最大化的目标存在偏离。董事会多元化与净资产收益率单独回归呈正相关关系，但不显著。这里的负相关原因可能在于当前银行的董事会内部过于和谐，并没有充分利用董事们的经验、技能和其他特性，形成一个有效率的团队。

表 8-7 银行治理与净资产收益率回归分析

	Coefficients	标准误差	t Stat	P-value
Intercept	-0.01279	0.443488	-0.02884	0.978806
SHR	0.09192	0.137453	0.668738	0.55152
OHR	-0.12469	0.127715	-0.97629	0.400925
BOS	0.024882	0.028118	0.884903	0.441381
IND	-0.7367	0.557352	-1.32179	0.277993
DVD	-0.00623	0.010076	-0.61832	0.580136
SCD	0.013647	0.028413	0.480322	0.663848
TEC	0.000146	0.000126	1.158309	0.330572
DMH	-322.255	365.6494	-0.88132	0.443038
STC	-0.10804	0.827191	-0.13061	0.904353
DB	0.758935	1.851191	0.409971	0.709346
DB2	-0.00435	0.003067	-1.4172	0.251426
SR	0.002101	0.000784	2.681131	0.074977
R-squared0.907118 F-statistic 2.441588				

国有股份比例、董事会规模、委员会设置、高管薪酬、资本充足率与净资产收益率相关关系为正，但也不显著。董事会规模、委员会设置在实践中都与控股股东的控制有关，当国有股份比例较高时，所设置的董事会、委员会可能都要求以控股股东利润最大化为目标。

社会相关责任变量与净资产收益率在10%的置信度下显著正相关。这在一定程度上说明银行公益、环保等社会责任的履行，消费者满意度的提高虽然构成了成本支出，但对银行利润的提高还是有积极作用的。

从表8-8对总资产增长率的回归结果看，国有股比例、董事会规模、委员会设置与总资产增长率在10%的置信度下显著正相关。但在对国有股比例与总资产增长率单独回归分析时，呈10%置信度下的显著负相关，此处正相关的影响应该是由于多元回归其他变量的影响造成的。董事会规模、委员会设置与总资产收益率单独回归时，呈不显著的正相关性。这说明董事会规模的增加、委员会设置的增加会促使董事会更多地关注股东利润最大化之外的其他利益相关者，特别是在控股股东受到制约的情况下。

表8-8 银行治理与总资产增长率回归分析

	Coefficients	标准误差	t Stat	P-value
Intercept	−2.78056	0.828371	−3.35666	0.043842
SHR	0.786948	0.256742	3.065136	0.054771
OHR	−0.42908	0.238554	−1.79867	0.169907
BOS	0.156985	0.05252	2.989042	0.058175
IND	−0.87346	1.041052	−0.83902	0.463049
DVD	−0.06883	0.01882	−3.65734	0.035311
SCD	0.148468	0.053071	2.79755	0.067991
TEC	0.001269	0.000235	5.397756	0.012463
DMH	−3101.45	682.9794	−4.54107	0.019996
STC	−6.08707	1.545072	−3.93967	0.029143
DB	11.57645	3.457754	3.347969	0.044125
DB2	−0.02495	0.005729	−4.35558	0.022361
SR	−0.00599	0.001463	−4.09219	0.026382
R-squared0.991567 F-statistic 29.39481				

高管薪酬、资本充足率与总资产增长率在5%置信度下显著正相关。高管薪酬与资本充足率可以认为是对股东利益之外管理层利益与债权人保护的衡量，因此，分析结果说明对其他利益相关者的保护一定程度上有利于股东利润目标之外银行其他方面的发展。

其他股东制约、独立董事比例与总资产增长率负相关，但不显著；董事会多元化、董事与高管持股比例、员工支出、每股经营活动现金流量净额、社会相关责任与总资产增长率在5%的置信度下显著负相关。董事会多元化与净资产收益率单独回归呈正相关关系，但不显著。这里的负相关原因可能在于当前银行的董事会内部过于和谐，并没有充分利用董事们的经验、技能和其他特性，形成一个有效率的团队。

从表8-9对不良资产率的回归结果看，国有股比例、董事会规模、委员会设置、高管薪酬、资本充足率、社会相关责任与不良资产率负相关，但不显著；独立董事会比例、董事会多元化、董事与高管持股比例、员工支出、每股经营活动现金流量净额与不良资产率正相关，但同样不显著；其他股东制约与不良资产率在10%的置信度下显著正相关。

表 8-9 银行治理与不良资产率回归分析

	Coefficients	标准误差	t Stat	P-value
Intercept	0.059015	0.050828	1.161083	0.3296
SHR*	−0.01873	0.015753	−1.18905	0.31996
OHR	0.035139	0.014637	2.400666	0.095817
BOS	−0.0042	0.003223	−1.30297	0.283576
IND	0.058297	0.063877	0.912646	0.428722
DVD	0.002003	0.001155	1.734409	0.181257
SCD	−0.0051	0.003256	−1.56528	0.215485
TEC	−1.9E−05	1.44E−05	−1.33515	0.274098
DMH	33.11932	41.90651	0.790314	0.487056
STC	0.145993	0.094803	1.539962	0.221208
DB	−0.19107	0.212162	−0.90057	0.43419
DB2	0.000191	0.000352	0.542002	0.625485
SR	−4.9E−05	8.98E−05	−0.55036	0.620399
R-squared0.908573 F-statistic 2.48442				

考虑到银行治理相关变量与总资产增长率存在较强的相关性，因此在回归分析结果的基础上，去除其他股东制约、独立董事比例两个变量，再次对总资产增长率进行回归分析，结果如表 8-10 所示。国有股份比例、董事会规模、次级委员会设置、高管薪酬、资本充足率与总资产增长率呈显著正相关关系，而董事会多元化、董事与高管持股、员工支出、每股经营现金流净额、社会相关责任与总资产增长率呈显著负相关关系。

表 8-10 银行治理与总资产增长率的回归分析（调整后）

	Coefficients	标准误差	t Stat	P-value
Intercept	−1.83108	0.357019	−5.12882	0.00368
SHR	0.458976	0.094478	4.858016	0.004641
BOS	0.093004	0.016163	5.754235	0.002224
DVD	−0.03956	0.006656	−5.94366	0.001926
SCD	0.076981	0.024037	3.202565	0.023927
TEC	0.001002	0.000109	9.167379	0.000259

（续表）

	Coefficients	标准误差	t Stat	P-value
DMH	−2459.73	263.2268	−9.34454	0.000236
STC	−5.39875	1.089169	−4.95676	0.00426
DB	7.825691	1.377928	5.679318	0.002357
DB2	−0.01996	0.002825	−7.06344	0.000879
SR	−0.00593	0.001555	−3.81682	0.012413
R-squared0.98118 F-statistic 26.06771				

8.2.4.2 2011年银行相关者治理变量与2012银行绩效分析

考虑到影响上的滞后性，研究考虑了当年（2011年）员工支出、资本充足率、每股经营现金流量净额、社会相关责任对第二年（2012年）绩效的影响，结果发现除资本充足率对来年净资产收益率有较显著负向影响，社会相关责任对ROE有较显著正向影响，员工支出对不良资产有正向显著影响之外，其他均不存在显著性影响。

表8-11 利益相关者变量与ROE

	Coefficients	标准误差	t Stat	P-value
Intercept	0.293432	0.066599	4.405923	0.001053
STC	0.326956	0.551719	0.592613	0.565423
DB	−0.97266	0.500411	−1.94373	0.077945
DB2	−0.00204	0.001278	−1.59529	0.138954
SR	0.002203	0.000911	2.416814	0.034199
R-squared0.552573 F-statistic 3.396247				

表8-12 利益相关者变量与GOA

	Coefficients	标准误差	t Stat	P-value
Intercept	0.644966	0.297499	2.167957	0.052965
STC	−3.27008	2.464526	−1.32686	0.21144
DB	−2.39735	2.235332	−1.07248	0.30647
DB2	−0.01012	0.005707	−1.77375	0.103754
SR	−0.00038	0.004072	−0.09388	0.926889
R-squared0.341995 F-statistic 1.429301				

表 8-13 利益相关者变量与不良资产率

	Coefficients	标准误差	t Stat	P-value
Intercept	0.004221	0.004928	0.856652	0.409911
STC	0.108027	0.04082	2.646402	0.022732
DB	0.015157	0.037024	0.409372	0.690125
DB2	−0.0001	9.45E−05	−1.10573	0.292439
SR	−7.4E−05	6.74E−05	−1.10085	0.294467
R-squared0.449433 F-statistic 2.244853				

8.2.4.3 2011 年绩效变量与 2012 年银行利益相关者变量分析

同样，在对 2011 年的绩效与 2012 年社会利益相关变量的研究中，只有总资产收益率对每股经营现金流量净额有显著正向影响，净资产收益率对社会相关责任有显著正向影响，其他均不显著。

表 8-14 银行绩效变量与员工支出

	Coefficients	标准误差	t Stat	P-value
Intercept	0.045816	0.034157	1.341355	0.20464
ROE	−0.11339	0.141694	−0.80026	0.439116
GOA	−0.03853	0.024703	−1.55957	0.144832
RBC	2.796607	1.347123	2.075985	0.060048
R-squared0.521254 F-statistic 4.355165				

表 8-15 银行绩效变量与资本充足率

	Coefficients	标准误差	t Stat	P-value
Intercept	0.176835	0.034885	5.069069	0.000276
ROE	−0.19862	0.144716	−1.37247	0.195026
GOA	−0.03538	0.02523	−1.40244	0.18612
RBC	0.081624	1.375846	0.059326	0.953669
R-squared0.276744 F-statistic 1.530544				

表 8-16 银行绩效变量与每股现金流量净额

	Coefficients	标准误差	t Stat	P-value
Intercept	15.3416	21.33722	0.719007	0.485903
ROE	−62.8501	88.51429	−0.71006	0.491238
GOA	31.70639	15.43152	2.054651	0.062357
RBC	−387.033	841.5265	−0.45992	0.653797
R-squared0.355558 F-statistic 2.20692				

表 8-17 银行绩效变量与社会相关责任

	Coefficients	标准误差	t Stat	P-value
Intercept	−32.6748	21.56744	−1.51501	0.155659
ROE	203.1851	89.46933	2.271003	0.042361
GOA	−0.06958	15.59802	−0.00446	0.996514
RBC	465.1558	850.6063	0.546852	0.594504
R-squared0.302679 F-statistic 1.73624				

8.2.5 国有商业银行相关治理变量与绩效回归结果与分析

为单独考虑国有商业银行相关治理变量与绩效的关系，本研究在去除了一些国有股份在 30%以下的商业银行后，单独进行国有绝对控股与相对控股商业银行的分析。但在分析中，首先考虑了变量间相关系数（2012 年各变量间的相关系数此处不再列出），剔除一些与绩效相关性较低的变量，然后再进行回归分析。结果见表 8-18、表 8-19、表 8-20 所列。

表 8-18 国有商业银行治理与净资产收益率回归

	Coefficients	标准误差	t Stat	P-value
Intercept	0.193703	0.035936	5.390179	0.11678
BOS	0.007342	0.002773	2.647574	0.229908
IND	−0.28851	0.120034	−2.40359	0.250994
TEC	0.000194	1.87E−05	10.36922	0.061206
STC	−0.45274	0.203198	−2.22809	0.26857

（续表）

	Coefficients	标准误差	t Stat	P-value
DB	－0.32332	0.229786	－1.40706	0.39335
DB2	－0.00602	0.000697	－8.63485	0.0734
SR	0.002464	0.000324	7.599659	0.083291
R-squared0.993765　F-statistic　22.76781				
	Coefficients	标准误差	t Stat	P-value
Intercept	0.299776	0.032561	9.206662	0.068878
SHR	－0.03429	0.010158	－3.3754	0.183361
IND	－0.14779	0.066443	－2.22433	0.268971
TEC	0.000175	1.6E－05	10.94481	0.058005
STC	－0.34679	0.15885	－2.18311	0.273452
DB	－0.49288	0.18082	－2.7258	0.223848
DB2	－0.00544	0.00055	－9.88341	0.064194
SR	0.002528	0.000265	9.531447	0.066548
R-squared0.99597　F-statistic　35.30815				
	Coefficients	标准误差	t Stat	P-value
Intercept	0.227836	0.053022	4.29702	0.023183
SHR	－0.0316	0.021344	－1.48063	0.235285
IND	－0.13235	0.131189	－1.00881	0.387375
TEC	0.000167	3.33E－05	5.007716	0.015328
DB2	－0.0049	0.001084	－4.51696	0.020284
SR	0.001957	0.000433	4.519726	0.020251
R-squared0.946321　F-statistic　10.57751				

研究结果显示，董事会规模对净资产收益率有正向的影响，但并不显著；国有股份比例、独立董事比例、员工支出、资本充足率与净资产收益率有负向影响，但同样不具有显著性；高管薪酬、社会相关责任对净资产收益率有显著的正向影响，每股经营现金流量净额对净资产收益率有显著的负向影响。

表 8-19 国有商业银行治理与总资产增长率回归分析

	Coefficients	标准误差	t Stat	P-value
Intercept	0.408631	0.458419	0.891391	0.536516
BOS	−0.0178	0.035377	−0.50306	0.703279
IND	−0.13421	1.531208	−0.08765	0.944344
TEC	0.000236	0.000239	0.987675	0.503948
STC	−3.68977	2.592082	−1.42348	0.389869
DB	1.249753	2.931251	0.426355	0.743431
DB2	0.007531	0.008889	0.847311	0.5525
SR	0.000506	0.004137	0.122214	0.92258
R-squared0.979577 F-statistic 1.043486				

	Coefficients	标准误差	t Stat	P-value
Intercept	0.133299	0.496301	0.268584	0.832956
SHR	0.092645	0.154834	0.598349	0.656732
IND	−0.443	1.012737	−0.43743	0.737487
TEC	0.000288	0.000243	1.181871	0.447056
STC	−3.94068	2.421239	−1.62755	0.35075
DB	1.671653	2.756106	0.606527	0.652912
DB2	0.006081	0.00839	0.724859	0.600702
SR	0.00028	0.004042	0.06933	0.955934
R-squared0.888884 F-statistic 1.1428				

研究结果显示，董事会规模、独立董事比例、员工支出与总资产增长率为负向关系，国有股份比例、高管薪酬、资本充足率、每股经营活动现金流量净额、社会相关责任与总资产增长率呈正向关系，但均不显著。

表 8-20 国有商业银行治理与不良资产率回归分析

	Coefficients	标准误差	t Stat	P-value
Intercept	0.012241	0.000336	36.38719	0.017491
BOS	0.000239	2.6E−05	9.202467	0.068909
IND	−0.06884	0.001124	−61.2656	0.01039
TEC	−2.3E−05	1.75E−07	−130.551	0.004876

（续表）

	Coefficients	标准误差	t Stat	P-value
STC	0.128654	0.001902	67.63733	0.009412
DB	0.128944	0.002151	59.94568	0.010619
DB2	0.000524	6.52E－06	80.40032	0.007918
SR	－4E－05	3.04E－06	－13.2953	0.047793
R-squared0.999973　F-statistic　5378.911				

	Coefficients	标准误差	t Stat	P-value
Intercept	0.015618	0.000633	24.67264	0.025789
SHR	－0.00108	0.000197	－5.45338	0.115456
IND	－0.06413	0.001292	－49.6483	0.012821
TEC	－2.3E－05	3.11E－07	－75.6415	0.008416
STC	0.132126	0.003088	42.78459	0.014877
DB	0.123471	0.003515	35.12428	0.01812
DB2	0.000543	1.07E－05	50.74305	0.012544
SR	－3.9E－05	5.16E－06	－7.48689	0.084531
R-squared0.999926　F-statistic　1929.573				

通过表 8－20 的回归结果可以看出，国有股份比例对不良资产率有负向影响，但不显著。独立董事比例、高管薪酬、社会责任相关的提高则有利于不良资产率的下降，且这种影响具有显著性；员工支出、资本充足率、每股经营活动现金流量净额则与不良资产率是显著的正相关关系。

表 8－21　国有商业银行 2011 社会利益相关变量与 2012 净资产收益率分析

	Coefficients	标准误差	t Stat	P-value
Intercept	0.318619	0.062402	5.105917	0.036283
TEC	0.000215	5.06E－05	4.24642	0.051232
DMH	－10381.4	3451.737	－3.00758	0.095052
STC	－0.23342	0.480535	－0.48575	0.675149
DB	－1.30111	0.533491	－2.43886	0.134919
DB2	－0.00547	0.001341	－4.07994	0.055152
SR	0.00244	0.000688	3.545218	0.071174
R-squared0.960023　F-statistic　8.004731573				

同样，本研究也对国有商业银行 2011 年社会利益相关变量（包括高管薪酬、董事与高管持股比例、员工支出、债权人保护、社会相关责任等变量）与 2012 年绩效、2012 年绩效与社会利益相关变量进行了回归分析，但基本没有发现显著的相关性，只有 2011 年的高管薪酬、社会相关责任与净资产收益率呈显著的正相关关系，而董事与高管持股比例、每股经营现金流量净额与净资产收益率呈现显著的负相关关系。

8.3 小　结

本章首先从股权结构、董事会治理、管理层激励与约束、外部治理机制、银行治理特殊性等方面对当前银行治理的研究现状进行了概述。然后在现有研究的基础上，本章试图对国有商业银行治理因素与绩效之间的关系做一考察，在治理因素中，不仅考虑了常规的治理因素如股权、董事会规模、独立董事比例、董事（高管）持股比例等，还考虑了治理机制中对债权人、员工、社会责任相关等方面的保护；而且绩效因素也不仅考虑了利润因素（净资产收益率），也考虑了银行经营安全因素（不良资产率）与长期发展因素（总资产增长率）。

在对银行治理机制与绩效关系进行假设的情况下，首先通过 16 家上市商业银行的样本数据进行了 2011 年各种治理变量与绩效关系的回归分析，考虑到绩效对治理因素的影响以及社会责任相关变量对绩效的滞后影响，又进行了 2011 年的绩效对 2012 年的治理变量的影响分析，以及 2011 年银行进行社会责任相关活动对 2012 年绩效的影响分析。其次，考虑到研究的主要对象是国有商业银行，研究通过国有股份比例是否相对控股保留了可称为国有商业银行的 9 家，并再次重复以上的回归分析过程。

研究结果发现，在考虑所有样本的情况下，各种治理变量与绩效关系的回归分析虽然基本符合研究假设，但绩效与净资产收益率、不良资产率的关系不显著，而多数变量与总资产收益率的关系较为显著。在仅仅保留国有商业银行的情况下，绩效与净资产收益率、不良资产率的关系较为显著，而多数变量与总资产收益率的关系基本不显著。

第9章 金融危机与商业银行治理

源于美国次贷市场的金融危机，已经对许多国家的金融体系和经济造成了非常显著的影响，可谓是近年来最严重的危机。金融机构和其他一些机构显然极大地低估了它们所承担的风险并且没有为可能的金融崩溃做好充足的准备。危机的深度影响迫使政府采取了前所未有的一些措施对重要金融机构和市场提供支持。尽管危机的形成是诸多因素的合力作用，但许多人认为金融机构缺乏有效的治理机制是危机形成的决定性因素。根据这种观点，金融机构公司治理的缺陷导致了对承担额外风险的强烈刺激。

9.1 金融危机的形成与特点

通常认为，金融危机是“全部或大部分金融指标——短期利率、资产（证券、房地产、土地）价格、商业破产数和金融机构倒闭数的急剧、短暂和超周期的恶化”（新帕尔格雷夫经济学大辞典，1996）。“金融”一词涵盖极广，金融危机也就具有不同的类型，如货币危机、银行危机、股市危机、债务危机和系统性金融危机等等①。货币危机是指投机冲击导致一国货币的对外比值大幅度贬低，或同时迫使该国金融当局为保卫本币而动用大量国际储备或急剧提高利率。银行业危机是指现实的或潜在的银行破产致使银行纷纷终止国内债务的清偿，或同时迫使政府提供大规模援助以阻止事态的发展。股市危机的表现最易把握，那就是股市崩盘。债务危机是指一国处于不能支付其外债本息的情形，不论这些债权是属于外国政府还是非居民个人。系统性金融危机，可以称为“全面金融危机”，是指主要的金融领域都出现严重混乱，如货币危机、银行业危机、股市崩溃及债务危机同时或相继发生②。

① 黄达．金融学（第三版）[M]．北京：中国人民大学出版社，2012.

② 同上。

20世纪90年代之前，金融危机通常只表现为某种单一形式，如60年代的英镑危机为单纯的货币危机，80年代美国储贷协会危机为典型的银行业危机。但是，在90年代，多数金融危机具有明显的综合性。较为典型的特征是，危机开始时是外汇市场的超常波动及由此引起的货币危机，进而发展到货币市场和证券市场的动荡，并最终影响到实体经济的正常运行。在大多数情况下，危机还引发了程度不同的外债偿付危机。

9.1.1 近代发生的一些金融危机

9.1.1.1 日本金融危机[①]

在经历了战后短暂的恢复重建后，日本经济进入了持续稳定的增长期，即使在20世纪70年代曾由于石油危机而短暂衰退，但在1985年之前，总体增长势头强劲。但建立在高储蓄率和内需相对不足基础上的外向型经济使日本的贸易收支出现了持续的大幅顺差（而主要贸易对手美国大幅逆差），这引起了日美间贸易摩擦的不断升级，日元面临巨大升值压力。1985年《广场协议》、1987年《罗浮宫协议》的签订使日元进入了逐步升值以至过度升值的过程。升值预期的不断强化，刺激了境外资金的流入，推动了房价及股价的持续大幅上涨。1989年日交易量曾达到25000亿元，日经225指数从1985年的10000点达到1989年12月19日38916点的高峰。资本管制放松和汇率波动导致的资本流入，不断推高资产价格，城市用地和住宅成为投资热点，主要城市的不动产价格节节攀升，东京的地价一度高得离谱（按1990年初的土地价格，用东京可以买下整个美国），资金推动下的价格飙升已经严重脱离了价值轨道。资产泡沫和金融泡沫彼此强化，缔造了极度脱离实体经济有效支撑的泡沫经济。为控制泡沫，大藏省先是采用提高利率手段，接着又采取了土地总量控制、税收强化、收缩银根和限制不动产贷款等手段，但为时已晚。随着泡沫崩溃，大批银行与企业陷入巨亏以至纷纷倒闭。泡沫经济的破灭对日本银行业造成了致命打击。日本银行的债权价值大大缩水，不良债权问题严重。尽管日本政府投入了大量资金用于解决金融机构的不良贷款问题，截止到2001年3月，日本金融业不良贷款总额达43.4万亿日元。银行坏账（特别是从事土地担保融资的银行）大量增加引起大小金融机构纷纷破产，金融市场受到重创，日本经济从此滑入了长达二十多年的低迷阶段[②]。

9.1.1.2 亚洲金融危机

从20世纪50年代早期开始，一直到1997年金融危机前夕，亚洲“四小龙”

① 富兰克林·艾伦，道格拉斯·盖尔著，张健康，臧旭恒等译．理解金融危机［M］．北京：中国人民大学出版社，2010.

② 陈雨露，马勇．大金融论纲［M］．北京：中国人民大学出版社，2013.

（中国香港、新加坡、韩国和中国台湾）与“四小虎”（印度尼西亚、马来西亚、菲律宾和泰国）一直被作为经济成功增长的典型，其经济多年持续高速增长。但在1997年7月2日，泰国中央银行由于承受不住金融压力而放弃维持泰铢币值，使得其币值在在岸市场上下跌14%，离岸市场上下跌了19%，随即拉开了亚洲金融危机的序幕。

接下来卷入金融风暴的货币是菲律宾比索和马来西亚林吉特。菲律宾央行试图通过提高利息率来捍卫比索，结果损失了15亿美元外汇储备，以失败告终。1997年7月11日，菲律宾央行允许比索汇率自由浮动，比索币值随即下跌了11.5个百分点。马来西亚央行虽经奋力抵抗，但也最终在7月11日使林吉特汇率实行自由浮动。印度尼西亚央行则在8月14日允许其卢比汇率自由浮动。

当时的“四小龙”也受到了影响。1997年8月初，新加坡决定放弃对其货币的支持，到9月底的时候其币值已经下跌了8个百分点。中国台湾也允许其货币贬值，并以此减弱了金融危机对经济的冲击。港币的汇率是钉住美元的，虽然受到了冲击，但最终成功维持住了汇率水平。一开始韩元相对于东南亚货币是升值的，但到了11月份的时候韩元币值也缩水了四分之一。1997年12月底，危机告一段落，此时美元相对于马来西亚、菲律宾、泰国、韩国和印度尼西亚的货币分别升值了52%、52%、78%、107%和151%。

1997年底，尽管货币市场上的混乱已经平静下来，可是这个地区仍然持续感受到金融危机带来的影响。许多金融中介、工商企业破产倒闭了，实体经济产出大幅度下滑。总体而言，这次金融危机使这些经济体苦不堪言①。

9.1.1.3 俄罗斯金融危机

1998年俄罗斯经济陷入多重危机。经济领域中爆发了金融危机、生产危机、预算危机和债务危机；而在全社会范围中，则出现了经济危机与政治危机和社会危机交织并发的局面。与前几年的经济危机相比，这场危机冲击之大、危害之深，都是俄罗斯实行经济改革以来所罕见的。1998年9月普里马科夫新政府的成立，避免了一场政权危机。但是，它难以在短期内扭转经济领域出现的多重危机并存的局面。

1997年俄罗斯股市的走势见好。上半年证券市场的行情攀升，50种股票“莫斯科时报”指数上升了140%，超过世界主要上升股票的最好成绩。但是，从第4季度起，受亚洲金融危机的影响，股市债市走跌。11月份外国撤走资金约100亿美元。据俄罗斯专家估计，从10月22日到年底，俄罗斯公司有价证券

---

① 富兰克林·艾伦，道格拉斯·盖尔著，张健康，臧旭恒等译．理解金融危机［M］．北京：中国人民大学出版社，2010.

市场的资本估值大约减少40%。进入1998年，股市继续下跌。继3月下旬、5月下旬的“黑色星期天”两次动荡之后，股市已下跌50%。7、8月份金融市场连续剧烈动荡。在5月的金融危机中，外资在很短的时间里撤走了140亿美元。银行的融资利率在大起大落中攀升：由2月初的42%跃升到5月底的150%，6月初在短暂回落（60%）后，7月初再次攀升到110%～120%。在5月27日，即“黑色星期天”这一天，国债收益率暴涨60%～80%，而股票指数却暴跌了10.5%。到7月初，短期国债的收益率回涨到115%～120%。8月以后，俄罗斯金融市场再次振荡。由于政府决定延期3个月偿还到期的外债（估计为150亿美元），转换内债的偿还期（将1999年12月31日到期的国债转换为3、4、5年期限的中期债券），在转换结束前，暂停国债市场交易，俄罗斯股票市场陷入崩溃状态。8月28日俄国际文传电讯社综合指标所包含的100种股票的市价下跌85%。俄罗斯的货币也不断贬值，曾在短短的一个月内，美元对卢布的官方汇率提高了98%，而卢布则贬值了48%，成为一年来世界最贬值的货币之一。同时，俄罗斯的外汇储备大量减少。自1998年8月份以后，一些大的银行合并，不少银行破产，许多地区重新出现了用卢布挤兑美元的排长队现象。

经济领域中，工业生产下降幅度创1994年12月以来的“最高纪录”。固定资产投资总额连年下降到1997年底，固定资产投资总额总共下降75%，即3/4。而进入1998年固定资产投资总额继上年下降后继续下降。通货膨胀率则大幅度上升，人们实际生活水准不断下降。在金融危机不断加深的同时，俄罗斯财政危机加剧，内外债债台高筑①。

9.1.1.4 阿根廷金融危机

20世纪七八十年代，阿根廷经济多次发生通胀和危机。到1991年，阿根廷引入货币委员会，令比索以1∶1的汇率钉住美元。阿根廷因此实现了一段时间内的低通胀和经济增长。与此同时，阿根廷经济的许多弱点却逐渐发展扩大，如公共债务不断增长，产出中用于出口的份额较低等，这一系列的问题集中于少数几个领域。1998年上半年，巴西陷入金融危机，其货币贬值，俄罗斯爆发金融危机，一系列事件促使阿根廷经济迅速转入低迷期；而货币委员会认为货币政策不能被用来刺激经济复苏。于是衰退不断深化，阿根廷的经济形势到2001年底的时候已无以为继。政府试图通过改变货币委员会的运作方式等手段改变经济形势。为了维持汇率，出口商可以获得补贴，而进口商则要为进口交税。这些手段并没有提升经济信心，却起到了相反的作用。尽管2001年9月IMF同意立即给予50亿美元的资金援助并且随后还会再注入30亿美元，阿根廷的经济却持续恶

① 高中毅．1998年俄罗斯的经济危机［J］．东欧中亚市场研究，1999（1）．

化。政府还进行了许多尝试来重构公共债务制度，但是经济信心依然没有恢复。

11月底，阿根廷出现了私人储蓄的挤兑现象，政府决定暂缓兑换美元。政府制定了许多控制措施，其中包括规定每人每星期从银行提取的现金数额不得超过250比索。2001年12月，阿根廷经济崩溃了，工业产值比上年下降了18%，进口下降50%，建筑业产值减少了36%。2002年1月，在三个星期内上任的第五位总统宣布要构建一种新的货币制度，按照交易类型实行多种汇率并行。2月份，这项政策就被废除了，比索汇率最终允许自由浮动，很快比索兑换美元的汇率就跌到了1.8∶1。

总体上说，金融危机是极具破坏力的。阿根廷的真实GDP在2002年下降了11%，2002年4月份通胀率达到了10%。政府宣布不再承担其债务。虽然2003年以来阿根廷经济开始复苏并有所好转，但要恢复危机前的经济活力仍需时日①。

9.1.1.5 美国次贷危机

2007年7月中下旬，美国次级抵押贷款危机爆发，并迅速从金融市场扩散到主流商业银行领域，随即从美国本土向全球各地蔓延。

20世纪90年代以来，在美国放松金融管理、金融产品创新和住宅抵押信贷经营方式变化的情况下，次级贷款余额为1.3万亿美元，占贷款余额的14%，涉及近500万美国家庭。由于次级抵押贷款的信用风险比较大，违约风险是优级住房贷款的7倍，其利率也相应高约350个基点，并且80%左右为可调整利率。但贷款利率不断下调时，可以减轻借款人的还款负担；但当贷款利率不断向上调整时，借款人的债务负担因利率上调而加重，导致拖欠和取消抵押赎回权的风险加剧。当然，如果宏观经济还处在上升期，房地产市场向好，借款人还可以按期还贷。在美国，由于70%以上的住房抵押贷款实现了证券化，2001年以来住房抵押贷款证券化已成为美国债券市场上高于国债和公司债的第一大债券。次级抵押贷款也被打包，通过发行优先/次级抵押贷款债券或多级抵押贷款债券和结构性金融担保抵押债权等方式实现了证券化，出售给境内或境外的投资者。如借款人可以按期还贷，次级抵押贷款证券就可以有稳定的现金流，从而保障证券投资的收益。此外，投资者的信心、媒体的炒作、从众行为和羊群效应，招致大量资金进入金融市场，形成一种惯性，使得资产证券化的信用链条可以不断地延伸、运作下去，即使有极少数借款人违约，也不会造成资产组合的现金断流。这就是在金融市场上大量资产证券无论质量高低，有些甚至是垃圾债券也可卖出好价钱的原因。但在经济环境发生逆转或波动时，如近期美国经济增长放缓、利率上调导

① 富兰克林·艾伦，道格拉斯·盖尔著，张健康，臧旭恒等译．理解金融危机［M］．北京：中国人民大学出版社，2010.

致借款人偿还能力下降，加上房价连续四个季度走低，使借款人无法靠房产增值、重新融资来减轻债务负担。借款人拖欠贷款或无力偿还贷款的数量不断攀升，2007年次级贷款拖欠率和取消抵押赎回权的比率分别高达13.33%和4%，远远高于优级抵押贷款的2.57%和0.5%。次贷危机开始显现，资产证券化则进一步将危机由抵押贷款市场传递到证券市场，使得危机迅速蔓延并传递到其他国家。

9.1.2 金融危机前典型特征分析

9.1.2.1 经济持续多年高增长

以危机前的东南亚各国为例，泰国、韩国和菲律宾三国国民经济在1997年以前，已连续15年保持6%～8%的增长，其中1990—1995年，泰国GDP的平均增长率高达9.04%。日本经济在20世纪90年代发生危机前的15年间，平均增长速度仍保持在4%左右。其中，1987—1990年日本GDP实际增长率分别高达4.9%、6.0%、4.5%和5.1%，远远超过预期。墨西哥在20世纪80年代末至1994年危机前，同样经历了较长的经济繁荣期，包括经济持续高增长、通胀率稳步下降、财政赤字消失等等。正是在这些国家持续繁荣的吸引下，才发生了以下一系列现象，使得金融体系的脆弱性不断累积[①]。

9.1.2.2 外部资金大量流入

经济的持续高增长以及相应的政策因素吸引了外部资金的大量流入。但外部资金为一国经济提供资金、推动经济增长的同时，也使这些国家更容易受到反向资本流动的影响，尤其是在外部资金以流动性极强的短期债务和热钱为主的情况下更是如此。

危机前的泰国，为推动经济增长和实现建设国际金融中心的宏伟计划，实施了一系列吸引外资和推进金融自由化的措施，鼓励从国外以低成本借入美元，导致资金大量流入。1991—1996年，泰国等亚洲主要资本输入国年平均资本流入390亿美元，1996年达到770亿美元，1997年上半年仍有310亿，而到下半年已经变成资本流出540亿美元。墨西哥以及拉美其他国家在20世纪80年代和90年代两次危机前，也都经历了大量外资流入的情形。90年代危机前外部资金流入的主要方式则是私人资本净流入，1990—1993年墨西哥每年私人资本净流入由58亿美元剧增到302亿美元，累积达到720亿美元，而其中有一半以证券投资的形式出现，此外，还有222亿美元的银行借款和162亿美元的国外直接

① 王自力．警惕繁荣背后的金融危机［N］．经济观察报，2007－05－27.

投资[①]。

9.1.2.3　国内信贷快速增长

在外部资金大量流入的情况下，各国又维持固定且相对较高的汇率，导致国内流动性明显增多，推动银行信贷快速增长。

1981—1997年的十七年间，韩国、泰国和印尼等东南亚各国国内信贷的实际平均增长率分别高达13%、17%和25%，特别是自由化措施使外币银行贷款的获得变得非常容易。90年代的墨西哥实行了利率自由化的改革，利润空间的收缩使银行走上以草率扩张来降低成本之路，银行贷款以每年20%～30%的高速增长，1990—1994年墨西哥银行信贷投放量分别高达265亿、299亿、266亿、135亿和349亿美元。为控制信贷而推行的高利率政策并未实现初衷，反而促生了更多的美元借贷，并加速了资金流入。泡沫时期，日本金融资产收益大幅上升，促使企业大举从银行贷款并投资金融资产，1985—1990年间，法人企业共筹集的405万亿日元中，有185万亿来自金融机构贷款，而各类银行对中小企业的贷款比率也较1975年上升了一倍以上，银行对个人的住房贷款增长更快，仅1986年增速最高达58%，并在1987—1990年之间的短短四年内就翻了一番[②]。

9.1.2.4　过度投资和资产价格的快速上涨

在外部资金大量流入和信贷快速增长的推动下，同时也是在对经济持续增长的乐观预期下，危机前各国普遍出现过度投资的现象，不但进一步吸引了外部资金的流入，而且，更为严重的是快速增长的对金融资产等虚拟经济的投资迅速推高了资产价格。

1986—1995年，韩国、泰国以及印尼等国的投资占GDP平均比例分别高达33.9%、36.3%和32.6%，1996年更是达到40%以上，导致电子、汽车等一些关键工业部门以及房地产出现生产能力过剩。1990年之前的日本，由于金融和土地资产收益率的上升，社会兴起投资股票和土地热，企业和个人大举借贷投资金融资产和土地。据统计，1984—1985年日本法人企业的金融资产与负债之比从58%迅速上升至95%的高位，企业所筹资金中的64%投资于金融资产，而金融机构本身也大量进行股票投资，其持有全日本股票的比例曾一度高达1/4。

尽管危机前各国宏观经济都呈现出良好的发展势头，如高增长、低通胀，但实际上，由于过于乐观的预期导致实际资本过度积累，特别是大量资金转向投机性强的证券市场、房地产市场，形成金融、房地产泡沫。如日本，经济衰退前日经股价指数从1983年的8000多点起步，1986年即达16400点，三年翻了一番，

① 同上。

② 王自力．警惕繁荣背后的金融危机［N］．经济观察报，2007－05－27.

其后上涨速度进一步加快，1987 年 6 月到达 25000 点，1989 年底达到 38900 点的顶点。相应地，股票市值从 1981 年的 81 万亿日元剧增到 1989 年的 527 万亿日元，而同时期日本的 GDP 增长不到一倍，股票的市盈率已达到 250 倍的异常水平。土地总市值则由 1981 年不到 GDP 的一半上升至 1990 年相当于 GDP 的 5 倍，以至于当时有“卖掉东京的土地就可以买下整个美国”之说。再看危机前的泰国，大量外资流入投资于房地产行业，房地产贷款比重高达 25%，空置率偏高，泰国股市、楼市乃至整个经济都出现过度繁荣。1993 年底，危机前墨西哥的股市同样出现了极度的繁荣，以美元表示的股票价格达到 1985—1989 年平均水平的 10 倍①。

9.1.3　金融危机的形成原因分析

9.1.3.1　市场流动性及资产负债期限不匹配的变动②

在过去的 150 年里，金融危机频繁发生。传统上有两种途径解释危机：第一种宣称危机来源于恐慌；第二种宣称危机源自经济基本面的恶化，即商业周期的一部分。如弗里德曼和施沃兹、金德尔伯格认为许多银行危机起源于无保证的恐慌，大多数银行是因流动性不足而非无力偿还债务而倒闭。米切尔及其他一些学者则提出另一观点，认为当存款人确信基本经济状况在不久的将来会恶化时，金融危机就易爆发。在这种情况下，存款人预期到银行违约而导致银行无法偿还自己的存款，因而现在就到银行提款。此时存款人预期银行无能力偿付存款而非流动资金不足。

众所周知，银行具有流动性负债和非流动性资产，即银行是借短贷长。这使得银行在突发的流动性需求（银行挤兑）面前是脆弱的。不仅如此，这种期限的不匹配反映了以下经济结构：消费者偏好短期流动性资产，但最有利可图的投资机会往往需要更长时间才有收益。银行是解决资产期限和时间偏好之间匹配问题的有效金融中介。

假设有三个时期，每一时期有单一的商品可用于消费和投资，并以此商品作为计价单位，消费者也分为前期消费者（在时期 1 消费，短期资产投资）和后期消费者（在时期 2 消费，长期资产投资）。在此基础上，布赖恩特（1980）、戴蒙德和迪布维格（1983）通过银行模型，一是提出了银行资产期限结构的模型，即低流动性则高收益；二是提出了流动性偏好理论，该流动性偏好被构建成跨期消

---

① 王自力．警惕繁荣背后的金融危机［N］．经济观察报，2007－05－27.

② 富兰克林·艾伦，道格拉斯·盖尔著，张健康，臧旭恒等译．理解金融危机［M］．北京：中国人民大学出版社，2010.

费的模型。由于投资者在决定投资时无法确定自己什么时候需要消费，因此产生了消费与资产期限不匹配的问题；三是将银行表述成为投资者规避流动性（偏好）冲击提供保险的中介。投资者将自己的资源汇合到银行，并接受依取款日期而定的消费量形式的保险合约，从而获得比在自给自足条件下或在资产市场中更好的流动性组合及更高的投资收益。

但在银行挤兑问题的解释上，戴蒙德和迪布维格认为非本质的不确定性起着至关重要的作用。银行挤兑发生的原因是后期消费者的信念。若所有后期消费者都相信挤兑将发生，则在中间时期他们都会去提款；若他们相信挤兑不会发生，则他们将等到最后时期再去提款。在这两种情况下，信念具有自验证性。戴蒙德和迪布维格认为挤兑产生于太阳黑子①，基于恐慌的银行挤兑的可能性取决于序贯服务（或者先来先服务）的约束。若不是这样，可以通过暂停兑换阻止挤兑的发生。

关于银行挤兑的另一观点是，银行挤兑是经济周期中自然成长起来的薄弱基本面因素的结果。经济衰退会降低银行的资产价值，提高了银行将来违约的可能性。如果存款人获得经济即将衰退的消息，他们将预测到银行方面的财务困难而试图提取自己的资金，这种试图将促成危机。根据这个解释，危机不是随机事件，而是对经济形势演变的合理回应。换句话说，危机是经济周期不可分割的部分。

布赖恩特（1980）的模型假定总贷款风险以及关于这种风险结果的不对称信息导致了一些存款人产生了挤兑的激励。

9.1.3.2 外部冲击②

外部冲击是指一些改变了时间段、改变了预期、改变了预测的利润机会和投资者行为的外部事件——“一些在大部分时间里没有被预料到的突发事件”。原油价格的上涨、未被预料到的货币汇率贬值都是一种外部冲击事件。外部冲击事件的影响规模很大，能够影响社会对经济前景的看法。最重要的外部冲击就是战争，有的危机爆发于战争刚刚开始或刚刚结束之后，如1873年、1914年和1920年的危机，但也有的预期是错误的。具有重大影响的政治变革也会影响制度与预期，如1688年英国的光荣革命促进了公司的发展。类似的事件有很多，包括法国大革命、恐怖统治、执政政府和法兰西帝国时期以及拿破仑战争本身，都发挥着外部冲击的作用。战争、革命、复辟、体制变革以及武装起义大多产生于经济

① P太阳黑子是一些随机变量，这些随机变量具有高或者低两个值，概率分别为P和$1-P$。当现实中随机变量的值是高的，存款人到银行挤兑；如果值是低的，则不挤兑。注意，随机变量对偏好和资产收益不产生直接影响，它仅仅是一个协调存款人决策的方式。

② 查尔斯.P.金德尔伯格著，朱隽等译．疯狂、惊恐和崩溃——金融危机史（第五版）［M］．北京：中国金融出版社，2011.

体制之外，因此，人们在设计模型时大多排除了这些因素。而近代主要的外部冲击事件包括对银行和金融机构管制的放松，管理的放松会催生更多的衍生产品（衍生产品出现很早，但放松管制前规模很小）。共同基金和对冲基金借此可获得新的摄取财富的机会（当然也面临更大的风险敞口）。房地产投资信托基金，银行将贷款和抵押贷款都可通过证券化出售，私营企业首次公开募股也更加简便。对金融机构管制的放松是导致20世纪80年代（尤其是80年代后半期）日本资产价格泡沫的重要诱因。每一家日本银行都关注其资产规模和存款规模的增长，每一家银行都希望将资产蛋糕做大，这意味着每家银行都努力使其贷款规模增长得比其他银行快。

20世纪20年代的科技革命带来了一系列的外部冲击，汽车产量的爆破式增长、美国大部分地区实现电气化、电话网络的快速延伸、影院数量的急速增加、收音机的出现等都是重要的外部冲击事件，也催生了大量的投机资本。90年代的情形与此类似，尤其是90年代后半段，科技革命和信息技术革命再次带来重要的变革。风险投资公司为创意发放贷款，资助创业；企业通过夹层融资获得资金；大型投资银行安排企业IPO。股票上市公开交易首日的暴涨传达了这样一条信息：股票价格只会上涨。事实是，在20世纪90年代后期，绝大多数股票上市交易首日的价格都远远超过招股价格。

虽然，我们认为每个人都是理性的，但是如果受到某一种来自系统外的冲击干扰，个人就有可能出现判断失误，包括对自己的判断失误和对别人的判断失误。有很多外部冲击事件发生，但只有一小部分冲击事件会导致投机狂热。

9.1.3.3　投机性泡沫破灭和借贷繁荣的突然中断①

在描述历史上的资产泡沫时，金德尔伯格强调了货币量和可得信贷因素的作用，“投机过热会通过货币和信贷的扩张而加速，或者在有些情况下，投机热就肇始于货币和信贷的扩张”。20世纪的一些事件如日本金融危机、北欧金融危机以及墨西哥金融危机中，资产价格上升，然后急剧崩溃，金融自由化后出现的信贷扩张似乎是导致此类事件的一个重要因素。这类危机中事件的典型顺序大致如下，最初是某种类型的金融自由化，它导致了信贷的大规模扩张。银行借贷大规模增长，贷款的一部分做了新的投资，但是大部分都被用来购买股东的资产，如不动产和股票。由于这些资产的供给是固定的，所以其价格会上升超过其基本价值。该进程会一直持续下去，直到发生了一些真正意味着资产回报率将在未来下降的事件。另外一种可能是，由于担心经济过热和通货膨胀，中央银行被迫限制

① 富兰克林·艾伦，道格拉斯·盖尔著，张健康，臧旭恒等译．理解金融危机［M］．北京：中国人民大学出版社，2010.

信贷。一个或两个这类事件的结果将会是不动产和股票价格的崩溃。银行危机的出现是由于价值以泡沫价格衡量的资产被用作抵押品。当外国投资者撤出资金，而央行在试图缓和银行危机或保护汇率之间做选择时，又可能会出现外汇危机。这种危机溢出到实体经济时，就出现了经济衰退。

Allen and Gale（2000）基于理性行为假设构建了一个理论，试图解释"什么引发了泡沫?"、"银行系统的作用是什么?"、"什么导致了泡沫的破灭?"等问题。在模型中，以机构投资者做解释，做出投资决策的人用借来的钱进行投资，如果违约，他们将只承担有限责任。贷款人无法观测到投资项目的风险，因此存在代理问题。债务合同的情况与发生的代理问题类似。如果基金经理投资的资产表现良好，将来他就会吸引更多的资金，获得较高的回报，如果投资的资产表现不好，施加给基金经理的处罚是有限的，最坏的情况就是他们被解雇。根据该模型，在投资者以自有资产进行投资与借钱投资两种情况下，后者由于代理问题的存在，会发生风险转移问题，风险资产的均衡价格将超过前者投资时资产的均衡价值，而且，该资产风险越大，潜在风险转移越多，而价格也会越高。

虽然存在违约风险，但银行在风险资产供给固定的情况下，将储户的资金借给投资者，部分投资者投资于安全资产，部分投资者投资于风险资产，并将最终的收益（低于风险资产的高收益和安全资产的收益，但高于风险资产的低收益）付给储户，最终是储户承担了代理问题的成本。但前提是银行和存款者无法获得借款投资者进行投资的资产。而且，Allen and Gale（2009）也通过模型说明总信贷额度的变动（央行可决定）会引发资产价格比较大幅度的变动。以及央行控制信贷额度的能力有限，信贷额度受政策偏好、管理、外部环境的变化存在不确定性的情况下，尤其是当经济正在经历金融自由化时，随着时期的增加，泡沫可能会变得很大，市场价格可能会远远高于其基本价值。

通过此前的分析可以看到，如果信贷总额上升，则资产价格会很高，违约将被避免。然而，如果信贷总额下降，则资产价格会降低，违约就会发生。而且关键在于，投资者在决定为风险资产借多少还多少的问题时，对信贷扩张的预期已经考虑在内了。如果信贷扩张比预期的要低，或者只是没有达到预期的最高水平，投资者就可能无法偿还贷款，违约也就发生了。Allen and Gale（1998，2004）通过模型说明，如果存在着一个风险资产市场，这个市场允许银行出售其资产，那么配置将是效率低下的。伴随着危机来临，所有银行的资产被同时变现，这将会导致负泡沫和低效率的风险分担。然而，央行可以通过适当的货币政策（介入并提供流动资金）来防止资产价格降到其基本价值之下。

央行需要防止正泡沫和负泡沫的发生。但是，正确识别哪个是相关问题以及选择适当的解决政策也是很重要的，否则情况只会更加糟糕。

9.2 商业银行与金融危机

9.2.1 银行治理问题与金融危机

银行公司治理的特殊性质首次引发关注是在1997年亚洲危机期间。此后，与一般公司治理发展趋势相一致，世界范围内的上市银行甚至非上市机构开始公开强调良好公司治理对公司至关重要，并且采用了若干个性化的公司治理规则。具体来看，巴塞尔银行监管委员会在1999年出版了“提高银行机构的公司治理”指引第1版，OECD在2004年详尽修订的公司治理准则的基础上，于2006年公布了修订版的指引。针对次贷危机以来所暴露的深层次问题，又于2010年发布了第三个版本《加强银行公司治理的原则》。一些国家的银行监管部门也已经制定适应银行需要的详尽的公司治理结构和特征的相关准则。

孱弱的银行公司治理越来越被认为是引发近来的金融危机的重要原因。2007年金融危机以来，以OECD开始，银行公司治理问题重新成为关注的焦点。OECD公司治理指导组，以银行公司治理问题与一般公司治理问题没有根本性不同的前提为基础，首先进行了关于公司治理四个方面（薪酬、风险管理、董事会运作、股东权利行使）的实际调查研究。在有关发现的基础上，指导委员会发表了关于银行业内外部的关键结果和主要教训的一个详尽报告。特别是研究结果指出，当前没有修订OECD原则的迫切需要，但却有必要对已经达成一致的标准进行更有效的贯彻。G20在2009年4月的伦敦峰会上，也承认该问题具有重要性，虽然没那么直接。在欧洲，前欧盟内部市场委员迈克里维（McCreevy）宣称将致力于反思金融机构董事、管理者和股东的作用，为的是强化非执行董事和股东的地位，并且相对于短期红利支付而言，将优先考虑长期股东的价值。而且，由法国央行前行长、IMF前总裁雅克·德·拉罗西埃尔（Jacques de Larosière）领导的欧盟金融监管高级专家组在报告中坦承银行公司治理是“当前金融危机的最重要的败笔”。在欧盟成员国内部，尤其是英国，也发出了类似的声音。英国特许公认会计师公会认为“这种信用恐慌在很大程度上应该视为一种公司治理的失败”David Walker爵士，在承担的一个英国政府关于英国银行业公司治理的独立审查中，提出既然由于危机之前的时期存在谨慎监督和金融管制的严重缺陷以及银行内的重要治理失败，“现在需要把公司治理问题带回舞台中心”。甚至金融服务局，虽然有那么点不太情愿，可能由于自身在此领域的历史记录，声明“孱弱的公司治理……只是引起危机发生的众多因素中的一个，……

现在已经被认为是最重要的一个因素”。

虽然通常认为银行公司治理的缺陷似乎推动了危机的形成，但却很难估算危机到底在多大程度上是由于公司治理的原因。因此，关于银行公司治理问题在危机中所起到的作用看法迥异。Kirkpatrick（2009）认为“金融危机在很大程度上是因为公司治理安排的失败和弱化”。相反，Acharya et al.（2009）认为“是否银行自身的治理失败足以引起如此量级的危机，很可能不是……”。Beltratti and Stultz（2009）利用 RiskMetrics Corporate Governance Quotient 的分指数以及其他一些公司治理和投资者保护的指数进行研究，并未发现支持在危机期间好的公司治理与好的银行绩效间关系的一致性证据，甚至在一些样本中还发现高治理得分的银行反而绩效更差。Adams（2009）通过比较金融和非金融企业的若干公司治理特征得出金融企业的治理与非金融企业治理是可比较的。这些研究认为，考虑到公司治理权威和监管者建议的一般标准，金融机构治理并非看起来的那样失败。

除综合研究银行公司治理与金融危机的相关关系之外，还有对银行治理相关因素与危机关系的研究，包括良好公司治理的综合指标、管理层薪酬实践、董事会的结构和有效性以及其他激励等，通过对这些因素的研究，可以对银行公司治理与危机的关系进行更为详细的考察。

9.2.2 金融危机与管理层薪酬

一个基本被认可的看法是金融机构经理层报酬鼓励的风险承担行为导致了金融危机。银行和证券公司等的管理层薪酬设计并不合理，它奖励了短期和高风险的策略行为而不是奖励长期行为。但薪酬实践与金融危机之间的关联证据是含混的。Fahlenbrach and Stultz（2010）研究并未发现股权期权和更具敏感性薪酬会导致在金融危机中更差的表现。在危机中遭受重大损失的大型公司中，Fahlenbrach and Stultz（2010）以及 Nester and Advisors（2009）也主张许多经理层拥有股票期权，从危机中遭受了实质性的损失，并因此暗示公司治理框架应该与长期绩效相联系。然而 Bebchuk et al.（2010）的结论是贝尔斯登和莱曼兄弟的最高管理者们在公司破产前的多年中并未使薪酬的基础——公司绩效得到足够的回报，实际上，薪酬激励承担过度风险的行为。虽然迄今没有获得任何的有力证据，但高激励、短期导向的报酬结构，以及部分银行家的贪婪成性被看作是金融动荡的主要甚至是唯一诱因。因而，国家以及国际层面迅速产生了非常多的关于该领域改革的建议，与此同时导致了各国监管权威部门监管细则的出台。这包括对机构吸收存款的限制、政府的监管指引、经理层薪酬委员会及披露等。Fahlenbrach 和 Stulz（2011）研究了 CEO 激励以及股票所有权对银行绩效的影响，发现并无证据显示银行较好的绩效和为管理层提供的更强的薪酬激励（即以股权激励为基础的薪酬部分占比较大）之间存在一致性。实际上，Fahlenbrach和Stulz（2011）以及Beltratti和Stulz（2011）的研究发现银行为CEO们提供较强激励的在危机中表现反而较差。对此可能的解释是CEO们在危机前过于注重股东的利益，采取了他们认为市场会认同的策略，但后来，事实说明这些结果被证明是失败的行动，给银行和股东造成了巨大的代价。

虽然大型金融机构中激励过度的问题一直存在，并且被认为对金融体系构成了系统性威胁，但在危机中仍被看作“太大而不能倒”。

9.2.3　金融危机与存款保险

此次危机另外一个关注点是被与存款保险相联系的道德风险所扭曲的金融机构治理，“太大而不能倒”以及其他形式的公共支持和保护。从这点上说，因为知道市场不会因风险增加而对其进行彻底约束，管理者、董事和投资者特别是大型金融机构的这些人员可能因此而主动承担额外的风险。危机之前，Rime（2005）、Morgan and Stiroh（2005）发现被认为是“太大而不能倒”的银行得到了依据实际情况而言更有利的信用评级，并且相较其他银行而言能够受益于更低的存款成本。因此，在危机中遇到重大问题的大型金融机构比其他企业更有动机和机会主动承担更多风险。

假设为高杠杆率银行和系统重要性银行提供足够多的保护。Nestor Advisors（2009）and Bolton et al.（2010）进一步争论说仅结合管理层与长期持股者的利益对于合理的公司治理并不足够。相反，他们建议治理和财务激励应该以更好的方式安排，即能够把管理者与更大范围的利益相关者包括贷款人、存款人以及其他相关方的利益结合起来。

9.2.4　金融危机与董事会及首席风险官

这次的危机也被归结于金融机构董事会结构和效率上的弱点，回顾一下，可以很容易地断言许多机构的董事会在监督管理层以及风险监管方面并不成功。然而最近的一些研究也指出如何提高董事会治理角色（例如更大的独立性）的普通观点在危机期间并未发挥作用甚至还起到了相反的作用。

例如，Nester Advisors（2009）发现美国主要的投资银行都设立了董事会并满足较高独立性的标准，而且Adams（2009）和Erkens et al.（2009）总结得出具有更为独立董事会的银行在危机中损失更多。Adams（2009）和Kirkpatrick（2009）甚至暗示大的金融企业过犹不及，在董事会中安置了过多缺乏技能的独立董事却难以监督复杂的金融运作。Ellul和Yerramilli（2010）在一项对银行持股公司的研究中为上述观点提供了支持。他们的研究显示在危机期间风险暴露更低和表现更好的公司具有更积极的董事会风险管理委员会，而且委员会中的独立董事拥有更多的银行经历。因此，从公司治理的观点来看，金融机构董事会的结构也许并不像董事的能力及其激励那么重要。Mongiardino 和 Plath（2010）研究表明即使在信用危机引发的监管压力增加的情况下，大型银行的风险治理提高有限。他们概括了银行风险治理的最佳实践案例，还突出强调了最低的要求：①专注的董事会层面的风险委员会；②委员会中大部分成员应是独立的；③首席风险官应是执行董事会的一员。通过对 20 个大型银行的考察，他们发现只有很少的银行遵循了 2007 年的最佳实践。虽然大型银行设立了专注的风险委员会，但大部分委员会成员并不经常会面。而且，多数委员会的成员不具备足够的独立性和金融方面的专业经验（Hau 和 Thum，2010）。Erkens，Hung 和 Matos（2010）利用 30 个国家 296 家金融机构的样本研究了 2007/2008 危机期间公司治理和绩效表现的关系，发现具有更独立的董事会和更高的机构所有权的金融机构在危机期间股票回报更差。Beltratti 和 Stulz（2011）利用国际范围内 98 个银行样本研究了危机期间公司治理和银行绩效的关系，发现以 RiskMetrics 的 CGQ 衡量的股东友好型程度更高的董事会在危机中表现更差，说明一般意义上理解的好的公司治理并没有真正为股东最佳利益服务。Aebi 等（2012）研究了与风险管理相关的公司治理机制，如执行董事会中首席风险官的设立、首席风险官是向 CEO 报告还是直接向董事会报告，是否与 2007/2008 危机期间银行绩效的更好表现相联系。研究采用持有期收益和资产收益率衡量银行绩效，并且控制了 CEO 所有权、董事会规模、董事会独立性等公司治理变量。最重要的是，研究结果指出首席风险官直接向董事会报告而不是向 CEO 或类似公司机构报告的银行，在危机期间显示了更高的股票回报和资产收益率。相反，一些常规的公司治理变量与公司在危机期间的表现相关性不显著甚至负向相关。

9.3 后金融危机时代商业银行治理的新趋势

监管部门对银行公司治理的关注有时候是出于金融稳定的视角。实际上，监管部门，其追逐的首要目标是保持甚至提高金融部门稳定性，关注所有银行的金融健康，即使是最小的银行也不例外。换句话说，持有金融稳定观点的金融机构，试图阻止即使是单个小银行的崩溃，而不管这个结果是因为决策者或高管层的犯罪或不诚实的行为，还是因为承担了过度的风险。对于后者，监管部门的角色是强化监管以进一步限制风险承担行为。然而，银行部门的首要责任是进一步加强已有的谨慎监管原则。

9.3.1 巴塞尔委员会银行监管指引

9.3.1.1 银行监管指引的原则

监管部门关于银行公司治理问题的观点已经在巴塞尔委员会关于银行监管的指引“加强银行公司治理的原则”表述得非常全面。简单概括如下：

既然公司董事会和高管层对公司经营运作的有效监督管理有助于维持一个有效率的和低成本的监管体系，另外可以使监管部门对公司的内部更加信任，因此作为股份持有者的监管部门（和政府）对健全的公司治理抱有强烈的兴趣。为帮助世界范围内的监管部门和银行机构落实健全的治理实践，指引提出 14 个高层次的原则（2006 年为 8 个）以及相应的细则标准与解释[①]。原则上，这些指引可以应用于各种类型的银行机构，而与这些银行的法律形式、董事会结构（单层或双层）、所有权结构以及上市与否无关。但是，另外一方面，这些指引应该根据银行规模、复杂性、结构、经济重要性和银行与银行集团的风险概况分别应用。

9.3.1.2 巴塞尔委员会监管指引的性质

巴塞尔委员会关于公司治理方法需要监管部门的关注作为特定的驱动途径。十四个原则在其他地方受到广泛讨论的事实恰当地说明了这个观点。在此，对有关情况进行概括。

董事会应该考虑存款者的利益，而不是仅仅关注股东的利益。

这些原则主要关注的是董事会，尽管也在很有限的程度上关注了高管层以及执行董事。股票持有者的作用以及市场对公司控制（外部治理）的作用被丢到一边。实际上，监管机构的关注焦点在于，健全的银行会建立健全的银行运作实践、会执行有效的风险管理、控制、合规和审计功能。根据这些功能的本质，应该由董事会和高管层采取需要的行动来实现目标，即制定能够和落实恰当的政策，以及内部结构和机制。

这些原则部分关注了董事会层面以及监督功能和管理功能层面下的公司内部结构，例如对内部控制功能的要求，包括合规功能和法律以及内部审计功能。原则也相当关注董事会和/或个人董事的责任，对高层管理和高层管理人员也给予了一定的关注。这个方面最显著的是全面的清单涵盖了委员会观察到的提升银行金融健全性所需要的董事会及其成员的详尽行动（虽然不是有意为之）。实际上，既然监管机构首要关注点在保持银行安全和健康，公司治理是关于企业管理运作的，特别是关于组织结构的管理决策以及管理和控制各种风险的机制。正如意大

① 有关巴塞尔委员会《强化公司治理指导原则》的详细内容参见本书第 10 章第 4 节“巴塞尔委员会《强化公司治理指导原则》”。

利央行简洁地表述："银行组织和公司治理结构不仅仅是对公司利益的回应，也是实现健全和谨慎管理的环境、实现规制和监督控制的潜在目标的保证"。

结果就是，从监管机构的观点看，银行公司治理的目的对于保证公司对投资者做出的完整承诺还不够，它只是做到了对存款者和债权持有者的承诺。

9.3.1.3 指引的实施与欧盟的法律

对于巴塞尔委员会指引中原则的实施，迄今为止在欧盟相当详尽广泛。在很大程度上，这些原则来自巴塞尔协议Ⅱ框架的支柱 2，而且欧盟通过资本要求指令已经对所有银行引进了整体巴塞尔协议Ⅱ框架，该指令依次包括修订银行指令和重铸资本充足性指令。相比而言，美国已经选择了更为严格的执行。只有一些大型国际性银行被要求，其他一些符合要求的银行可以决定参加，采用内部评级法和其他方法对信用风险的风险资本要求进行计算，采用高级计量法对操作风险的风险资本要求进行计算。

此外，在欧盟内部，由于作为 Lamfalussy 立法程序中的第三个层次的立法文件的一部分要与成员国对欧盟法律的应用协调一致，欧洲银行业监管机构委员会已经发布了指引，内容包括关于银行内部控制的一系列要求，按照委员会的说法，这些要求应源自修订后的银行指令。

9.3.2 银行监管和银行治理的功能联系

从功能术语来说，公司治理和银行规制/监管之间的关系常常被看作是互补的或者替代的。然而，在现有的银行董事会和高管层层面的监管规制实际运作情况看，却呈现了相对立的特质。例如，严格监管的存在使得股东能够容忍高级管理层低水平的工薪和与激励有关的报酬以及董事会的低水平薪酬，而后者是 20 世纪 90 年代美国银行的证据确凿的特性。

理论上说，银行公司治理和银行规制/监管之间的关系是错综复杂、难以理解的。为进行卓有成效的分析，研究者应该区分债权治理和股权治理。关于债权治理，监管机构的着力点在于保持个体银行的金融稳定，这与银行存款者和其他债权人的观点是一致的。甚至，银行监管权威机构通常被看作是对银行债权治理的替代，即存款者和其他债权人的监督活动。更重要的一点是，银行管制可以作为存款者/债权人对银行风险承担行为监督不足（由于银行的不透明性、"搭便车"行为、监督因存款保险的存在而缺乏激励等原因）的一种补充机制。

因为银行监管机构和股东的根本利益存在差异，所以银行规制对股权治理产生的影响是非常不同的。股东和监管机构都希望银行拥有高质量的公司治理机制、结构和程序。特别是，他们也都对以下方面有浓厚兴趣，如银行有效内部控制系统的设计，银行有效风险管理的运作，以及银行董事会充满拥有相关经验和充裕的时间来进行董事会工作的成员，而且董事会功能因适宜的委员会的设置而能够有效发挥等。然而，一个基本的差异仍然存在：监管机构在意的是银行的长期持续经营而股东感兴趣的是高额回报，且对于高度分散化的股东来说，该差异更加明显。因而，关于公司治理在本质问题上的标准，即银行高管层和董事会进行决策的目标和准则，监管机构可能赞成的标准与此会相当不同。如谨慎监管，对杠杆和流动性要求的独断限制就是一个典型的例证。此外，考虑到公司治理给董事会或高管层决策实质标准所带来的间接负担，监管机构对良好公司治理的定义可能将会有很大不同。这方面最重要的问题是薪酬体系的结构。股东更愿意接受的支付安排不太可能与监管机构为社会优化方案而做出的选择一致。显然，当前监管机构设计或者执行的对银行薪酬结构进行限制的方案比危机前的激励方案更为严格，当时的方案更为符合股东的短期利益要求。

9.3.3 金融危机后的银行公司治理：证据和改革①

9.3.3.1 证据

公司治理失败是否或在何等程度上被认为是金融危机的原因，仅仅是回答“是的，我们存在问题”似乎很容易。英国大卫·沃克尔爵士以及其他的银行业监管者能够指出很多危机之前公司治理不健全的例子，而且随着时间推移，更多的无对照证据（anecdotal evidence）将会显现。而且，即使不健全的公司治理实践中异乎寻常的案例也并不支持公司治理失败是个重要的甚至最重要的危机诱因的说法。更何况，任何没有对照的证据都很难作为有效的证据。广泛的银行公司治理失败是危机诱因的证据只能通过实证研究得出。

迄今为止，系统的实证研究并没有对公司治理失败假设提供坚实的支持。例如，Beltratti 和 Stulz 并没有发现以数据（该数据被用来计算广为人知的 CGQ 分数）来测度的具有较好治理的公司在危机中也表现较好，反而发现强烈的支持证据，如果银行拥有良好股东关系的董事会，那么其在危机期间和危机前（2006年）会表现较好（以股票收益率衡量）。与此类似，Erkens，Hung 和 Matos（2010）通过对 30 个国家的 296 家金融机构的研究，得出的结论是他们的研究结果与假设并不一致，公司在金融危机期间遭受的损失是董事会和投资者疏于监督的后果。相反，拥有更加独立的董事会和更大的机构投资者不仅更可能因为较差的绩效表现替换 CEO，而且在危机期间会遭受更差的股票收益和更大的资产减值确认。

① 本部分内容主要参考了 Peter O. Mülbert 的 Corporate Governance of Banks after the financial Crisis-Theory, Evidence, Reforms, Law Working Paper, www.ecgi.org.

存在争论的是，这些结果还不能当作反对为提高公司治理而进行改革的全面论据。一些领域，特别是风险管理，实质性的提高的确很有必要，虽然不同的银行在这方面的程度极其不同。另外一方面，监管机构突出强调了风险管理的不足之处，而这通常与有缺陷的管理实践有联系，而与股东确保他们的投资能够得到一定的回报的方式没有联系。一个直接的例子是过度依赖 VAR 或其他数量风险测量方法作为公司评估当前风险状况的手段。此外，即使所有银行由于政府提供的（如谨慎监管）、中央银行（如非常低的利率）提供的以及最可能由监管机构提供的一些激励，已经遵循典型的公司治理实践，但危机依然在几年内爆发。例如，如果董事会没有参与公司风险偏好的设定，他就难以理解这种风险容忍度和董事会参与设定并选择的风险容忍度到底有什么不同。理论认为，根据不同环境，管理层对次优最低风险水平的选择和对次优最高风险水平的选择可能性是相同的。

9.3.3.2 风险管理

除报酬以外，风险管理因为争论激烈而吸引了最多的关注，争论的内容是为提高银行公司治理水平，应当从危机中吸取的教训。

银行风险管理可以说是完全失败的，而用来解释的原因可以列出长长的表格。风险管理专注于测量而不是识别，结构性产品如 CDOs、ABSs 以及其他一些产品的风险并没有得到完全的识别；风险集中的领域也没有得到高管层正确的认识；风险压力测试使用过去的事件而不是识别新的风险和分别审视可能的新事态；董事会也过度依赖数量风险模型（如 VaR 和其他类似技术），疏忽了“肥尾”风险才是董事会最应该关注的，董事会甚至忽略了公司当前风险状态与公司风险偏好程度的联系。特别是，危机的一个重要教训是董事不应该因为资本充足率管制而感到安慰。

董事会应该积极承担风险管理的职能至少有个前提，那就是董事会的（部分）成员有足够的金融从业经历，或者至少拥有某种（学历）背景，他们的背景能够使得他们通过学习迅速理解公司使用的风险管理的工具和概念。当然，这也要求关于公司风险状况的信息以某种方式提供给董事会，并且在一定程度上允许董事会参与设定公司的风险偏好和评估当前与设定的风险目标相联系的风险状况。

相比之下，提高组织最高层的风险管理责任看起来缺乏保证。虽然大卫·沃克爵士强烈建议建立独立的风险委员会，即风险委员会与审计委员会（关注当前风险暴露和远景）应该分离，但类似委员会的设立只是一个可行性建议而并非是必不可少的。实际上，对银行来说得到的教训是，公司综合的、独立的风险管理职能应该由完全独立的首席风险官直接担任，而且首席风险官应属于公司的最高领导层，可以直接与董事会对话或汇报工作。如果有相应的风险委员会或审计委员会，则向委员会汇报。首席风险官是独立的，组织应赋予其相应的地位和权威对贯穿整个机构的健全的风险管理运作施加影响，并且赋予风险管理职能部门必要的权威和组织权力。

9.3.3.3 对董事会成员的要求

谈到董事会成员的资质，相当大的一部分独立董事实际并没有在任何方面对公司绩效形成有利影响。当把银行董事会和其他公司董事会区分后，结果更让人惊讶。金融业董事会主席的专业才能与银行绩效间是正相关关系，而且这种正相关关系非常稳定，无论董事长是银行的前CEO还是从其他机构获得的经验。这个发现对无论是否是金融机构，法律规定的独立性要求还是公司治理法规明文昭示的独立性要求都具有明显影响，并且应该给予更严格的诠释，或者就像由此不断引发的争论，更宽松点。

董事会中非执行董事会的作用和资质，更是在沃克尔评论[①]中受到主要关注，特别是通过对大西洋两岸的几家银行观察后发现，这几家银行的策略是由长期根深蒂固的执行官决定的，内部决策过程缺乏外部的投入，相比那些有机会在董事会上提出质疑的银行，看起来遭遇了更多的不利情况。评论呼吁非执行董事会从“接受决议”转向对执行董事们提出的计划、策略、观念等表露出更多的考验和质疑的意愿。关于这种转变，报告建议对非执行董事要求更严苛的资格条件，不仅就知识、专业技能、经验而言，还有性格品质，更多参与董事会活动的时间，以及贯彻为确保非执行董事能够符合董事会更高标准的程序保证，如内部支持的获得，入职、培训和发展计划的存在以及金融监管机构更积极作用的发挥。

9.3.3.4 关于薪酬问题

行业的薪酬结构是否有力地激励了对短期风险的承担，而这是否是金融危机的一个重要甚至是主要原因还存在争论。然而监管者、政治家和社会差不多一致赞成对银行薪酬问题施加新的严格条例，特别是在较宽松的程度上，对大的和/或上市公司做出相同的要求。

（1）实证方面的研究

迄今为止，实证方面的研究并没有为高激励的短期薪酬结构是危机的（主要）原因这种断言提供清晰鲜明的证据。然而早期的一些研究发现管理层高薪酬

---

① David Walker，“A review of corporate governance in UK banks and other financial industry entities-Final recommendations”，November 26，2009，9，http：//www，hm-treasury. gov. uk/walker _ review _ information. htm.

现象在高风险金融机构普遍存在，但另外的一些研究并没有发现薪酬结构和风险之间的任何关联。Fahlenbrach 和 Stulz（2009）通过对 98 家美国银行的研究发现把自己利益和银行利益更好地结合起来的 CEO 领导的银行在危机期间的股票收益以及股东回报较差，但在危机爆发前的表现却相当好。更重要的一点是，他们声称银行 CEO 的激励与股东利益间缺乏一致性不应该因信用危机的发生或危机期间的银行绩效而受到责备，毕竟 CEO 并没有在危机之前出售持有的股票。

Bebchuck，Cohen 和 Spamann 近来研究表明贝尔斯登和雷曼兄弟的五个高管，分别从 2000—2008 年期间的现金分红和股权出售（价格远远超过了这一期间开始时高管们的期初持有价值）中得到的现金流，从而高管们这段时间的净报酬毫无疑问是正值。因此，他们正确地指出，当公司倒闭高管们遭受的巨大账面损失不应成为离职的理由，也不能成为接受当前盛行的薪酬结构作为金融危机的重要原因这种说法的理由。更重要的是，高管层对危机缺乏预见能力并没有排除这样一种可能性，即高管层的决策实际上受他们高度集中的、短期导向的薪酬契约的影响。但是，Fahlenbrach 和 Stulz 随后发现股票期权的数量和现金分红对银行绩效没有任何影响，既不影响股票收益也不影响股权收益率。

(2) G20 匹兹堡峰会前后的改革倡议

根据 G20 的要求，FSB（金融稳定理事会）为匹兹堡峰会（2009 年 9 月 24/25 日）准备了一个合理薪酬标准的原则文件，这份原则的出台标志着多数国家限制银行薪酬努力的一个转折点，同时，这份原则也可以作为把国际国内的无数倡议进行分门别类的有效参考点。

通过设定国际一致意见基础上的最低标准，原则在规制薪酬实践方面终止了任何国际逐底竞争（向下竞争）的尝试。此前，各国监管机构颁布的规制草案由于受到利益团体的强烈批评，结果是常常在最终执行前被打折扣（英国金融服务局薪酬实践的规定，瑞士金融市场监督管理局薪酬安排的通告等皆是如此）。

相比而言，巴塞尔银行监管委员会颁布了薪酬原则和标准的评估方法，细化了 FSA 建议的原则和规定，某些地方甚至比 FSB 走得更远。与此类似，2009 年 8 月，联邦德国金融监管局（BaFin）首次颁布了“关于信用机构风险管理的最低要求”的通告，在与 FSF（金融稳定论坛，FSB 的前身）合理薪酬实践原则（2009 年 4 月 2 日）以及 CEBS（欧洲银行业监管机构委员会）薪酬政策高级原则（2009 年 4 月 20 日）广泛一致的基础上提出了更具一般化的规则。2011 年 12 月，BaFin 在通告“金融机构薪酬体系的监管要求”中明确规定了更细致和严格的内容。最后，欧盟委员会关于薪酬政策的建议（2009 年 4 月 30 日）提出了相对所谓的资本要求指令Ⅲ的建议不那么细致的规则，该指令Ⅲ加入了关于要求信用机构和投资公司设有与风险管理一致的薪酬政策的新内容。

当然也有例外，美国2009年向国会提出的华尔街改革和消费者保护法案吸收了2009年7月向国会提出的公司和金融机构薪酬公平法草案，但并没有能够对大型金融机构的薪酬施加上更具实质性的规定。

除了这些直接针对大型和/或上市银行薪酬的倡议以外，对于其他金融机构，有些时候政府立法者会收紧公司法薪酬问题的有关规定，或者至少正处于新规则推出的进程中。比如，德国的立法，考虑到短期导向的薪酬结构对危机的影响和错误的激励作用，收紧了体现在证券公司法中关于管理层董事薪酬恰当性的法律规定的标准。此外，立法还通过引入执行董事薪酬体系的无约束投票权扩展了普通会议的权力，与此类似，华尔街改革和消费者保护法草案提到，发行者应该规定批准执行经理薪酬的无约束年度投票权以及对薪酬委员会所有成员的要求（如果没有这样的委员会，所有的董事会成员则必须独立），也就是说，除了他们作为董事会成员的能力要求，不应该接受发行者的任何咨询、建议以及其他任何有关的补偿费用。

9.3.3.5　通过公司法律机制抑制银行的风险偏好

（1）要求银行为存款者/债权人利益行事

从公司法律的视角看，存在两种主要的战略要求银行以存款者/债权人的利益行事：通过强制性的法律把这些利益融合进公司的目标，或者激励董事会和高管层对存款者以及其他债权人的诚信责任。

至于第一种途径，也许有人会指出因混合债务的存在而产生的股权与债权之间模糊的线，如附属债务。而且，银行具有系统重要性，其功能运作影响普遍利益。银行存在的严重的信息不对称和复杂性只有通过考虑同样其他利益相关者的利益才能克服。然而，相反的论据占据了优势。首先，混合债务能够自主保护自己的利益，特别是以约定事项条款的方式获得充足的合同保护。其次，银行部门之外的其他公司同样也具有系统重要性，考虑到规模，一些小银行或者中小银行无法承担相应的风险。换句话说，系统重要性的标准难以把银行和其他公司区分开来，也难以解释为什么银行具有独特的法律身份。最后，也是最重要的是，利益相关者而不是股东至上并没有为存款者提供更高等级的保护。至少在实践中不可行。德国银行有争议地采用了利益相关者模式，然而总的来说，从当前金融危机得到的没有对照的证据显示，德国上市银行的遭遇并不比他们的英国甚至瑞士的竞争对手好。选择一元公司治理目标的理论争论众所周知，但利益相关者至上会导致管理者无拘束地追逐自身的利益，并伪装成对不同利益相关者利益的平衡。

第二种策略是主张管理者对存款者同样负有诚信责任，这就要求银行管理者进行相对于竞争对手而言较低风险的业务策略。但该方法回避了一个问题，为什么公司法律应该干预在谨慎监管基础上所建立的可接受的风险承担的标准。作为回应，也许人们会指出监管者由于信息不对称，难以适应设定恰当标准的任务，处理信息上的时滞，行动上的资源限制等。不过，从存款者和其他债权人的观点来看，由于没有事先确定的衡量标准存在，对低风险承担的限定总是过于武断的决定。因此最好的选择可能是将诚信责任扩展到保险者而不是存款者。

(2) 对银行管理者应用高标准的勤勉义务

要求董事会和管理者为存款者的利益行事可以有替代的方案，那就是让其行为符合对于一般企业来说属于更高标准的勤勉责任。对此最好的方法是不要应用商业判断规则或国内类似的规则，一个不那么激进的措施是对失信（商业判断规则（BJR）的例外）的扩大化应用，如果管理者因为缺乏足够的信息或信息报告系统的缺陷未能采取行动，则应该专注于商业决策的不足（BJR 不可用）而不是信息加工过程的缺陷（BJR 可应用）。

在美国，许多法院如今也要求银行管理者与其他公司一样采用商业判断准则。理由是管理者和存款者之间的关系接近于忠诚责任，而且由于存款保险的存在，管理者是在置纳税人的钱于风险之中；也有观点认为，银行与任何一般公司一样是个具有企业性质的风险承担者，商业判断规则能够准确反映管理者在风险基础上做出企业决策所面对的特殊问题。

9.4 小 结

金融危机是“全部或大部分金融指标——短期利率、资产（证券、房地产、土地）价格、商业破产数和金融机构倒闭数的急剧、短暂和超周期的恶化”（新帕尔格雷夫经济学大辞典，1996）。历史上许多国家都曾多次发生金融危机，类型包括货币危机、银行危机、股市危机、债务危机和系统性金融危机，危机发生的根源也多种多样。而 2007 年的美国次贷危机发生并传播以来，不仅其范围波及全球，其影响更至今未消。尽管危机的形成是诸多因素的合力作用，但许多人认为金融机构缺乏有效的治理机制是危机形成的决定性因素。根据这种观点，金融机构公司治理的缺陷导致了对承担额外风险的强烈刺激，从而导致在发生不利变化时的巨大损失。

本章首先介绍了金融危机的定义与各种类型，并结合日本、俄罗斯、东南亚、阿根廷、美国等国家的金融危机实例分析了危机前后的基本情况与影响，在此基础上，总结了危机发生前各国在经济金融方面的一些具体表现，阐述了危机形成的基本原因，包括市场流动性及资产负债期限不匹配的变动、外部冲击、投机性泡沫破灭和借贷繁荣的突然中断。

随后，本章探讨了商业银行与金融危机的内容。孱弱的银行公司治理越来越被认为是引发近来的金融危机的重要原因。2007年金融危机以来，以OECD开始，银行公司治理问题重新成为关注的焦点。内容从金融危机与管理层薪酬、金融危机与存款保险、金融危机与董事会及首席风险官等几个方面介绍了对危机与银行治理间关系的研究成果。

最后，本章总结了后金融危机时代银行治理的趋势。一方面介绍了危机后巴塞尔银行监管委员会颁布的加强银行公司治理的原则，分析了治理原则的基本性质以及欧盟对指引实施的法律要求，并随之分析了银行监管和银行治理的功能联系；另一方面从金融危机与银行治理间联系、风险管理、董事会成员的要求、薪酬问题等方面进行了探讨；最后简单阐述了危机后治理改革的法律机制。

第 10 章　商业银行治理指引

10.1　OECD 公司治理原则[①]

《OECD 公司治理原则》（以下简称《原则》）在 1999 年经 OECD 部长级理事会会议签署生效后，已经成为全球范围内政策制定者、投资人、公司和其他利益相关者的国际基准。在 OECD 和非 OECD 成员国，《原则》推动了公司治理进程，并对立法和监管行动提供了具体的指导。金融稳定论坛已经将《原则》列为衡量金融系统健康与否的 12 个关键标准之一。《原则》也为 OECD 和非 OECD 成员国之间的广泛合作计划提供了基础，并为世界银行和国际货币基金组织的《关于标准与规范遵守情况的报告（Reports on the Observance of Standards and Codes (ROSC)）》中的公司治理部分的内容奠定了基础。

受 2002 年 OECD 部长级理事会会议的委托，OECD 公司治理指导小组对《原则》进行了重新审议。审议是在一项综合调查基础上进行的，该调查要求各成员国说明其所面对的各种公司治理挑战。审议也吸取了 OECD 区域外经济体的经验，即由 OECD、世界银行和其他发起人共同举办的旨在支持区域改革的区域公司治理圆桌会议（Regional Corporate Governance Roundtables)。《原则》旨在帮助 OECD 成员国和非成员国政府评估和提升本国公司治理的法律、制度和监管框架，为股票交易所、投资者、公司和其他在推进良好公司治理过程中发挥作用的机构提供指引和建议。《原则》针对金融和非金融的公开上市交易的公司，但在一些方面，它也可以适用于非上市公司（如私营企业和国有企业），成为它们改善公司治理的有效工具。

① 经济合作与发展组织著，张政军译 . OECD 公司治理原则［M］. 北京：中国财政经济出版社，2005.

10.1.1 确保有效公司治理框架的基础

公司治理框架应当促进透明和有效的市场，符合法治原则，并明确划分各类监督（supervisory）、监管（regulatory）和执行（enforcement）部门的责任。

A. 建立公司治理框架应该考虑到它对整体经济绩效的影响，市场的信誉度，由它而产生的对市场参与者的激励机制，以及对市场透明度和效率的促进。

B. 在一个法域（jurisdictions）内，影响公司治理实践的那些法律和监管的要求应符合法治原则，并且是透明和可执行的。

C. 一个法域内各管理部门间责任的划分应该明确衔接，并保证公共利益得到妥善保护。

D. 监督、监管和执行部门应当拥有相关的权力、操守和资源，以专业、客观的方式行使职责，对它们的决定应给予及时、透明和全面的解释。

10.1.2 股东权利与关键所有权功能

公司治理框架应该保护和促进股东权利的行使。

A. 股东基本权利包括：

① 可靠的所有权登记办法；

② 委托他人管理股份或向他人转让股份；

③ 定期、及时地获得公司的实质性信息；

④ 参加股东大会并投票；

⑤ 选举和罢免董事会成员；

⑥ 分享公司利润。

B. 股东应有权参与涉及公司重大变化的决定并为此获得充分的信息，这些变化包括：

① 公司规章、章程或类似治理文件的修改；

② 授权增发股份；

③ 重大交易，包括实际上导致公司出售的全部或重大的资产转让。

C. 股东应获得有效参加股东大会和投票的机会，并得到股东大会议事规则的通知（包括投票程序）：

① 股东应充分、及时地得到关于股东大会召开的日期、地点和议程的信息，以及将在股东大会上作出决议的全部信息。

② 在合理的范围内，股东应被赋予向董事会提出问题的机会，包括与年度外部审计有关的问题，应有机会增加股东大会议程中的议题并提出议案。

③ 应当创造便利条件，使股东能有效参与关键的公司治理决策，如提名和

选举董事会成员。股东应能够对董事会成员和主要执行人员薪酬公开发表意见。董事会成员和雇员的薪酬方案中的股权部分应得到股东的批准。

④ 股东应能亲自或由代理人投票。不论是亲自还是代理投票，都应获得同等效果。

D. 使得特定股东获得与其股票所有权不成比例的控制权的资本结构和安排应当予以披露。

E. 应允许公司控制权市场以有效和透明的方式运行。

① 有关资本市场中公司控制权收购、较大比例公司资产的出售，以及类似于合并的特别交易的规则和程序，都应清楚详细并予以披露，以使投资者理解自己的权利和追索权。交易应在价格透明和公平条件下进行，以使各类股东的权利都受到保护；

② 反收购工具（Anti-takeover devices）不应当成为管理层和董事会规避问责（accountability）的庇护工具。

F. 应为包括机构投资者在内的所有股东行使所有权创造有利条件。

① 作为受托人的机构投资者，应当披露与其投资有关的全部公司治理及投票的政策，包括决定使用其投票权的现有程序；

② 作为受托人的机构投资者，对于那些可能影响其行使与其投资相关的关键性的所有者权利的实质性的利益冲突（conflicts of interest），应该予以披露。

G. 除了一些滥用权利的例外，应当允许包括机构投资者在内的股东相互之间就本《原则》中所界定的股东基本权利有关的事宜进行协商。

10.1.3 平等对待股东

CECD《原则》要求公司治理框架应当确保所有股东（包括少数股东和外国股东）受到平等对待。当其权利受到侵害时，所有股东应能够获得有效赔偿。

A. 同类同级的所有股东都应享有同等待遇。

① 无论其级别如何，所有同类股东都应享有同等权利。所有投资者在购买股份之前，都应能够获得各类各级股份应享有权利的有关信息。任何对投票权的改变，都应获得受不利影响的那些类别股份的同意。

② 少数股东应受到保护，使其不受控制性股东（controlling shareholders）滥用权力的行为的直接或间接侵害，并且有赔偿的实际手段。

③ 托管人或受托人投票，应按照股份受益人同意的方式进行。

④ 应消除跨国投票障碍。

⑤ 股东大会议程和程序应使所有股东得到平等待遇，公司程序不应给投票造成不必要的困难或给投票者带来昂贵费用。

B. 应禁止内部人交易（Insider-trading）和滥用权力的自我交易（self-dealing）。

C. 应要求董事和主要执行人员向董事会披露，他们是否在任何直接影响公司的交易或事务中有直接、间接或代表第三方的实质性利益。

10.1.4 利益相关者在公司治理中的作用

CECD《原则》要求公司治理框架应承认利益相关者的各项经法律或共同协议而确立的权利，并鼓励公司与利益相关者之间在创造财富和工作岗位以及促进企业财务的持续稳健性等方面展开积极合作。

A. 经法律或共同协议而确立的利益相关者的各项权利应该得到尊重。

B. 在利益相关者的利益受法律保护的情况下，当其权利受到侵害时，应能够获得有效赔偿。

C. 应允许开发那些有利于业绩提升的员工参与机制。

D. 在利益相关者参与公司治理过程的情况下，他们应该有权定期及时地获得相关的、充分的、可靠的信息。

E. 利益相关者（包括个人员工及其代表团体）应能向董事会自由地表达他们对于非法或不道德行为的关注，他们的各项权利不应由于他们的此种表达而受到影响。

F. 公司治理框架应以有作用、有效率的破产制度框架和有效的债权人权利执行机制作为补充。

10.1.5 信息披露与透明度

CECD《原则》要求公司治理框架应确保及时准确地披露公司所有重要事务的信息，包括财务状况、绩效、所有权和公司的治理。

A. 其中应披露的实质性信息至少包括：

① 公司财务和经营成果；

② 公司目标；

③ 主要股份的所有权和投票权；

④ 董事会成员和主要执行人员的薪酬政策；董事会成员其他信息，包括资格、选择过程、就任其他公司董事职务、是否被董事会认为是独立董事等；

⑤ 关联方交易；

⑥ 可预见风险因素；

⑦ 有关员工和其他利益相关者的重要问题；

⑧ 治理结构和政策，尤其是其执行所依据的任何公司治理规则或政策及程

序的内容。

B. 应根据会计、财务和非财务披露的高质量标准，准备并披露信息。

C. 年度审计应由独立、称职、有资格的审计师操作，以向董事会和股东提供外部的客观保证，即财务报告基本描绘了公司所有重要业务的财务状况和绩效。

D. 外部审计师应向股东负责，对公司负有在审计中发挥应有的职业审慎（due professional care）的义务。

E. 信息传播渠道，应使用户平等、及时和低成本地获取有关信息。

F. 作为公司治理框架的补充，应有一种有效措施，促使分析师、经纪人、评级机构和其他机构提出与投资者决策有关的分析或建议，并避免可能影响其分析或建议诚实性的利益冲突。

10.1.6 董事会责任

CECD《原则》要求公司治理框架应确保董事会对公司的战略指导和对管理层的有效监督，确保董事会对公司和股东的受托责任（accountability）。

A. 董事会成员应在全面了解情况的基础上，诚实、尽职、谨慎地开展工作，最大限度地维护公司和股东的利益。

B. 当董事会决策可能对不同股东团体造成不同影响时，董事会应公平对待所有股东。

C. 董事会在道德方面应遵循高标准，并考虑利益相关者的利益。

D. 董事会应履行以下主要职能，包括：

① 审议和指导公司战略、主要行动计划、风险政策、年度预算和经营计划；设立绩效目标；监控计划实施和公司绩效；监督重要的资本支出、并购和剥离。

② 监控公司治理实践的有效性，并在必要时加以调整。

③ 选择主要执行人员，确定其薪酬，监督其业绩，并在必要时予以撤换；对继任计划进行监督。

④ 使主要执行人员和董事会成员的薪酬与公司和股东的长期利益相一致。

⑤ 保证董事会提名和选举的程序正式、透明。

⑥ 对管理层、董事会成员和股东之间的潜在利益冲突进行监控和管理，包括滥用公司资产和不当关联方交易。

⑦ 确保包括独立审计在内的公司会计和财务报告系统诚实可靠；确保适当的控制体系到位，特别是风险管理体系、财务和运营控制体系以及对法律和有关标准的遵守体系。

⑧ 监督信息披露和对外交流的过程。

E. 董事会应能够在公司事务中做出客观独立的判断。

① 对存在潜在利益冲突的任务，董事会应考虑指派足够数量的能做出独立判断的非执行董事。像这类重要的责任有：确保财务和非财务报告的诚实性、审议关联方交易、提名董事会成员、主要执行人员和董事会成员的薪酬。

② 当董事会的委员会成立后，其授权、人员组成和工作程序，应由董事会做出充分的界定和披露。

③ 董事会成员应能有效地承担其职责。

F. 为了履行其职责，董事会成员应有渠道获取准确、相关、及时的信息。

10.2　OECD 国有企业公司治理指引[①]

在一些 OECD 国家，国有企业在国民经济中扮演着重要角色。国有企业通常在公共事业和基础设施行业广泛存在，比如能源、交通、通讯等行业，它们的业绩对整个社会和商业有很重要的作用。因此，保证国有企业的治理对于国家经济的效率和竞争力有着至关重要的贡献。OECD 的经验也表明，国有企业良好的公司治理是经济效率的前提，这会使得企业能够吸引更多的投资者并增加企业的价值。一些非 OECD 国家同样有相当数量的国有企业，这些也是他们未来经济的决定因素。通过 OECD 的经验，可以支持其国家层面的改革。因此，OECD 公司治理委员会在 2002 年 6 月要求私营工作集团和国有企业治理委员会设定一些非强制约束的原则。这些准则应该被看作是一种经合组织治理原则基础的一种补充，并与它们是完全兼容的。

10.2.1　确保国有企业的一个有效的法律和监督框架

对国有企业的法律和监管框架应当确保国有企业和私营公司在市场上公平竞争，以避免市场扭曲。这个框架应建立在《经合组织公司治理原则》上，并与之充分相容。

A. 应该明确分离所有权职能和国家其他可能对国有企业行为产生影响的角色，尤其是在市场监管方面。

B. 政府应该努力使法律形式简化、有效，使之更符合国有企业运作的现实状况。这些法律应当允许债权人行使其权力，启动破产程序。

C. 在公共服务义务和超越通常公认标准的特定责任要求方面，任何要求国

① 经济合作与发展组织. OECD 国有企业公司治理指引［M］. 北京：中国财政经济出版社，2011.

有企业必须承担的特定义务，应该通过法律和法规明确规定。这些义务和责任也应该向普通公众披露，同时要以透明的方式确定相关成本。

D. 国有企业不能不受一般法律和法规的约束。相关利益者，包括竞争者在认为他们的权利受到侵害时，都应该获得有效的补偿和公平对待。

E. 法律和监管机构应该具备足够的灵活性，以便国有企业为达成目标的需要而进行资本结构调整。

F. 国有企业在进入金融领域时应当面对竞争。国有企业和国有银行、国有金融机构以及其他国有企业的关系，应当建立在纯粹的商业合作基础上。

10.2.2 国家作为所有者的行为

国家应该扮演一个知情的和积极的所有者角色，并建立一套清晰、协调的所有权政策，确保在保持必要程度的专业化和有效率的基础上，以透明、问责的方式对国有企业实施治理。

A. 政府应该形成并颁布所有权政策，规定国家所有权的总体目标、政府在国有企业公司治理中的作用和它该如何行使所有权政策。

B. 政府不应该参与国有企业的日常管理事务，应该放手让国有企业自主经营，以达到它们所设定的目标。

C. 国家应该促使国有企业董事会承担起自己的职责，并且尊重其独立性。

D. 所有者权力的行使应在政府行政监管部门内得到明确界定。这可以通过设立一个协调机构，或者更恰当地通过一个单独的机构来集中行使所有权职能。

E. 这一行使协调或集中行使所有权职能的机构，应向议会或类似的代表机构负责并且明确界定与其他相关公共机构之间的关系，包括国家最高级别的审计机构。

F. 国家充当一个积极的所有者，并且应该根据每一个企业的法定框架行使自己的所有者权力。这些主要职责包括：

① 参与普通股东大会并代表国家股投票。

② 在全资或者拥有多数股权的国有企业中构建良好且透明的董事任命程序，并且积极参与国有企业董事会的各项提名。

③ 建立提供定期监督和评估国有企业经营业绩的报告系统。

④ 在法律系统和国家一级所有者的许可下，保持同外部审计机构和特别的国家控制机构的连续对话。

⑤ 保证国有企业董事会成员的薪酬机制能够激励其追求公司的长远利益，并吸引和挽留合格的专业人才。

10.2.3 公平对待股东

按照《经合组织公司治理原则》，国家和国有企业应该承认所有股东的权利，确保他们得到公平对待和平等获得公司信息。

A. 行使协调所有权职能的机构和国有企业，应确保所有股东都得到公平对待。

B. 国有企业应对所有股东保持高度透明性。

C. 国有企业应该形成一套积极的政策，来与所有股东沟通和磋商。

D. 少数股东在股东大会上的参与程度应该提升，以便允许他们参与企业的基本决策，比如董事会的选举。

10.2.4 利益相关者关系

国家所有权政策应该充分认可国有企业对所有利益相关者的责任，并要求国有企业对所有利益相关者事务做出充分报告。

A. 政府、行使协调或者集中行使所有权职能的机构和国有企业自身，应该认可并尊重由法律或契约所规定的利益相关者的权利，并参照 OECD《公司治理准则》在这方面的内容。

B. 不仅是履行重要公共政策责任或目标的国有企业，而且包括上市或大型的国有企业，都应该对利益相关者的关系进行报告。

C. 应该要求国有企业董事会努力建立、推广并实施与内部道德规范相关的合规程序。这些道德规范应该建立在国家标准上，与国际承诺相一致，并适用于国有企业和它们的子公司。

10.2.5 透明度和信息披露

按照《经合组织公司治理原则》，国有企业应遵循高标准的透明度。

A. 政府行使协调或集中行使所有权职能的机构，应该推动国有企业制作前后一致的合并报告，并公布其年度合并报告。

B. 国有企业应该建立有效的内部审计程序和功能，在董事会或审计委员会的直接监控下，向董事会或者审计委员会报告。

C. 国有企业尤其是大型国有企业，应该接受基于国际标准的年度独立外部审计。已经存在的政府特殊控制程序不能替代独立的外部审计。

D. 国有企业应该和上市公司一样，遵守高质量的财务会计审计标准。大型或者上市的国有企业，应该按照国际认可的最好标准披露财务与非财务信息。

E. 国有企业应该披露 OECD《公司治理准则》中所描述的所有问题的实质

信息，并且还要关注与作为所有者的国家和一般公众相关的重要领域。这样的信息包括：

① 向公众提供一个关于公司目标及其实现情况的清晰声明；

② 公司的所有权和选举权结构；

③ 任何重大风险因素以及处理这些风险所采取的措施；

④ 收到任何来自国家和以国有企业名义承诺的财务扶持，包括担保；

⑤ 任何与关联方的实质性交易。

10.2.6 国有企业董事会职责

国有企业董事会应该具有必要的权威、能力和客观性，以履行它们在战略指导和监督管理上的职能。它们应该诚实行事，并且对它们的行为承担受托责任。

A. 国有企业董事会应对公司运营接受明确授权和最终责任。董事会应对所有者承担全部受托责任，为公司的最大利益工作，并对所有股东一视同仁。

B. 根据政府和所有权实体制定的目标，国有企业董事会应该履行其监督管理层和战略指导的职能。它们应该有权任命和撤换首席执行官。

C. 国有企业董事会应该由能够进行客观和独立判断的成员组成。良好实践要求董事长与首席执行官分任。

D. 如果董事会中委任了员工代表，应该建立起保证这些代表有效行使权力和为增强董事会的技能、信息和独立性作出贡献的机制。

E. 如有需要，国有企业董事会应该成立专业化的委员会来支持整个董事会履行其职能，尤其是在审计、风险管理和报酬方面。

F. 国有企业董事会应落实年度评估以评价它们履行职责的情况。

10.3 亚洲银行公司治理政策摘要[①]

亚洲公司治理圆桌会议（ARCG，简称“圆桌会议”）是就公司治理进行政策对话的区域性论坛。2003 年，圆桌会议公布了《亚洲公司治理白皮书》（简称“白皮书”），为亚洲各国的政策制定者、监管当局、证券交易所及其他负责标准制定的机构提供指导和建议。在 2004 年于汉城举行的会议上，ARCG 决定组建工作小组，就白皮书中提出的亚洲各国在公司治理方面普遍存在的问题形成政策

① 参见中国银监会网站，《亚洲公司治理圆桌会议亚洲银行公司治理工作小组政策摘要草案》。文中略有删减。http：//www. cbrc. gov. cn.

摘要，供下一次会议讨论。政策摘要主要强调政策和选择问题，通报并支持参加会议各国为改善其国内公司治理所作出的努力。白皮书认为，银行公司治理是公司治理改革所要优先考虑的六个方面问题之一，并建议“政府应该加紧改进银行的监管和公司治理”。之所以做出上述判断，主要是因为与拥有发达资本市场的国家相比，银行在亚洲各经济体中发挥的作用更大。

建立良好的公司治理最终要靠银行自身。银行业协会或董事会学院等非官方组织，对协助银行董事会和高层管理人员履行职责也发挥了重要作用。银行监管当局有责任建立银行公司治理的监管框架和指引，对银行的公司治理进行监督，当银行不能达到公司治理的最低标准时应采取必要的措施。此外，公司治理框架一般由法律、监管、自律机制、主动承诺和业务实践等要素构成（不仅是银行，所有公司都是如此），这些要素因各国环境、历史和传统不同会有所差异。因此，政策摘要不仅是为了帮助政策制定者和监管当局评估和改善其国内银行公司治理的法律、制度和监管框架，同时也为证券交易所、银行业协会及银行等其他机构提供指引和建议。政策摘要中的一部分建议可以由银行监管当局、银行业协会和银行来实施，另一部分则应由资本市场监管当局和证券交易所执行（例如通过交易所的上市要求），因为本摘要中所指的“银行”既包括上市银行也包括非上市银行。政策摘要提出了有几个方面需要注意。

第一，尽管工作小组强调的是银行业的公司治理问题，但是政策摘要不可避免地会涉及一些如制度约束和法律基础薄弱等公司治理中的一般性问题。这些问题对亚洲银行实现良好的公司治理极为重要。因此，政策摘要的范围比巴塞尔委员会的文件要更为宽泛。尽管为上述问题提供解决方案已经超出了工作小组的职责范围，但是政策制定者应该意识到如果不解决这些问题，银行难以有效地建立起良好的公司治理。

第二，尽管政策摘要是面向全部银行，但同时也涉及一些特殊种类银行面临的问题。尤其是在亚洲，很多国家国有商业银行和家族式银行仍居主导地位，加强其公司治理面临诸多挑战。对家族式银行而言，关键是如何确保银行与家族（包括家族控制的其他公司）之间的关联贷款与稳健经营的良好做法相一致。对国有商业银行而言，重要的是如何建立一套既允许政府以积极负责的所有者身份行事，又能避免对银行日常经营进行干预的机制。此外，亚洲有很多上市银行的股票持有情况非常分散。对于这些所有权高度分散的银行，改善公司治理的主要挑战来自于所有权和控制权的分离。银行监管当局、证券监管机构和证券交易所的有效监管也面临挑战。所有权高度分散的银行（或没有控股股东的银行）在选择 CEO、董事和进行重大经营决策时，容易受到政府的干预。

第三，亚洲各经济体的董事会结构和程序差别很大。有些经济体将监管职能和执行职能分开形成两级董事会（如在印度尼西亚，委员会负责监管职能，董事会负责执行职能），其他国家则由单一的董事会行使所有职能。因此，政策摘要并不特别推荐某种董事会结构，摘要中的“董事会”指的是监管职能，而非特指某国具体的董事会设置模式。

10.3.1 银行公司治理的重要性与亚洲银行的特点

10.3.1.1 银行公司治理的重要性与一般企业有所区别，因为：

第一，如果银行治理普遍存在缺陷，会导致金融体系不稳定，整个经济也会面临系统性风险。银行决定哪些终端用户可以获得金融资源，银行也提供支付方式，同时银行也是货币政策执行的中介。

第二，银行负债主要为公众存款，这意味着除了股东，其他利益相关者，如存款人，比非金融企业发挥更重要的作用。因此，与非金融企业相比，银行的董事会与管理层通常要更多地考虑股东之外的利益相关者的利益。

第三，银行可能因负债（大部分存款即需即付）与资产（如长期贷款）期限错配而突然破产。通常银行的负债比例很高，与非金融企业相比，银行主要资产（贷款组合）的质量透明度较低，外界难以了解。银行应树立起对存款人负责、值得信赖（保护自身声誉）的形象，以管理存款运营中可能存在的风险。

第四，银行和存款人通常受到政府提供的金融安全网（如存款保险和中央银行提供流动性）的保护。这些措施可能降低公众（如存款人）监督银行的动机。安全网会改变银行的经营行为，使银行承担更多的风险（即出现道德风险），并使银行逃避承受经营不善的后果。在这种环境下，银行公司治理不健全增加了银行破产的可能，导致纳税人支付较高的成本。

第五，除了受制于影响所有企业的一般制度约束外，银行还要受到审慎性监管。研究表明，审慎监管具有正反两面的效果。保证监管机构的良好治理和有效监管是银行良好公司治理的前提。

10.3.1.2 讨论亚洲银行公司治理，还需要考虑一些区域性的特殊因素：

第一，亚洲各国公司治理实践差别很大，这也反映了各国的法律、经济和文化传统存在较大差异。

第二，近年来，亚洲各国纷纷修改公司治理法案、监管法规与标准，但实施与执行却有很大阻力。由于这些法规与标准在亚洲的发展历史相对较短，亚洲很多国家尚未建立起有效实施所需要的足够的制度基础（如足够的资源、经验和知识）。

第三，银行在亚洲金融体系中起着主导性作用。在亚洲，许多国家证券市场尚不完善，远不像市场经济国家那样成熟。亚洲银行公司治理的失败所导致的后果比其他地区更为严重（如 1997 年亚洲金融危机）。

10.3.2 亚洲银行公司治理改革中应优先考虑的问题

10.3.2.1 银行董事的受托职责

董事（不仅仅是独立董事，而是所有董事会成员）的受托职责包括看管职责和忠诚职责。不论银行所在国的法律传统如何，银行公司治理的受托职责应比非金融企业更为重要。除了一般意义上的受托职责外，银行董事还应自觉地认识到银行因吸收和管理存款而带来的受托职责，监管当局也应经常提醒银行董事意识到这种特殊的受托职责。如果没有足够的专业知识和个人能力，包括对管理层和银行的战略、政策、程序进行评估时保持“合理的怀疑”，那么董事将无法有效地履行其受托职责，因此，要通过（如董事会协会或证券交易所等专业机构提供）继续教育计划不断提高董事的技能。

除了上述受托职责，银行董事和管理层还应具备较高的道德水平。考虑到第一部分提到的亚洲银行的重要性和特点，董事会成员应保证整个银行具有较高的道德水平，这样在协调员工、借款人和其他利益相关者不同利益诉求时，会更加有效。

10.3.2.2 董事会的作用和职能

董事会不仅要对股东和存款人负责，还应实现股东和存款人利益最大化。董事会不仅要制定银行的战略和政策，还要负责监督管理层的业绩表现，为股东充分谋取回报，同时避免利益冲突（如果无法避免则尽量减少冲突），协调各方对银行的不同诉求。本政策摘要不再重复董事会每项具体职能，《OECD 原则》中有更加详细的阐述。工作小组只重点关注那些对商业银行的董事会极其重要的职能。

银行的业务现在涉及越来越复杂的国际、国内交易，相应的监管和规定越来越具体，技术性也越来越强。然而，银行董事会应更多地参与战略决策而不是身陷具体的经营事务中。它们应重点考虑战略和政策的制定以及结构和程序的制定，包括明确银行上下各级的责任范围，建立严格的内部控制体系，确保有效监督。具体说来：

第一，董事会制定战略和政策的一个重要方面是形成一套银行、管理层和董事会的行为准则。建议银行监管当局（或者由银行业协会在与银行监管当局交换意见的基础上）开发出一个适用于银行的行为准则模板，并定期检查、更新。董事会应注意防止通过模板简单打勾。董事会要以身作则，通过树立榜样培育具有较高道德水平的银行文化，从而确定整个银行的行为基调。如果有待决策的事项可能涉及董事会成员的相关利益，董事会成员应放弃投票甚至不应该参与这一决策过程。董事会成员不得干预决策结果，甚至不能给人留下自我交易的印象。银行董事会应建立相应规则，确保董事会成员的合规。

第二，关于有效构架和程序的建立，董事会应该明确规定其自身和高级管理层的不同权限及责任。这一点不仅适用于银行，也适用于所有的金融机构和非金融企业，鉴于其至关重要，这里有必要再次强调。例如，董事会要评估包括CEO在内的主要管理层的业绩，并有权任命和解雇高层管理人员。董事会还应确保高层管理人员遵守包括内部控制在内的决策体系，否则要予以问责。管理层最终要就银行的经营业绩向董事会负责。此外，执行官应在各自的职责范围内向董事会负责。

为了恰当地履行职责，董事会应确保拥有足够的内外部信息和管理层的支持。这样可以使董事会及时有效地进行决策和监督。高级管理层应了解现代公司治理体制下董事会的主要职能，为董事会提供足够的信息、分析和支持。尽管董事会成员特别是非执行董事不应深度介入银行的日常经营，但是他们应该可以从员工那里获得必要的信息以履行职责，并有权获得员工的技术支持。此外，董事会为了从外部获得专家意见和分析，应具备资金来源。最后，董事会应有足够的机会直接听取内部和外部审计师的意见。

在获得任命之前，董事和高级管理层应经过包含专业和操守内容的履职能力审查，此后还应持续进行审查。履职能力审查应依据巴塞尔委员会《核心原则评估方法》进行设计，《核心原则评估方法》为银行董事确定的标准要高于非银行企业。另外，董事会应定期评估董事会整体表现和董事会成员个人表现。因此，董事会应建立自己的内部委员会，最好是由独立董事组成，以公平的、建设性的方式进行业绩评估。

银行监管当局应将工作重点放在确保银行公司完善治理上，而非仅仅是监管的合规性。建立健全银行的公司治理制度，董事会的作用非常重要。银行监管当局应评估董事会的整体工作表现，如在必要时可以检查董事会的会议记录，检查董事会成员获取包括员工支持在内的必要信息和资源的便利程度。另外，根据各国情况，可以授权监管当局在必要时审计银行的董事会。如果需要，可以对银行进行警告，要求银行重组董事会和操作流程。

10.3.2.3 董事会的构成

应该鼓励亚洲的商业银行引进比非银行企业更多的独立董事，因为银行业内滥用关联交易（包括关联贷款）导致的后果比其他绝大多数行业要严重得多；从事关联交易的动机（特别是在家族式银行中）比其他行业也要大很多。关联交易有多种形式，尽管并非所有形式都有害（例如，符合市场交易原则的关联交易），但却都会引起利益冲突。当银行进行决策以决定是否发放关联贷款时要慎重，因为判断它们是否符合市场原则并非总是一件易事。此外，即使它们没有产生危害，利益冲突也会损害银行的道德准则。《OECD 原则》规定应有足够的、可独立判断的“独立”董事对关联交易进行检查，确保交易是公平的，符合银行的利益。

在亚洲的家族式银行中，控股股东经常任命整个董事会，损害“独立”董事真正的客观性、独立性和附加值。家族式银行的“独立”董事不仅要独立于管理层，也要独立于控股股东。例如，某法规规定如果存在下述事实可能导致董事会成员无法“独立”：现在或过去三年内与银行存在直接的重要业务关系，或是与银行存在重要业务关系的机构的合伙人、股东、董事或高级员工。独立董事的问题与国有商业银行也密切相关。国有商业银行的董事会应该有足够的“独立”董事，这样董事会可以独立决策，避免国家的日常干预；同时依据国家作为所有者和控股股东的身份设立的目标，有效地监督管理层。工作小组非常赞成白皮书的建议：“亚洲国家应该继续完善‘独立’董事的标准和惯例”。

尽管强制分离 CEO 和董事会主席的做法在亚洲并不普遍，但是工作小组认为，考虑到各国的经济环境，两者分离有助于实现权力的相互制衡、强化问责，提高董事会独立决策的能力。董事长不仅应是非执行董事，还可以是独立董事，这样才有助于做出公正、独立的决策。然而，在那些难以吸引到足够独立董事的国家，任命非执行董事担任董事长仍然会有助于实现董事会间权力的平衡，促进相互制衡。在双重董事会体系中，两个董事会的主席不能由同一人担任，应杜绝董事长退休后成为监事长的惯例。

10.3.2.4 董事会下设的专门委员会

巴塞尔委员会《健全银行的公司治理》指出，很多国家的经验已经证明，设立各种专门委员会、审计委员会、风险管理委员会、薪酬委员会、提名委员会对改进公司治理非常有益。亚洲各国正逐渐通过立法明文规范银行专门委员会。

审计委员会应保证银行遵守国际会计、审计准则和惯例以及巴塞尔委员会制定的《增强银行透明度》的有关指引。审计委员会应被赋予推荐并雇佣外部审计人员对银行进行外部审计的职责。此外，银行的内部审计人员应直接向审计委员会报告战略、政策和控制的实施等董事会权限以内的事项。审计委员会最好是由具备银行或财务等专业技能的独立董事组成。

董事会应下设风险管理委员会，其主要职责是确保银行风险管理体系有效执行银行的风险管理政策。研究巴塞尔新资本协议的规定也是该委员会的职责。银行面临的风险包括信用风险、市场风险（如银行交易中存在的风险）、流动性风险、操作风险（包括法律风险）和银行账户中的利率风险。委员会的职责包括评估董事会的风险管理政策、要求管理层定期报送风险暴露和风险管理活动的信息，确保银行开发出完善的风险管理体系，控制措施得到了有效执行。

为避免设立过多的委员会，可以将提名、薪酬、继任计划及其他一些包括继续培训、获取技术支持和信息等董事会成员关心的问题结合起来建立一个单一的委员会。这个委员会可以称为“治理委员会”，要根据明确的绩效评估要素，以公平的、建设性的方式定期评估董事会成员和董事会的整体表现。为保证治理委员会的独立性，增强董事会成员和董事会独立判断的能力，治理委员会应由独立董事组成，这一点非常重要。独立董事的提名也应由过去的控股股东进行提名，转为由治理委员会进行提名。

最后，关联交易在亚洲非常严重，还要建立一个监督和批准关联交易的专门委员会。

10.3.2.5 防止滥用关联交易

经验表明，在亚洲应特别关注银行的信贷分配过程。公司治理的相应任务是，保证信贷过程的执行考虑到了银行的长期生存和稳定，以及银行的长期价值最大化。董事会下设的专门委员会应避免决策被某一个人和控股股东独自把持，缺少相互制衡。下文讨论的机制（如防火墙）可以防止自我交易和关联交易，保证信贷分配过程的合理性。

对银行向单一客户，包括向单一客户所属或控制的关联方的贷款（单个借款人限制）的限制应继续维持，必要时还应继续加强。银行监管当局应限制关联贷款对银行资本的比例，国际通行准则为25%。除上述限制外，法律应规定向控股股东的贷款不应超过其在银行的股本数额。

为了防止关联贷款对整个经济的损害，一些国家已经开始采取行动，限制银行中单个所有者或单个家族的所有权份额（最高为10%）和投票权（某些投票权最高可达4%）。其他一些国家正在为金融和非金融机构的控股股东之间构建强大的防火墙。例如，有些国家禁止银行或金融机构的控股股东在非金融企业控股。亚洲其他各经济体也在考虑采取适合本国国情的类似政策，控制银行与关联方之间的信贷决策。

银行应有足够的、能独立判断的独立董事检查并监督关联交易，还应建立一个专门监督、审批关联交易、由独立董事组成的委员会。委员会决定是最终决策，董事会和所有涉及的关联方均要遵照执行。工作小组赞成白皮书中关于利用董事会下设委员会作为处理可能发生的利益冲突的日常机制的建议。

巴塞尔委员会《有效银行监管核心原则》也建议银行向监管当局报告给银行带来特别风险的关联交易。因此，银行监管当局应明确规定此类“产生特别风险的关联交易”的最低标准。银行监管当局还应要求银行董事会监督并报告没有达到上述标准但是会给银行带来极大风险的关联交易。

根据国际会计、审计和非财务信息披露准则，上市银行必须公开披露关联交易。非上市银行也要向监管当局报告关联交易的性质和程度。此外，如果法律规定非上市银行也向其他利益相关者（如存款人）披露信息，将有助于更加有效地监督非上市银行的公司治理。了解银行是否按照所有利益相关者的利益行事，对银行监管当局、市场和利益相关者都很重要。逐笔或汇总披露所有重大关联交易非常重要。这有助于银行提升银行监管，减轻人手紧张的银行监管机构的负担。

最后，白皮书建议禁止上市公司进行某些类型的关联交易，如向控股股东和董事会成员发放个人贷款。银行和监管当局应该认真考虑这一建议。

10.3.2.6　银行控股公司与持有银行股份的集团公司

根据所在国家法律制度的不同，银行可以是子公司也可以是母公司。尽管银行所属的集团公司（下文称“银行集团”）形式各异，但是都应注重公司治理。银行和银行集团的公司治理结构和实践是公共政策所要关心的内容，因为在公共安全网下银行受托于存款人。银行集团的主要挑战是防止不正当关联交易损害集团内部银行存款人的利益，避免银行与关联母（子）公司之间的相互责任和分工模糊不清。

集团下属银行的法定形式和地位不应减弱银行董事会成员的责任和良好公司治理经营实践，也不应减弱被监管机构的责任。集团下属的银行公司治理结构和实践，应遵照本政策摘要其他部分的建议，即银行不论是否属于银行集团都应该采用严格的公司治理标准。例如，银行董事会成员应该知道他们不仅负有全体股东的受托职责，还要对存款人负责，尽管他们是由母公司任命的。银行董事会应该有足够的非母公司任命的独立董事。即使银行由母公司独资拥有，如有可能也应该建立必要的全部由独立董事组成的委员会，因为独立董事更能够代表存款人的利益，很多情况下，独立董事比非独立董事更客观。此外，银行应该建立防火墙，防止不正当关联交易危及银行的安全性和稳健性。

即便有一些内部审计和风险管理等事项需要由银行集团来执行，母公司也不能妨碍下属银行的公司治理实践。母公司不应干预银行的日常经营，特别是贷款和投资的具体决策。如上所述，独资或控股的母公司要为银行董事会任命足够的独立董事，允许董事会履行其职责。另一方面，母公司的董事会也应拥有足够的独立董事和必要的专门委员会。母公司的董事会成员和管理层也要进行履职能力测试。

银行监管当局应当拥有合法的权力和手段以有效地监管包括母公司在内的银行集团。对银行集团监管的程度取决于母公司控股的程度。例如，监管当局对银行“完全”控股公司的监管权力应该和对银行是一样的，如在发放、撤销执照或下达停止经营命令等方面。监管当局必须要有手段和权力从银行及其母公司获取现场和非现场信息。一国的法律制度不应当使银行与其母公司之间的责任模糊不清。银行及其母公司董事会的法律职责与银行集团的决策分工是一致的。因此，子银行的董事对母公司股东提起的相关诉讼负有法律责任。

10.3.2.7 信息披露

白皮书建议亚洲各国与国际会计、审计、非财务信息披露准则和惯例接轨。亚洲各国证券法规定，包括上市银行在内的上市公司应向公众披露要求的信息。由于此类披露对确保银行良好公司治理、促进国内金融稳定具有重要意义，上市银行应该遵守国际会计准则和惯例以及巴塞尔委员会《增强银行透明度》指引等。亚洲各国银行法通常要求银行，甚至是非上市银行，公布年报供公众监督，这一点非常重要，因为公众将储蓄委托给了银行经营。如果非上市银行被要求向公众披露信息，也应当遵守上述国际准则和惯例。国有商业银行不论上市与否，(除了接受国家针对公共资金和预算资金使用的审计外) 应每年接受符合国际标准的独立外部审计。只要和公司法不冲突，政府应保持与外部审计机构的交流。

关于上市银行遵守信息披露的规定，工作小组强调银行监管当局、证券监管机构和证券交易所之间合作的重要性。即便由银行监管当局承担确保银行信息披露的主要职责，但是证券监管机构也仍然承担一定责任。白皮书指出，证券监管机构要检查并执行会计、审计、非财务信息的标准。银行监管当局发现上市银行信息披露中存在的问题应及时与证券监管机构和证券交易所共享（反之亦然），以根据证券法和监管条例对其进行制裁或处罚。

10.3.2.8 国有商业银行的自主权

由于银行在国民经济中占据重要地位，国家通常非常关心银行的经营状况。除了金融安全网，国家还对银行进行审慎监管和（或）拥有银行股份。国家作为监管者和所有者的身份应该分开，不管是哪一种情况，国家都应清楚地了解干预银行经营可能带来严重后果。

银行监管当局实施严格有效的监管已经成为一种趋势。然而，出于政治考虑进行过度监管会带来负面效应。此外，审慎监管多少可能扭曲管理层的激励结构(例如，对银行所有权的限制有时可能导致道德风险)。政策制定者在制定新的监管政策时，要考虑国情，权衡成本收益，包括可能导致的扭曲。

政府对国有商业银行日常经营的干预并不能有效地实现国家设立的国有商业银行政策目标。如果干预没有披露，会产生更严重的不良影响，结果是国家和国有商业银行的管理层及董事会均不愿对干预的后果负责。例如，即使国有商业银行执行一项特定的政策性贷款（如农业贷款），国家也不能干预国有商业银行的日常贷款决策。相反，国家应充分利用国有商业银行的公司结构（通常是股份公司），即国家作为唯一股东一旦确定了国有商业银行的目标，就应允许国有商业银行董事会独立负起职责。政府利用公司形式更有利于实现自身目标，实际是将银行与行政管理分离的原因之一。最近实施的《OECD 国有企业公司治理指引》中所倡导的最佳实践也适用于国有商业银行。

工作小组欢迎亚洲国有商业银行——特别是那些因银行危机而起初被国有化的银行——私有化的趋势。一般而言，除了政策性贷款银行（如开发性银行）有所例外，国有商业银行的私有化可以形成市场纪律，完善公司治理。这样，再次私有化的银行可以作为良好公司治理的典范，给其他银行形成市场压力，促进其完善公司治理。

10.3.2.9　银行对借款企业公司治理的监督

尽管亚洲很多国家为发展本国资本市场付出了努力，银行在融资中仍发挥着主导性作用，并对借款企业有一定影响力。因此，在工作小组的圆桌会议讨论中，与会者指出有必要补充讨论银行对借款人公司治理所起的作用。该议题的讨论有两个方面：一是银行是否应该积极评估和监督借款企业的公司治理结构；二是银行应该在多大程度上帮助借款企业改进公司治理。

工作小组认为，亚洲银行应该认识到，对借款人的公司治理结构进行评估和事前、事后监督符合银行自身利益。由于公司治理不完善直接影响借款人的信用状况，因此评估申请贷款企业的公司治理结构和监督其公司治理结构直至贷款偿还，二者是风险管理的重要组成部分。研究表明，银行的公司治理监督功能在亚洲很多国家都被忽视。亚洲的银行监管当局应该鼓励银行评估和监督借款人公司治理水平，并作为信用风险管理的重要部分。由于证券市场不完善，很多情况下无法通过证券市场实现良好的公司治理，银行和银行监管当局应该更加关注银行的评估和监督职能，并将其作为一个有效的政策工具，促进国内公司治理实践。

上述的公司治理监督职能可能会给银行带来一定的负担，但银行可以通过与借款企业签订相关合同减轻这种负担。有关条款应规定借款人公司治理结构需要达到的条件，如果没有达到，银行可以提前收回贷款。条款的内容应使得判断是否违反条款比较容易（如非执行董事要保持一个最低比例或主席和 CEO 不能由一人同时兼任），防止银行的过度干预和不必要的争议。条款当中应该规定，借款人不能达到上述规定时应及时向银行报告，以降低银行的监督负担。

应慎重考虑银行影响借款企业公司治理的程度。例如，即使银行并不持有借款企业的股份，银行也通常会允许其员工担任借款企业的董事或高级经理。尽管拥有资深公司财务背景的银行家可能会给这些企业带来帮助，但这种做法可能导致利益冲突，并不值得鼓励。不过有一些情况可以例外处理，如只是暂时代理经理。银行员工担任借款企业的董事时，不应该被视作独立董事；公司治理不健全的银行不可能监督和帮助借款企业改善公司治理。例如，那些控股股东侵犯少数股东权益的银行可能也会允许借款企业这么做，甚至允许控股股东控制的企业侵犯银行权益。如果银行要在改进借款企业公司治理方面发挥重要作用，银行自身拥有良好的公司治理是必要的前提。

10.3.2.10 进一步措施

工作小组既包括银行监管机构，又包括证券监管机构，它们已经分别对银行公司治理存在的挑战进行了讨论。只要涉及上市银行，公司治理就变成同时涉及银行监管和证券监管的跨领域问题。考虑到银行公司治理的特性以及与上市的非金融企业适用的现行规定相协调的必要性，工作小组建议，银行监管机构（或是与银行监管当局交换意见的银行业协会）和证券监管机构和证券交易所结合各国国情和现行的公司治理准则，在充分考虑市场参与者意见的基础上，制定并公布银行公司治理准则和银行公司治理的模板，以便银行借鉴该模版制定自己的公司治理制度。

此外，银行监管当局应依据上述准则，制定银行公司治理的评级制度，激励银行完善公司治理。非金融企业通常不必进行这一官方评级，然而如第一部分所述，亚洲银行的公司治理需要特别关注，例如可以考虑用差别存款保险费率替代统一费率来反映银行公司治理评级的差异，以达到激励的目的。如果银行承担的存款保险成本反映其公司治理的评级，就会激励银行完善公司治理。银行公司治理评级的方法应尽可能清晰易懂，并提前公布以便银行有足够的时间重组其公司治理框架。公司治理的评级方法应着重强调原则而不是具体实现形式，以防止银行照猫画虎，照搬公司治理的表面形式。证券监管机构应参与评级方法的制定，提供在公司治理方面所积累的经验。

10.4 巴塞尔委员会《强化公司治理指导原则》[①]

公司治理结构是现代银行制度的核心，针对本次金融危机[②]中暴露出的银行在公司治理方面的缺陷，巴塞尔银行监管委员会（BCBS）于 2010 年 10 月 4 日发布了《强化公司治理指导原则》。该文件提出银行实现稳健公司治理的 14 条原则，明确了银行业监管机构对银行公司治理的监管责任，并阐释了其他利益相关者和市场参与者、法律框架对于强化银行公司治理的作用。

① 参见中国银监会网站《巴塞尔委员会发布强化银行公司治理指导原则》，http：//www. cbrc. gov. cn.

② 指 2008 年开始的次贷危机。

10.4.1 银行公司治理概述

有效的公司治理是获得和维持公众对银行体系信任和信心的基础，这是银行业乃至整个经济体系稳健运行的关键所在。良好的银行公司治理应达到的标准包括：一是能够提供适当的激励，使董事会和管理层符合公司和股东利益的目标，并实施有效的监督；二是建立在合理有效的法律法规、监管规定和内部制度的基础之上；三是应用至各种所有制结构的银行，包括国有银行或国家支持的银行。

10.4.2 稳健的银行公司治理原则

10.4.2.1 董事会职责

原则一，董事会承担银行的全部责任，包括审批和监督银行战略目标、风险战略、公司治理和企业价值的实施，并负责对高管层实施监督。

原则二，董事会成员具备并保持履职所需的资格，这一点可以通过培训实现。他们应清晰了解自身在公司治理中承担的职责，并具备对银行事务进行稳健和客观决策的能力。

原则三，董事会应就自身运作制定合理的管理规定，并采取措施确保这些规定得到遵守和定期审查，使之与时俱进。

原则四，在集团公司架构中，母公司董事会应对整个集团的公司治理总体负全部责任，应确保治理政策和治理机制与集团及其实体的组织架构、业务和风险状况相匹配。

10.4.2.2 高管层责任

原则五，高管层应在董事会的指导下保证银行的业务活动与董事会通过的经营战略、风险偏好和风险政策相符。

10.4.2.3 风险管理和内部控制要求

原则六，银行应设立独立的风险管理部门（包括首席风险官或类似人员），并给予其足够的职权、级别、独立性、资源以及向董事会报告的渠道。

原则七，银行应在集团层面和单个实体层面分别对风险进行持续的识别和监控，其风险管理和内部控制的复杂程度应与自身风险状况的变化（和发展）以及外部风险环境的改变保持同步。

原则八，银行应通过跨部门沟通和向董事会、高管层报告的方式，在自身内部就风险情况进行充分的沟通，从而实现有效的风险管理。

原则九，董事会和高管层应有效运用内部审计部门、外部审计机构和内部控制部门的工作成果。

10.4.2.4 薪酬管理要求

原则十，董事会应积极主动地监督薪酬体系的设计及运作情况，并通过对薪酬体系进行监督和审查确保其按既定目标运转。

原则十一，员工薪酬应与其审慎性风险承担行为有效挂钩：薪酬应随所有风险类型进行调整；薪酬结果应与风险结果对称；薪酬支付时间表应敏感地反映风险的期限范围；现金、股权及其他形式薪酬应与风险配置情况相符。

10.4.2.5　对复杂或不透明治理结构的要求

原则十二，“知晓你的结构”——董事会和高管层应了解和掌握银行的运行结构及其造成的风险。

原则十三，“理解你的结构”——银行通过特殊目的实体或关联机构运营，或者在未达到国际银行业标准的国家和地区运营的，其董事会和高管层应理解此类展业运作的目的、结构和特别风险，并采取相应措施进行缓释已经识别的风险。

10.4.2.6　信息披露和透明度要求

原则十四，银行的公司治理应对其股东、存款人和其他相关利益者、市场参与者保持充分的透明度。信息披露应该准确、清晰，易于理解，便于股东、存款人、其他相关利益者和市场参与者进行探讨。

10.4.3　银行业监管机构的职责

（1）为银行建立完善稳健的公司治理架构提供指导。监管机构应按照本文件的要求制定指引或法规，要求银行具备有效的公司治理战略、政策和程序，特别是在法律、法规、指引或上市要求中关于公司治理的规定不足以满足银行特有的公司治理要求的情况下。

（2）定期评估银行公司治理政策、措施和执行情况。监管部门应具备评估银行公司治理政策和措施的监管程序和工具。这种评估可以通过现场检查和非现场监管以及与银行高级管理层、董事会、内控部门和外部审计机构的沟通来进行。

（3）收集和分析银行内部报告和审慎性报告（必要时还包括外部审计机构等第三方的报告），完善上述评估。

（4）要求银行对公司治理政策和措施中的实质性缺陷采取有效措施和手段。监管部门应具备包括强制采取矫正行动的权力在内的一系列可自主使用的工具来处理银行公司治理中的实质性问题，并在要求银行采取矫正措施时设定完成的时间表。

（5）与其他国家或地区的相关监管部门合作，共同开展对银行公司治理的监管。合作手段包括谅解备忘录、监管联席会和监管机构之间的定期会议。相关政府部门（包括银行监管机构、央行、存款保险机构和其他监管部门）之间的合作和适当的信息共享，不仅有助于解决公司治理方面的问题，而且能够提升各自职责履行的有效性。

10.4.4　促进稳健公司治理的其他环境支持

除了银行和银行业监管机构之外，其他利益相关者、市场参与者和法律框架的改善也能对银行建立稳健的公司治理产生重要作用，具体包括：

① 股东——主动、正确地行使股东权利；

② 存款人和消费者——不与经营不稳健的银行进行业务往来；

③ 外部审计机构——完善、合格的审计标准以及与董事会、高级管理层和监管部门的沟通；

④ 银行业协会——制定行业自律原则，公布良好做法；

⑤ 专业的风险咨询和顾问机构——帮助银行实施良好的公司治理措施；

⑥ 政府——法律、法规、执法和司法框架；

⑦ 信用评级机构——审查和评估公司治理措施对银行风险状况的影响；

⑧ 证券监管部门、股票交易所和其他自律组织——信息披露和上市要求；

⑨ 员工——通过举报违法或违反职业道德的做法等问题，或反映其他公司治理方面的缺陷。

⑩ 法律框架的改善——保护和强化股东、存款人和其他相关利益主体的权力；明晰公司内部主体的管理职责；确保公司在远离腐败和贿赂的环境中运作；制定适当的法律、法规和其他措施，促进银行管理层、员工、存款人和股东等多方利益的一致。

10.5　各公司治理指引的适用性评述

中国商业银行较为缺乏完整的和行之有效的公司治理准则，如能积极运用一些先进和有效的公司治理理念和原则，则必将会有助于中国商业银行公司治理结构水平的提升[①]。《OECD 公司治理原则》《OECD 国有企业公司治理指引》《亚洲银行公司治理政策摘要》和巴塞尔委员会“加强银行公司治理”意见，基本涵盖了银行公司治理的各个方面，也提出了前瞻性和建设性的意见供参考和学习。但因其立足点不同，使得这些指引各具特色。

① 中国工商银行董事会办公室课题组．巴塞尔新资本协议与商业银行公司治理［J］．金融论坛，2011（6）．

10.5.1 《OECD公司治理原则》的适用性评述

《OECD公司治理原则》是对上市公司影响力最大的指引，其包含所有的上市公司，具有普遍适用性。但是中国商业银行具有完全不同的情况，因此，其某些原则的适用性在国内尚有待商榷。

首先，在“股东权利与关键所有权功能”部分中所涉及的控制权市场的内容在国内的真正实现还需要一段时间。由于我国上市商业银行的股权结构高度集中，而且商业银行股改的时间比较短，而且从整个股票市场来看，在股权分置改革前三分之二以上的股份不能自由流通，这就大大限制了我国公司控制权市场的发展与成熟。

其次，在“利益相关者在公司治理中的作用”部分中涉及的员工参与公司治理的内容在我国目前的环境下推行尚存在一定的难度。虽然从传统五大行年报的信息来看，在监事会中都普遍设立的职工监事，但这些职工基本都是银行内部的高管。受儒家传统文化和银行人事任免制度的制约，原则中“应允许开发那些有利于业绩提升的员工参与机制”的内容虽然可能会对商业银行公司治理产生有利的影响，但在当前形势下真正推行显然存在一定的难度。

第三，有关“董事会责任”的内容在中国有普遍的适用性，但从我国董事会的模式、构成的角度来看，真正达到《原则》所规定的内容也需要一定的时间。首先我国商业银行董事会采用的是德日的双层董事会制度，确切地说，更类似于日本的平行双层董事会制度。股东大会下设立监事会与董事会，二者平行，监事会主要负责对董事会及公司管理层的监督。然而，也应当看到中国的监事制度还存在着很多不成熟的地方。从权力范围看，我国监事会的大体框架类似于采用二元制的OECD国家，但权限比起OECD国家要小得多①。由于我国《公司法》中没有明确规定监事会有权阅读公司的财务记录和公司的审计报告，使得监事会在信息上得不到保障，所有的职责都只能停留在象征性的阶段。因此，监事会的规定缺乏可操作性。从实际人员构成来看，我国董事会构成比例不合理，且普遍存在董事会和管理层交叉任职的现象，独立董事中来自官员的情况比较多见。根据OECD的要求，我国应借鉴相关经验，结合银行的实际情况，着重从实行独立董事或独立监督制度、引入股东提案制度、鼓励机构投资者参与公司治理等方面入手来促进我国公司治理原则的制定与完善②。

---

① 赵俊．中国与OECD国家公司治理的比较［J］．太原城市职业技术学院学报，2011（5）．

② 彭晓燕，徐沈新．美国公司治理原则和OECD公司治理原则的比较及其对我国的启示［J］．西部经济管理论坛，2011（3）．

10.5.2　《OECD 国有企业公司治理指引》的适用性评述

《OECD 国有企业公司治理指引》（以下简称《指引》）是国际性组织发布的针对国有企业公司治理的第一个规范性文件，提出了加强和改善国有企业的公司治理的基本准则。由于我国是社会主义国家，国有经济占支配地位，国有企业肩负起国家重点产业和关键行业的发展使命，国有银行关系到整个国民经济的稳定与发展。《OECD 国有企业公司治理指引》的引入无疑对提高国有商业银行的公司治理水平具有重要的指导意义。但实际上，《指引》中的部分条款在我国也存在适应性问题。

首先，《指引》中有关“国家作为所有者的行为”的内容在国内的真正实现尚需要一定的时间。《指引》中指出“国家应该扮演一个知情的和积极的所有者角色，并建立一套清晰、协调的所有权政策，确保在保持必要程度的专业化和有效率的基础上，以一种透明、问责的方式对国有企业实施治理。”在我国，国资委的成立虽然在一定程度上解决了多头管理和所有者缺位的问题，但实际上，国资委作为正部级政府机构，本身就不是一个完全意义上的所有者。国资委不能像真正的市场投资者那样，单纯地以盈利为目的。国资委不仅要管资产，还要管人和管事，成为国有企业强大的婆家。此外，国资委既行使了国有企业股东会职权，又部分行使了董事会职权，国资委实际上成了众多国有企业的“超级股东会”。我国目前尚未建立责、权、利于一身的责任机制，出了问题还是全体国民买单。在这种环境下，所有者缺位问题依然没有得到有效的解决。

其次，《指引》中“公平对待股东”的内容虽有很强的现实意义，但在目前商业银行的股权结构下，推行也存在一定的难度。目前我国国有商业银行的股权结构高度集中，财政部和汇金公司是国有商业银行的主要股东，其特殊的性质导致了商业银行在面对这些国有股股东时很难能做到公平对待。

第三，《指引》中有关“利益相关者”的内容受历史环境等条件的制约，尚存在提升的可能。我国国有企业的股份制改革起步较晚，在这一过程中对利益相关者的保护显然做得还不够。比如商业银行高管的薪酬问题，显然没有考虑银行内部员工及债权人等其他利益相关者的利益。利益相关者的利益并没有得到足够的重视。

10.5.3　《亚洲银行公司治理政策摘要》的适用性评述

《亚洲银行公司治理政策摘要》（以下简称《摘要》）中有大量的篇幅对银行公司治理的重要性和亚洲的特点进行了阐述，对于身处亚洲的我国商业银行来说显然具有很强的适用性。但是其中也有一些内容与我国的实际情况并不相符，因此，我们在学习运用这一《摘要》时，也要有所取舍。

首先，在《摘要》中对“董事会的构成”所提出的增强董事会独立性的建议，其中所涉及的“家族控制式银行”的内容显然对大陆地区的银行来说并不适用。由于特殊的历史原因，我国的家族式银行仅存在于香港和台湾地区。但《摘要》中谈到的增强国有商业银行董事会的独立性问题显然对我国的实践具有重要的指导意义，即“国有商业银行的董事会应该有足够的‘独立’董事，这样董事会可以独立决策，避免国家的日常干预，同时依据国家作为所有者和控股股东的身份设立的目标，有效地监督管理层。”

其次，关于“董事会下设的专门委员会”的内容，《摘要》建议“为避免设立过多的委员会，可以将提名、薪酬、继任计划及其他一些包括继续培训、获取技术支持和信息等董事会成员关心的问题结合起来建立一个单一的委员会。这个委员会可以称为‘治理委员会’”。我国当前的股份制商业银行大都严格按照相关的规定设立了各专门委员会，但并没有成立“治理委员会”的商业银行。并且《摘要》对治理委员成员设立了“全部为独立董事”的强制性要求，考虑到当前中国的实际，“治理委员会”的设立显然还需要一定的时间。而且，目前也没有证据表明“治理委员会”的效率一定比成立各专门委员会的效率要高。因此，这种建议目前来看只能作为一种参考。

第三，关于国有商业银行的自主权，《摘要》中明确指出，“国家作为监管者和所有者的身份应该分开，不管是哪一种情况，国家都应清楚地了解干预银行经营可能带来严重后果。”在我国，国家既是国有商业银行的所有者，又是监管者。两种角色不能完全分开，就会发生冲突。国家政策的监管与政府的逐利冲动造成了实际治理的混乱。因此国家作为股东应该尊重董事会的独立性，允许国有商业银行董事会独立负起职责。当国家以制度设定者和外部监管者身份出现时，它必须切实认识到，自己是不同所有制企业（银行）共同的政府，第一要务是为微观主体创造公平的竞争环境①。

第四，《摘要》中关于国有商业银行私有化的内容显然在国内并不适用。“工作小组欢迎亚洲国有商业银行，特别是那些因银行危机而起初被国有化的银行，私有化的趋势。……国有商业银行的私有化可以形成市场纪律，完善公司治理。”俄罗斯等转型国家的经验表明，私有化并非包治百病的良药。而且就俄罗斯本身而言，其商业银行的股改也并没有按照私有化的道路进行，国家依旧对大的国有商业银行处于绝对控制地位。对我国而言，由于银行在国民经济中所扮演的重要

① 张晓朴，唐雷．为亚洲银行公司治理树新规——亚洲银行公司治理政策摘要述评［J］．银行家，2005（10）．

角色，以及私有化可能会带来风险，国有商业银行的私有化显然并不是一个很好的选择。

第五，关于“银行对借款企业公司治理的监督”的内容对完善国有企业公司治理结构具有重要的指导意义。银行参与借款企业的公司治理，银行和企业之间相互持股，这在日本和德国非常普遍，而且在这两个国家起到了非常好的效果。《摘要》中指出，“亚洲的银行监管当局应该鼓励银行评估和监督借款人公司治理水平，并作为信用风险管理的重要部分。由于证券市场不完善，很多情况下无法通过证券市场实现良好的公司治理，银行和银行监管当局应该更加关注银行的评估和监督职能，并将其作为一个有效的政策工具，促进国内公司治理实践。”

但是，《摘要》中也对银行参与公司治理的程度做出了一定的限制，指出“应慎重考虑银行影响借款企业公司治理的程度……如果银行要在改进借款企业公司治理方面发挥重要作用，银行自身拥有良好的公司治理是必要的前提”等，这些具体建议的给出，对完善我国商业银行公司治理具有非常好的指导意义。

10.5.4　《强化公司治理指导原则》的适用性评述

巴塞尔银行监管委员会制定的《强化公司治理指导原则》，共提出有关“银行稳健公司治理”的十四条原则，其逻辑脉络在于：由董事会总体负责包括风险战略在内的银行战略目标、薪酬制度和企业风险管理的文化价值等，高管层执行董事会的决策，并建立具体风险管理与内控体系。高层决策者们必须充分了解自己的银行及其结构产品，并充分披露信息以接受来自于各方的监督。对国内商业银行来说，巴塞尔银行监管委员会的《强化公司治理指导原则》具有非常重要的指导意义。银监会主席刘明康在其为《加强公司治理指导原则》中文版所题的序中写道，“尽管《原则》主要面向于规范系统性银行和国际活跃银行，以及银行结构、产品复杂的发达国家，但它作为指向，仍然对于我们这样一个发展中的经济体及尚待完善的银行体系具有重要启示作用，值得我们去遵循和实践”。

10.6　小　结

本章分别援引了《OECD 公司治理原则》、《OECD 国有企业公司治理指引》、《亚洲银行公司治理政策摘要》和巴塞尔委员会《强化公司治理指导原则》等文件，并对这四大文件在国内的适用性做出了评述。综合来看，这些指引为我国银行公司治理提供了良好的经验，但是我们也应注意到，并非指引中所有的条款都适用于我国的实际情况。我国商业银行股份制改革完成时间并不长，真正完善商业银行的公司治理还有很长的路要走。此外，由于我国社会主义国家特殊的国家性质也导致了我们在学习西方先进经验时不能照搬照抄，而是要结合实际，有取有舍。参照这些指引，我们可以看出，我国商业银行的公司治理在控制权市场的发展、董事会建设、国有商业银行的股权优化以及对利益相关者的考虑方面都还有提升的空间。

第 11 章　完善中国国家控股商业银行治理的对策建议

通过前面十章的研究，我们回顾了商业银行治理的相关理论基础，分析了目前国际上有代表性的商业银行四种公司治理模式，结合了我国国有商业银行公司治理结构的特殊性，并对我国国有商业银行公司治理的现状从内部治理和外部治理两方面进行了分析，在此之后对我国国有商业银行公司治理的绩效进行了研究，最后从金融危机的角度分析了商业银行公司治理的新趋势。从前面的分析我们不难看出，目前优化国有商业银行公司治理，既要对如股权结构、组织框架、激励约束机制等银行内部治理要素进行改善，更要从完善资本市场、完善政府监管等外部治理要素等几个方面进行努力。历史的经验表明，公司治理的优化是一个长期的过程，不可能一蹴而就，对国有商业银行公司治理优化而言，要顺利实现预期的目标，也将经历一段由“改革—实践—修正—改革”所形成的循环渐进过程。

11.1　中国国家控股商业银行治理的内部完善

11.1.1　优化股权结构，强化股东大会作用

在我国，国有商业银行的股权结构通常会受到国家发展目标和经济环境等条件的影响，特别是我国特殊的制度环境和一些历史原因，导致了我国国有商业银行股权结构的特殊性。根据建设银行和农业银行 2012 年的年报显示，排名前两位的股东分别是汇金公司和财政部，这两个部门合计持股比例分别达到了 70% 和 79%以上，汇金公司同时还持有中国银行和建设银行 67%和 57%的股份[①]。这些数据表明，我国的国有商业银行中，存在着股本规模庞大、国家股“一股独

① 数据系作者根据四家商业银行 2012 年年报整理。

大”及股权高度集中等特征。

当然，在国有商业银行股改的初期，“一股独大”的股权结构对于提高银行决策的效率，保证国有资产的安全性等方面发挥了重要作用。但随着商业银行改革的深入，政府作为绝对控股股东所造成的所有者缺位等问题也逐渐显露。从理论上来说，无论是股权高度集中还是过度分散都会对银行的长期稳定发展产生不利影响。首先，虽然股权的高度集中会树立大股东的绝对权威，提高决策效率，但同时也可能形成大股东侵害中小股东和银行的利益的局面；其次，英美国家的公司治理经验也表明，股权的过度分散会增加公司的并购风险，这不仅会增加经理人员的“代理权”竞争压力，同时还会弱化股东对管理层的监督，进而导致内部人控制问题。从以上分析可以看出，优化股权结构对我国国有商业银行来说是一个较为复杂的问题，不能简单地一刀切，应在合理的范围内实现我国国有商业银行股权结构的多元化。

具体而言，我国国有商业银行股权结构的改革应注意以下几点：

第一，注意与国家宏观经济发展战略的配合。我国经历了改革开放三十年的磨砺，在经济的战略安排上已经逐渐成熟，而国有商业银行的改革不能离开国家的宏观经济战略，特别是银行作为关系国计民生的重要部门，在改革的过程中更要注意与国家其他经济部门的协调与配合。因此，在股权改革方面，国有商业银行可根据国家的发展战略，逐步降低国有股股权比例，实现由绝对控股向相对控股的转变。通过增加国内机构投资者和社会公众股的比重，在一定程度上借助外部的社会力量，推动法人治理结构的完善，对银行的经营决策形成更大的制衡力量。

第二，积极引入境外战略投资者。从俄罗斯商业银行的发展经验可以看出，通过借鉴大型国际金融机构先进的科学技术和丰富的管理经验，有助于提升我国国有商业银行的市场价值，对提高其在国际市场上的竞争力具有非常重要的意义。需要注意的是，我们必须客观、公正地评价境外战略投资者对国有商业银行公司治理建设和改革方面发挥的作用，不断完善战略投资者引进策略，引入真正能够促进大型商业银行长期持续发展的合格战略投资者。同时，我们也不赞成形成俄罗斯邮政储蓄银行那种外国机构投资者持股达到44%的情况，因为这样的持股模式一方面会造成国有资产的流失，另一方面也不利于我国的金融安全与稳定。

第三，落实股东代表大会制度，强化股东大会作用。作为银行最高权力机构的股东大会应充分发挥其作用，切实保护各方投资者的合法权益。股东大会的参与者应包括国有股代表、机构投资者和个人投资者代表，各方代表应对董事会和监事会的工作情况发表独立意见，以确保董事会可以做出科学民主的决策；监事会可以充分发挥对高管人员和银行业务经营的监督作用。同时，建立监督激励机制限制大股东权利，确保中小投资者利益不被大股东凭借信息等方面的优势剥夺。

11.1.2　规范董事会运作，充分发挥董事会的作用

科学决策与有效监督是董事会治理的两大目标，而董事会的运作又直接影响着董事会这两大目标的实现。董事会运作顺畅与否不仅会直接影响董事会各项职能的顺利履行，最终还将对公司治理效率产生重大影响。从董事会的职能来看，它是银行的最高管理机关，主要行使除法律、公司章程规定属股东大会权限之外的一切管理权力。我国国有商业银行董事会借鉴的是日德模式的双层董事会结构，准确地说更类似于日本的平行结构。董事会与监事会相互平行，监事会的主要职责是对商业银行的经营活动、财务状况、风险管理机制和内部控制机制进行监督，同时还要监督董事会和高级管理层及其成员的履职尽责情况。建立规范的董事会制度要以增强董事会治理能力、提高银行运行效率为目标。要充分发挥董事会的作用，国有商业银行应努力做到以下几点：

第一，要建立科学合理的董事会结构。董事是由股东代表大会选举产生，对内管理公司事务，对外代表公司进行经济活动的法人或自然人。董事会行使职能需要有一定数量的董事，其规模通常会受到银行多元化经营及股东投资组合状况的影响。在不同的银行，董事会的规模差异比较大，即使同一银行在不同发展阶段，董事会的规模也会有所变化。从现有的研究结论来看，国内外对董事会规模是否会对公司治理的最终结果产生影响尚存在争议。截至 2012 年年底，我国国有商业银行董事会规模在 13～19 人。对于一般企业来说，这样的董事会可能会显得有些庞大，但对比国外的大银行来说，这样的董事会规模处于适中水平。从其他银行的数据来看，汇丰集团董事会人数为 19 人，日本三菱银行的董事会人数也有 16 人，花旗集团董事会人数相对较少，但也有 12 人①。因此，对比来看我国国有商业银行董事会规模并不算最大。今后，应重视从质量上控制董事会的结构，主要体现在优化董事的专业结构和年龄结构等方面，综合经济、管理、法律等方面的高级人才，并注意调整董事的年龄结构，保证阅历、能力和体力的完美结合。虽然我国国有商业银行的董事会中普遍设立了职工监事，但董事会成员中没有职工董事。从德国、日本的经验来看，职工董事的增多虽然可能会带来一定的内部人控制的风险，但总体来说，职工董事的出现对于提高公司治理的效率是有一定帮助的，正因为此，近几年来欧美其他国家的一些企业也开始通过引入

① 根据各银行 2012 年年报数据整理。

职工董事制度来加强对职工合法权益的维护。今后在进一步完善公司治理结构中应不断扩大职工参与公司治理的多种途径，将不同阶层的职工代表吸纳进董事会，把职工的意愿依法准确地体现出来。同时，还应扩大外部董事特别是独立董事的比例，不断提高董事会的独立性。可通过聘任外部人士担任董事会主席或董事长一职的形式，加速商业银行领导权在结构上的两职分离，防止出现董事长权力膨胀，为谋求自身利益而侵犯股东权益的情况。

第二，充分发挥董事会下属专业委员会的作用。董事会作为银行内部控制机制的核心，仅靠每年几次的全体会议很难从组织上有效地履行其职责，这就需要设立专门委员会来协助董事会甚至负责某一方面的工作，以实现董事会工作的专业化。专门委员会的设立不仅可以帮助完善董事会的工作机制，还可以加强对银行信息的收集和掌握，提高董事会决策的质量和科学性。我国人民银行颁布的《股份制商业银行公司治理指引》中第四十条规定：董事会应当设立关联交易控制委员会、风险管理委员会、薪酬委员会和提名委员会，并规定关联交易委员会、提名委员会主要由独立董事组成，由独立董事担任负责人。目前我国国有商业银行均已按照人行的规定在董事会下设立多个专业委员会，因此，在今后的运作中，各商业银行应充分发挥各专业委员会的作用，保障董事会的正常运行。

第三，重视加强董事会独立性建设。西方公司治理的经验表明，董事会的独立性建设是董事会建设中最为重要的一部分。董事会的独立性将直接关系到董事会是否能做到不被少数人（股东或内部人）控制，也关系到董事会做出的决策是否公平，进而影响银行公司治理的有效性。在我国，独立董事已普遍存在于各国有商业银行的董事会中，这不仅有助于提高董事会整体的知识化、专业化和决策水平，还有利于改善董事会结构，强化董事会的监督和约束机制，保护股东和其他相关者的利益，确保银行的规范运作。加强董事会的独立性，一是要进一步提高独立董事在董事会中的比例，并且董事会的组成人员中来自管理层的董事不能超过 2～3 名。二是要进一步优化独立董事选聘机制，在董事会成员的选择上就要充分注重成员的专业性和代表性。独立董事中不仅要有治理银行方面的学者，还要有丰富实践经验的银行管理专家，通过广泛吸收行业精英和国内外专家人才形成优质的独立董事专家库。此外，还应建立独立董事提议落实反馈机制和考核办法，既能鼓励独立董事对董事会审议事项发表客观、公正的独立意见，也可防止出现独立董事在重大问题决策中不作为等问题。

第四，规范和完善董事会激励与约束机制。激励与约束机制在提高商业银行竞争力和经营效率方面有着非常重要的作用，因而它也是董事会治理结构中非常重要的组成部分。在委托-代理机制下，委托人和代理人之间可能存在着诸多方面的矛盾。对受委托的董事而言，他们可能为了谋求自身利益最大化，而存在不同程度的道德风险，损害委托人的利益。而规范和完善的董事会激励与约束机制有助于协调股东与董事之间的利益冲突，实现董事和股东利益的一致性，降低道德风险的发生概率，进而激发董事为股东服务的积极性；增强董事的受托责任。随着我国商业银行改革的不断深入，健全和完善董事会激励与约束机制对国有商业银行公司治理来说非常重要。从对董事的激励来看，可借鉴欧美等发达国家的经验，由独立的薪酬管理委员会设计本行的薪酬激励方案。薪酬方案要以各董事对银行贡献的大小作为衡量个人业绩的依据，只有真实、客观地评价各董事的工作业绩，才能充分、有效地实施激励措施，促进其履职能力和经营管理水平的提高。此外，应将长期激励与短期激励机制结合起来，通过实行股票期权制度，将董事的长期利益与银行的经营绩效挂钩。董事享有银行股息红利和剩余财产的分配权，不仅可以激励其充分发挥主观能动性，还能进一步提高董事行使其权力的效率。从对董事的约束来看，一是要加强对董事会内部约束，通过不断强化董事的职责和义务，建立完善的董事会评价体系来对其工作进行客观、科学的评价，以此对董事的工作形成有效的约束；按照现代企业制度和有关法律法规的要求，借鉴国际经验，建立和健全董事会、监事会和高管层相互制衡的治理结构。二是要加强董事会外部约束，加强对董事会信息披露的监管，规范信息披露制度，实现信息披露原则、信息披露内容和方式的规范化。

11.1.3　完善管理层的选拔机制，强化管理层监管

银行的管理层是银行经营理念、管理思想、价值取向最直接、最权威的倡导者和实践者。银行管理层作为董事会及公司的代理人，其权力来源于董事会授权或公司章程的规定。我国国有商业银行的高级管理层应由对银行负责的、居于核心地位的管理人员组成，管理人员可通过现行的决策委员会对银行进行管理。在国有商业银行进行公司治理优化的过程中，想要造就优秀的管理层队伍就必须建立一套促使专业管理层形成的有效机制。

第一，要进一步完善管理层选拔机制。一是要进一步完善国有商业银行管理层选拔和考核机制。国有商业银行在银行管理人员选拔标准方面应突出专业理论素质、政策法规意识、经营管理能力、行为偏好和个人价值追求等标准，并依据公正、公开、公平以及择优的原则，对管理人员实行聘任制，严格执行管理人员“定期考核、末位淘汰”制度。二是要推行管理人员岗位竞聘制。通过竞争上岗，在竞争机制中充分发挥个人的经营和管理才能，使得人尽其才，充分发挥人力资源的效用。通过严格竞聘，定期考核选拔优秀人才；通过委以重任，酬以高薪稳住中高层管理人员；通过优化环境，提高待遇吸引外来优秀人员，更好地为国有

商业银行的可持续发展服务。三是对重要岗位实行轮岗替换制。按照亲属回避、防范风险等原则，对在重要岗位工作满一定聘期的，应实行轮岗替换制度。管理层中实行轮岗制不仅能够多方面培养人才，还可以促进各部门直接的沟通，提高工作效率；同时，轮岗制度还可以有效地控制风险，制约腐败的滋生。

第二，要进一步完善管理层激励约束机制。一是建立管理层的外部市场激励约束机制。具体可以借鉴欧美经验，逐步建立和形成职业经理人市场，使经营业绩、声誉机制成为银行高级管理人员参与市场竞争的重要因素，从而形成商业银行管理层的外部市场激励约束机制。二是要在银行内部进一步完善管理层的约束激励机制。激励机制的设计方面，主要是设计一套完善的薪酬激励机制。国有商业银行管理层的薪酬设计应与所在银行的道德观念、经营目标、发展战略和外部环境相一致，通过科学系统的评价体系对不同的管理人员进行职位分析、职位评价，并对管理人员资历做评估，以确定合理的薪酬机制。董事会薪酬委员会应就高级管理层的薪酬订立标准制定政策，并定期根据行业规范审核这一政策。将管理层的货币化收入与其经营业绩挂钩，按银行利润水平的一定比例提取。最终是要以科学的绩效评价体系为依据，建立以工资、奖金等短期激励为主，以可转换有限制股票计划、虚拟分红权计划、奖金延后支付计划、员工持股计划等长期激励计划为辅助的激励体系。在约束机制的设计方面，可以考虑采取监事质询、提出罢免建议以及高管人员信用记录、追究法律责任等形式，形成问责机制，从而对银行的管理层形成约束。

11.1.4 强化监事会作用，理顺董事会与监事会的关系

从公司治理层面来说，监事会就是专司监督职责的机构。在我国，国有商业银行监事会制度的建立与发展与我国金融业改革的不断深化密切相关。国有商业银行的监事会在银行经营过程中，对完善公司治理发挥着重要作用。强化国有商业银行监事会制度，就是要以提高监事会监督功能和监督效率为目标，进一步提高监事会监督的代表性和有效性。在充分保护以战略投资者、中小股东、职工以及债权人等为代表的利益相关者的利益基础之上，通过建立透明、开放的工作流程和评估机制来强化监事会职能的发挥，提高国有商业银行经营决策的规范性和监督的有效性。

第一，完善监事会的构成。目前我国国有商业银行的监事会成员主要由股东代表、职工代表和外部监事构成，人数一般在7～13人，该种组织形式既可以实现股东利益，又可以维护职工的正当权益。另外，在监事会人员的选拔上，应与董事会人员的选拔一样，综合考虑多种因素，不仅对候选人的阅历、能力等严格考察，还要选拔熟悉国家政策、法律法规，具备极强的专业知识素养，具有较强

的综合分析和判断能力的人才。

第二，进一步强化监事会的职责，增强监事会独立性。国有商业银行监事会应将监督银行董事会的决策是否正确、有无损害国家利益，监督董事会和管理层是否依法履行职责、有无损害银行利益行为的发生作为其主要职责。做到这一点前提是增强监事会的独立性。保证独立性是监事会正常运行的基础，也是监事会充分高效行使其职能的前提。在我国，国有商业银行必须拥有具有高度独立性的监事会，以有效发挥其对高级管理人员的监督作用，促进银行的稳健运行。一方面，要确保监事会成员的独立性，防止“内部人控制”问题的出现。监事会的独立性是保证监事会成员独立运作、有效履行其职能的前提。在选拔监事会成员时要充分考虑各方经济利益关系，从而保证监事会成员在行使职权时能够做到客观、公正。另一方面，要保证监事会运作的独立性。保证监事会运作的独立性有两个方面的含义，一是监事会要拥有独立的监督权，二是监督权要能够被独立行使。我国应不断完善相关法律法规，明确规定监事会的职责，保障监事会运作的高度独立性。

第三，理顺董事会与监事会的关系。各国的公司治理结构受各国不同的历史、文化、环境的影响有所不同，因而解决由委托-代理关系产生的监督问题的方式也各不相同。在英美模式中，主要是依靠提高董事会的独立性和加强外部市场监管来解决这一问题，具体而言是通过由董事会下设的审计委员会、独立董事和所聘的外部审计师行使监督职能；而在日德模式下，受外界环境的约束，解决监管问题主要是通过监事会行使监督权。我国目前采用的是日德模式，即双层董事会制度。然而这一制度存在着权责重叠与实际执行能力弱化两大问题。首先，监事会与董事会中的独立董事可能会存在职责、职权重叠的现象，董事会与监事会在监管银行经营、召开临时股东大会等方面存在职责的重叠，这些权力的配置若不合理可能会造成监督主体不明、资源浪费等情况；其次，监事会与董事会的平行结构，可能会造成监事实际执行能力的削弱，进而弱化实际的监督效果。

为解决这一问题，国有商业银行监事会建设应注意以下几点：一是要合理协调董事会、监事会的不同监督权限，确保两者能够相对独立、协调配合地行使被赋予的监督权，避免权力重叠和权力空缺。二是要优化监事会结构，通过提升监事会监督履职专业水平，增强监事会的执行力。提升监事会的独立性就是要增加各类监事的人数，特别是要扩大独立监事的人数占比，授予独立监事更大的职能权限。同时，要将监事会责任细分，逐步分解到具体的监督方式中，包括对银行内部整个系统进行调查、对重点业务展开专项调查、研究财务报告、按时列席董事会和管理层会议并提出异议等。

11.1.5 保护股东利益，重视利益相关者治理

商业银行作为重要的金融机构，对国民经济的健康运行发挥着非常重要的作用。由于我国特殊的历史背景和文化传统，国有商业银行的股权结构和资金来源相对特殊，利益相关者众多。银行是靠负债经营的企业，银行运作杠杆率很高，使得银行对债权人的责任与对股东责任相比较而言更为重要。而且银行的经营状况直接关系到整个国民经济的运行，商业银行的风险损失以及由此引发的金融风险会严重威胁到社会经济生活的各个方面。所以，商业银行的公司治理应更多地考虑利益相关者的利益。具体而言，从完善国有商业银行内部治理的角度出发，还应做好以下几点：

一是要充分体现在我国国家作为股东的国有商业银行公司治理的特殊性。目前，我国资本市场尚不发达，国有商业银行在整个金融体系中占据十分重要的地位，是国家的经济和金融核心。因此，对国有商业银行公司治理结构的设计不仅要追求银行利润和银行价值的最大化，还要能够充分发挥国有商业银行在优化资源配置和增强宏观金融调控方面的作用，为我国社会主义市场经济建设做好服务和保障工作。

二是要注意保护债权人的利益。作为经营存贷款业务的特殊企业，银行具有高负债运营的特征。商业银行以金融资产和金融负债为经营对象，凭借自身很少的自有资本吸收大量的储蓄，通过短期存款发放长期贷款获得息差收入，因此，商业银行对作为其债权人的储户责任重大。商业银行的公司治理应特别注意保护债权人的利益，特别是中小债权人。目前，我国存款保险机制尚不健全，银行一旦发生破产事由，债权人将遭受巨额损失。因而，我们要建立健全银行外部监管体系，通过定期向社会公众披露银行真实的经营状况、财务状况、风险管理状况等切实维护债权人的利益。

三是要充分发挥高级管理人员和各部门员工的积极性。在生产力三要素中，人是最活跃的因素。在知识经济时代，人力资源，尤其是优秀的人才成为了企业成功的关键。员工是企业人力资本的全部，员工的素质和活力成了企业发展的根本动力。企业只有将人力资源和物质资源有机结合起来才能有效地创造财富。在我国国有商业银行改革和完善公司治理结构的过程中，要进一步重视人力资源管理和实施人才战略，重视员工利益的有效保护，努力建立一种员工参与治理的企业文化和机制。同时，国有商业银行要实现可持续发展就必须始终坚持以人为本的思想，将员工的才能和积极性与银行的目标结合起来，打造一支训练有素、执行力强的员工队伍，并在银行的发展过程中不断发挥员工的积极性和创造性。

11.2　中国国家控股商业银行治理的外部优化

11.2.1　积极完善证券市场，优化公司治理外部环境

证券市场具有投融资、价格发现和资源配置等多种功能。证券市场对公司治理的作用主要体现在以下几个方面：首先，完善的证券市场为股东行使投票权提供了条件。银行的经营效益与股东的利益密切相关，当银行的经营状况出现问题时，银行的大股东就会在股东大会上“用手投票”，形成对管理层的直接约束。一般而言，持股较多的大股东为维护自身利益，会更加积极地参与银行的治理，通过行使投票权等方式，来影响银行的经营和发展。其次，证券市场上的价格发现机制为中小股东监管银行的公司治理提供了基础。银行的股票价格反映了银行的经营状况和投资者对银行未来的预期。当投资者发现银行存在经营管理方面的问题并且这种问题很可能会影响银行未来的发展时，就会采用“用脚投票”的方式卖出股票，并导致股票价格的下跌。这种价格机制对银行管理者形成了巨大的外在压力，迫使其更加努力工作，用良好的经营业绩和收益来维持股票价格。第三，证券市场上的并购接管机制对银行管理层的经营形成了约束。并购接管机制是指通过收集股权和股票代理权取得对企业的控制权，达到接管公司和更换不良管理层的目的。并购接管机制作为一种特殊的公司外部治理机制，能够有效地防止管理层做出损害股东利益的行为，达到控制管理层的目的。如果银行被并购或接管，管理层就要面临失去工作的风险，为维护其自身利益，管理层也将不断提高银行的经营绩效，维持股价稳定。

我国证券市场经过二十多年的发展已初具规模，成为我国金融体系的重要组成部分，为建立现代公司治理制度奠定了坚实的基础。截止到 2012 年底，我国境内上市公司（包括 A、B 股）共有 2494 家，股票市价总值达 23357.62 亿元，股票成交金额为 31722.87 亿元。随着我国证券市场的不断发展和完善，其在促进公司治理方面的积极作用也不断得到加强。但由于我国证券市场还处于发展的初级阶段，存在的信息不对称以及股票价格失真等问题减弱了证券市场对公司治理的影响。为充分发挥我国证券市场在国有商业银行公司治理中的作用，不断提高我国证券市场的有效性，我们要做到以下几点：首先要进一步加强信息披露机制，提高证券市场透明度。加强信息披露制度就是要建立强制性信息披露制度，以法律法规的形式要求信息的公开化，使证券市场参与者可以较低的成本获得充分的信息。其次要加强对证券市场的监管，规范公司的信息披露行为，严厉打击

操纵市场、内幕交易和虚假陈述等违法犯罪行为，维护良好的市场运行秩序，减少噪声交易。最后，还要加强对投资者的教育，引导投资者树立正确的投资理念，恢复证券市场的有效性，实现证券市场的价格发现和资源配置功能。

11.2.2 大力发展机构投资者，规范机构投资者运作

在英美等西方发达国家，机构投资者已成为资本市场的主导力量，并在银行公司治理中发挥着非常重要的作用。与发达国家相比，我国机构投资者在数量、规模以及投资理念、风险管控、产品开发等方面尚存在一定的差距，这在一定程度上制约了我国机构投资者在改善公司治理结构方面发挥作用。因此，我国应大力发展机构投资者，提高其参与公司治理的能力，真正发挥其在改善银行公司治理上的积极作用，促进我国国有商业银行公司治理结构的进一步完善。具体而言，应做到以下三点：

第一，要扫清机构投资者成长的法律法规障碍。要加快健全和完善相关法律法规体系，完善我国国有商业银行股权结构，使机构投资者真正成为公司的积极投资者和股东，从而关注公司长久发展，积极参与公司治理。同时，要完善证券监管法律法规建设，通过立法的形式加强对机构投资者的监管，强化机构投资者的义务，约束机构投资者的自利行为，不断激励机构投资者改进自身治理状况。

第二，要创造良好的条件大力培育机构投资者。要逐步消除影响机构投资者发展的因素，包括制度因素、外部环境因素等。在不放松监管的同时，允许有条件的合格投资者尽快转变为机构投资者，大力培育一支多元化、多层次、多领域的专业化机构投资者队伍。此外，促进机构投资者发展不仅仅要提高机构投资者的规模，更重要的是提升机构投资者的质量，提高机构投资者自身治理水平，培养机构投资者主动参与公司治理的意识。

第三，积极发展合格境外机构投资者（QFII 制度）。合格境外机构投资者对于借鉴学习国外先进的公司治理经验，提高中国国家控股商业银行公司治理水平有重要意义。我国可以在总结前期 QFII 实践的基础上，逐步放宽 QFII 的标准，扩大 QFII 的范围，减少对其投资方向和资金流动的限制，使更多符合资格的外国机构投资者进入中国的资本市场，更加全面地参与公司治理。

11.2.3 努力建立竞争性产品市场，完善经理人市场

现代公司治理理论表明，建立竞争性的产品市场以及完善经理人市场，对提高公司治理水平、改善公司治理结构具有重要的意义。一方面，银行产品和服务在产品市场上的竞争，直接关系着银行的经营绩效，而经营绩效又是衡量公司治理效果的重要指标，在这一条件下，产品市场的竞争便成了约束管理者改善公司

治理水平、提升公司业绩的外在压力。另一方面，完善的经理人人市场将在银行经理人中形成合理的定价机制和退出机制，优秀的银行经理人的薪酬将伴随着其公司治理水平的提升而提升，表现拙劣的经理人则会被市场所淘汰。通过产品市场和经理人市场的优胜劣汰，将直接影响银行的公司治理水平。

从产品市场的角度来看，产品市场竞争可以通过加强对银行经理的激励，提高对银行经理的监督程度，来提高银行经理人的努力水平。因此，建立竞争性产品市场对提升国有商业银行的公司治理水平有着重要意义。建立竞争性的产品市场应努力做到以下几点：一是要拓展银行业务和服务水平，丰富商业银行产品的类型；二是完善相关法律法规，对银行间产品的竞争进行规范和约束，形成产品市场良性竞争的局面；三是银行自身要积极转变经营理念，把服务和竞争引入银行文化建设的范畴，使国有商业银行从观念上提高对产品市场重要性的认识。

从经理人市场的角度来看，商业银行经理人市场本质上是人力资本市场，它是对经理人才能进行评价的地方，也是经理人在各个银行之间流动的媒介。在完善的经理人市场中，经理人的业绩是显示其企业家才能的唯一信号。所以说，即使经理人目前的工作业绩不一定会直接反映在他所获得的薪酬之中，但企业的发展和业绩的好坏将影响经理人的未来收入，这样就将经理人自身效用与企业的经营业绩联系在了一起。完善的经理市场不仅可以为企业提供有效的人才信息，还可以协同企业建立经理人业绩评价体系，形成高效的人才竞争机制，制约经理人的不良行为。

在国有商业银行内部，银行对经理人的选择要充分考虑银行的经营目标，并实现各级经理人的目标与银行的经营目标最大限度的一致。目前我国经理人市场虽然已有所发展但还不是很规范。在国有商业银行之间，经理人也已通过市场有一定的流动性，但这种流动更多的是优秀经理人从国有商业银行向外资银行和股份制银行流动，而反向流动却很少。随着我国市场化程度越来越高，经理人市场也将得到进一步的完善。为留住优秀的管理人才，让其更好地贡献自己的才能，国有商业银行应做好以下几个方面的工作：一是支付经理人与业绩相挂钩的工资，这样可以给予经理人一定程度的激励；二是给予经理人一定的股票期权，这可以给予经理人充分的、长期的激励，使经理人的目标与企业的长期目标相一致；三是通过创造良好的工作环境，为经理人提供更好的生活和发展空间。

11.2.4　协调政府、市场与银行的关系，建立内外结合的监管机制

我国国有商业银行在我国整个金融领域中处于核心地位，其运行将直接关系到我国国民经济的发展。因此，促进商业银行监管行为的规范化、制度化和科学化，不仅有利于防范、控制及化解银行风险，而且对公司管理层来说，也是提升

公司治理水平、提高经营业绩的外在动力。银行的发展离不开政府的正确引导，离不开良好的市场环境，更离不开银行自身的自律。因此，优化国有商业银行的外部治理机制，关键是要在政府的监管下建立一个以市场为导向的，以银行自律为基础的内外结合的监管机制。具体而言，可以从以下三个方面来加强对国有商业银行公司治理的外部监管。

第一，明确政府在国有商业银行公司治理监管中的作用。明确政府在国有商业银行公司治理监管中的作用，一方面有利于保护存款人和社会公众的利益，另一方面对于国家从宏观上整体把握国有商业银行的发展，维护整个金融秩序的稳定具有重要意义。此外，政府的监管还是维护银行业公平有效竞争的基础。竞争是市场经济条件下的一条基本规律，也是保护先进、淘汰落后的一种有效机制。政府监管可以为商业银行之间创造一个公平、高效、有序竞争的环境。

具体来说，政府在公司治理中的作用主要体现在通过立法及其他行政措施，帮助国有商业银行建立规范有效的公司治理体系，同时对商业银行治理中出现的问题进行监督与指导。1995 年《中华人民共和国中国人民银行法》的颁布实施，正式标志着我国以国家立法的形式确立了中国人民银行作为中央银行的监管职能。2005 年《中华人民共和国公司法》的颁布标志着我国企业的公司治理正式走上规范发展的道路。除此之外，从 2001 年起，中国人民银行、中国银行业监督管理委员会、财政部、中国证券监督管理委员会等政府机构先后多次发布了规范商业银行公司治理的相关指引和办法（详见表 11－1）。这些指引和办法对促进我国国有商业银行公司治理的规范健康发展起到了至关重要的作用。

表 11－1　中国国家控股商业银行公司治理相关法律法规一览表

颁布单位	实施日期	法律法规名称
全国人民代表大会常务委员会	1995.07.01	中华人民共和国商业银行法
中国证券监督管理委员会	2001.08.16	关于在上市公司建立独立董事制度的指导意见
中国人民银行	2002.06.04	股份制商业银行独立董事和外部监事制度指引
中国人民银行	2003.01.01	商业银行信息披露暂行办法
财政部	2003.04.24	国有商业银行年度财务会计报告披露办法（试行）
中国银行业监督管理委员会	2004.05.01	商业银行与内部人和股东关联交易管理办法
中国银行业监督管理委员会	2005.09.20	股份制商业银行董事会尽职指引（试行）
全国人民代表大会常务委员会	2006.01.01	中华人民共和国公司法（2005 年修订）

第二，顺应市场改革的需求，以市场为导向，形成国有商业银行公司治理的外部市场约束。通过完善证券市场、银行产品市场以及银行经理人市场，优化公

司治理的外部环境。首先，完善商业银行的信息披露制度和外部审计制度，通过外部审计保证银行信息披露的真实性，结合信息披露制度的完善，使得国有商业银行的相关信息能够及时有效地反映在证券市场的股票价格波动上，并由此形成对国有商业银行管理层的外部约束。其次，要顺应产品市场改革的要求，加大银行产品的开发力度，丰富银行产品市场，建设商业银行的“金融产品超市”，形成银行间的良性竞争局面。此外，通过大力发展商业银行经理人市场，实现国有商业银行管理人员的合理流动，帮助发现和留住国有商业银行公司治理的优秀人才。

第三，强化商业银行自我监管，完善国有商业银行内控机制。强化商业银行自我监管是保障金融安全与稳步发展的重要防线，在前面的分析中已经指出，对国有商业银行经营监管的主体包括银行内部设立的独立董事和监事会，商业银行可以通过优化内部治理、内部控制与内部审计提升银行自我监管的质量和效率。内部控制的发展离不开公司治理的推动，公司治理的优化也离不开有效的内部控制作为保障，而内部控制的发展又能够促使内部审计发生重大的变革。银行公司治理与内部控制之间应形成良性的互动关联关系。内部审计与公司治理是相互支持、相辅相成的关系，内部审计是公司治理的重要控制和监督力量，而公司治理则为内部审计提供了一个良好的控制环境和制度基础。应将内部控制和内部审计置于公司治理的框架之下，将内部控制与内部审计作为公司治理的有机构成部分，明确优化内部治理、内部控制与内部审计才是提升银行自我监管效率的根本路径。

11.3　小　结

本章在前面十章研究的基础之上，针对如何完善中国国家控股商业银行治理，从内部和外部两个方面提出了九项整改建议。在完善中国国家控股商业银行的内部治理方面，本章针对国有商业银行公司治理中内部治理所涉及的内容，分别就股东大会、董事会、管理层、监事会以及其他利益相关者等提出了相关的建议。一是通过优化股权结构，强化股东大会作用；二是通过规范董事会运作，充分发挥董事会的作用；三是通过完善管理层的选拔机制，强化对管理层监管；四是要强化监事会作用，理顺董事会与监事会的关系；五是要注意保护股东利益，重视利益相关者治理。在完善中国国家控股商业银行治理的外部环境方面，本章提出了四点建议。一是积极完善证券市场，优化公司治理外部环境；二是大力发展机构投资者，规范机构投资者运作；三是努力建立竞争性产品市场，完善经理人市场；四是协调政府、市场与银行的关系，建立内外结合的监管机制。

参考文献

[1] 周旭东．全球金融危机对我国商业银行公司治理的启示[J]．生产力研究，2011(2)．

[2] 杨德勇，曹永霞．中国上市银行股权结构与绩效的实证研究[J]．金融研究，2007(5)．

[3] 曹廷求，王裕瑾．商业银行治理结构与治理绩效关系相关研究进展[J]．现代管理科学，2011(4)．

[4] 何卫东，张嘉颖．所有权结构、资本结构、董事会治理与公司价值[J]．南开管理评论，2002(2)．

[5] 黄少安．对公司治理基本理论问题的重新思考[J]．理论学刊，2011(8)．

[6] 高明华，马守莉．独立董事制度与公司绩效关系的实证分析——兼论中国独立董事有效行权的制度环境[J]．南开经济评论，2002(2)．

[7] 林毅夫等．现代企业制度的内涵与国有企业改革方向[J]．经济研究，1997.(3)．

[8] 李维安，曹廷求．商业银行公司治理：理论模式与我国的选择[J]．南开学报(哲学社会科学版)，2003(1)．

[9] 李维安．中国上市公司治理评价系统研究[J]．南开管理评论，2003(3)．

[10] 李维安，曹廷求．商业银行公司治理——基于商业银行特殊性的研究[J]．南开学报，2005(1)．

[11] 李维安，张耀伟．上市公司董事会治理与绩效倒U形曲线关系研究[J]．经济理论与经济管理，2004(8)．

[12] 高宇辉，安国胜．商业银行公司治理的国际经验：比较及启示[J]．金融与保险，2006(7)．

[13] 敬文举，刘凯旋．商业银行公司治理：进展及改革着力点[J]．财经理论与实践，2011(6)．

[14] 黄笠．中国商业银行治理法律策略分析[J]．江苏社会科学，2012(2)．

[15] 刘明康．大力推进银行的公司治理机制建设[J]．中国金融，2002(7)．

[16] 阙澄宇,王一江.银行高层激励:美国 20 家银行调查[J].经济研究,2005(3).

[17] 宋泓均,朱楚珠.国家控股商业银行的公司化治理[J].金融研究,2003(2).

[18] 姚伟,黄卓,郭磊.公司治理理论前沿综述[J].经济研究,2003(5).

[19] 梁洪波,刘远亮.商业银行公司治理与信用风险:基于上市银行的实证研究[J].金融与经济,2012(10).

[20] 谢永珍.基于治理成本与治理收益的董事会规模研究[J].南开学报,2006.(4).

[21] 王青,侯晓辉.部分参股、专用性咨询与国有商业银行的治理——基于不完全契约理论的分析[J].经济问题,2010(6).

[22] 于东智.董事会、公司治理与绩效——对中国上市公司的经验分析[J].中国社会科学,2003(3).

[23] 于东智.商业银行治理:特殊性与改革着力点[J].经济理论与经济管理,2004(2).

[24] 于一,何维达.商业银行董事会结构:内生创新还是外生合规[J].山西财经大学学报,2012(2).

[25] 赵尚梅,杜华东,车亚斌.城市商业银行股权结构与绩效关系及作用机制研究[J].财贸经济,2012(7).

[26] 平田光弘.日本企业的董事会改革[J].南开管理评论,2004(1).

[27] 白重恩等.中国上市公司治理结构的实证研究[J].经济研究,2005(2).

[28] 吉村典久.日本公司治理的动向[J].产业经济评论,2008(12).

[29] 易志强.外部治理机制对银行业绩影响的实证研究[J].浙江工商大学学报,2013(3).

[30] 徐振东.论在银行公司治理中实现三权有效制衡[J].国际金融研究,2009(9).

[31] 李波,单漫与.国有银行治理结构与管理层激励——多项任务委托代理、经理人市场和优先股[J].金融研究,2009(10).

[32] 黄达.金融学(第三版)[M].北京:中国人民大学出版社,2012.

[33] 李维安.公司治理[M].天津:南开大学出版社,2006.

[34] 李维安.公司治理理论与实务[M].北京:中国财政经济出版社,2003.

[35] 李维安等.美国的公司治理:马其诺防线[M].北京:中国财政经济出版社,2003.

[36] 李维安,张俊喜.公司治理前沿[M].北京:中国财政经济出版社,2003.

[37] 青木昌彦,钱颖一.转轨经济中的公司治理结构[M].北京:中国经济出

版社,1995.

[38] 吴敬琏．现代公司与企业改革[M]. 天津:天津人民出版社,1994.

[39] 于东智．转轨经济中的上市公司治理[M]. 北京:中国人民大学出版社,2002.

[40] 于东智．董事会与公司治理[M]. 北京:清华大学出版社,2004.

[41] 谢永珍．董事会治理评价研究[M]. 北京:高等教育出版社,2006.

[42] 高明华．公司治理:理论演进与实证分析[M]. 北京:经济科学出版社,2001.

[43] 宁向东．公司治理理论[M]. 北京:中国发展出版社,2006.

[44] 窦洪权．银行公司治理分析[M]. 北京:中信出版社,2005.

[45] 陈雨露,马勇著．大金融论纲[M]. 北京:中国人民大学出版社,2013.

[46] 曾康霖,高宇辉．中国转型期商业银行公司治理研究[M]. 北京:中国金融出版社,2005.

[47] 吴淑琨,席酉民．公司治理与中国企业改革[M]. 北京:机械工业出版社,2000.

[48] 鲁桐．公司治理改革:中国与世界[M]. 北京:经济管理出版社,2002.

[49] 胡鞍刚,胡光宇．公司治理中外比较[M]. 北京:新华出版社,2004.

[50] 张维迎．产权、激励与公司治理[M]. 北京:经济科学出版社,2005.

[51] 黄德根．公司治理与中国国家控股商业银行改革[M]. 北京:中国金融出版社,2003.

[52] 宋玮．国家控股商业银行治理机制研究[M]. 北京:煤炭工业出版社,2003.

[53] 曹艳华,王庆金．商业银行治理机制对风险承担行为的影响:理论与实践[M]. 北京:中国社会科学出版社,2011.

[54] 王文钦．公司治理结构之研究[M]. 北京:中国人民大学出版社,2005.

[55] 丁忠明,黄华继．证券投资学[M]. 北京:高等教育出版社,2013.

[56] 马连福．公司内部治理机制研究[M]. 北京:高等教育出版社,2005.

[57] 潘敏．资本结构、金融契约与公司治理[M]. 北京:中国金融出版社,2002.

[58] 谭劲松．独立董事与公司治理:基于我国上市公司的研究[M]. 北京:中国财政经济出版社,2003.

[59] 苏琦．公司治理经典案例[M]. 北京:机械工业出版社,2005.

[60] 王国成．公司治理案例精选:分析·点评·启示[M]. 北京:经济管理出版社,2005.

[61] 徐向艺．公司治理制度安排与组织设计[M]．北京：经济科学出版社，2006.

[62] 杨华．公司治理的本土化研究[M]．北京：经济科学出版社，2006.

[63] 李艳虹．投资者保护、绩效与风险控制——国有商业银行公司治理研究[M]．北京：中国金融出版社，2009.

[64] 洪正．商业银行公司治理特殊性研究[M]．北京：中国金融出版社，2010.

[65] 赵勇．商业银行法人治理研究[M]．北京：中国金融出版社，2010.

[66] 张翼．国有企业的家族化[M]．北京：社会科学文献出版社，2002.

[67] 郑德埕等．股权结构的理论、实践与创新[M]．北京：经济科学出版社，2003.

[68] 彼得·罗斯．商业银行管理[M]．北京：经济科学出版社，1999.

[69] 沃尔特·J·萨蒙．公司治理[M]．北京：中国人民大学出版社，2001.

[70] 埃巴．经济增加值——如何为股东创造财富[M]．北京：中信出版社，2001.

[71] 杰伊·A·康格等．公司治理结构：增值新战略[M]．上海：上海交通大学出版社，2002.

[72] 拉尔夫·D·沃德．新世纪董事会：公司董事的新角色[M]．上海：上海交通大学出版社，2003.

[73] 布雷克．董事会的构建：企业成功的基点[M]．北京：经济管理出版社，2003.

[74] 理查德·韦斯科特．MBO 交易——透视管理层收购[M]．北京：中国金融出版社，2003.

[75] 查然．顶级董事会运作：如何通过董事会创造公司的竞争优势[M]．北京：中国人民大学出版社，2003.

[76] 罗伯特，蒙克斯，等．公司治理[M]．北京：中国财政经济出版社，2004.

[77] 小约翰·科利等．公司治理[M]．北京：中国财政经济出版社，2004.

[78] 安吉拉·弗恩特等．公司董事会[M]．北京：华夏出版社，2004.

[79] 肯尼思·A·金，约翰·R·诺夫辛格．公司治理[M]．北京：中国人民大学出版社，2004.

[80] 布赖恩·莱切姆．董事长手册[M]．北京：高等教育出版社，2004.

[81] 卡德伯里．公司治理和董事会主席：仁智之见[M]．北京：中国人民大学出版社，2005.

[82] 马丁·洛伊．公司治理：公众公司董事指南[M]．北京：法律出版社，2005.

[83] 经济合作与发展组织．OECD 公司治理原则(2004)[M]. 北京：中国财政经济出版社,2005.

[84] 保罗・布朗塔斯．卓越董事会——公司治理的冷思考[M]. 北京：机械工业出版社,2005.

[85] 鲍勃・加勒特．董事会绩效——公司治理之路[M]. 北京：机械工业出版社,2005.

[86] 经济合作与发展组织．OECD 国有企业公司治理指引[M]. 北京：中国财政经济出版社,2005.

[87] 鲍博・特里克．董事与公司治理[M]. 北京：中信出版社,2005.

[88] 孟克斯・米诺．监督监督人：21 世纪的公司治理[M]. 北京：中国人民大学出版社,2006.

[89] 泽维尔・维夫斯．公司治理：理论与经验研究[M]. 北京：中国人民大学出版社,2006.

[90] 卡特・洛尔施．董事会的作用与效率——如何在复杂的环境中设计公司董事会[M]. 北京：商务印书馆,2006.

[91] 科林・B・卡特,杰伊・W・洛尔施．董事会的作用与效率——如何在复杂的环境中设计公司董事会[M]. 北京：商务印书馆,2006.

[92] 理查・米艾莱．公司治理[M]. 北京：经济管理出版社,2006.

[93] 乔纳森・查卡姆．英美法日德公司治理的比较[M]. 北京：中国人民大学出版社,2006.

[94] 富兰克林・艾伦,道格拉斯・盖尔著,张健康,臧旭恒等译．理解金融危机[M]. 北京：中国人民大学出版社,2010.

[95] 查尔斯・P・金德尔伯格著,朱隽等译．疯狂、惊恐和崩溃——金融危机史(第五版)[M]. 北京：中国金融出版社,2011.

[96] 国务院法制办公室．中华人民共和国公司法[M]. 北京：中国法制出版社,2011.

[97] 巴塞尔银行监管委员会编,国家银监会办公厅译．加强银行公司治理的原则[M]. 北京：中国金融出版社,2011.

二、外文参考文献

[98] Pfeffer. Size and Composition of Corporate Boards of Directors：The Organization and its Environment[J]. Administrative Science Quarterly, 1972(17)：218－229.

[99] Fama, Eugene F, Jensen, Michael C. Agency Problems and Residual

Claims[J]. Journal of Law and Economics,1983(26):327—349.

[100] Williamson. Assessing Contract[J]. Journal of Law, Economics and Organization,1985(1):177—208.

[101] Weisbach. Outside Directors and CEO Turnover[J]. Journal of Financial Economics,1988(20):431—460.

[102] Baker, Jensen and Murphy. Compensation and Incentives: Practice VS. Theory[J]. The Journal of Finance, 1988(3):593—615.

[103] Hermalin, Weisbach. The Determinants of Board Composition[J]. Rand Journal of Economics,1988(19):589—606.

[104] Zahra S. A, Pearce J. A. Boards of Directors and Corporate Financial Performance: A Review and Integrative Model[J]. Journal of Management, 1989(2):291—334.

[105] Anthony Saunders, Elizabeth Strock, Nickolaos G. Travlos, ownership structure, deregulation and bank risk taking[J]. The Journal of Finance,1990,45(2):643—654.

[106] Lipton, Lorsch. A Modest Proposal for Improved Corporate Governance[J]. Business Lawyer,1992(48):59—77.

[107] Hermalin, Weisbach. The Effects of Board Composition and Directors Incentives on Firm Performance[J]. Financial Management , 1992(20):101—112.

[108] Holthausen , R. and Larcker , D.. Board of Directors , Ownership Structure and CEO Compensation[J]. Working Paper , University of Pennsylvania, 1993.

[109] Joel F. Houston, Christopher James, CEO Compensation and Bank Risk: Is Compensation in banking Structured to Promote Risk Taking[J]. Journal of Monetary Ecomonics,1995(32):405—431.

[110] Agrawal, Knoeber. Firm Performance and Mechanisms to Control Agency Problems between Managers and Shareholders[J]. Journal of Financial and Quantitative Analysis,1996(9):377—397.

[111] Yermack. Higher Market Valuation of Companies with a Small Board of Directors[J]. Journal of Financial Economics, 1996(40):185—211.

[112] Shleifer, A. , Vishny, R. W. A Survey of Corporate Governance[J]. Journal of Finance 1997(52):737—783.

[113] W. Gary Simpson, Anne E. Gleason, Board Structure, Ownership, and Financial Distress in Banking Firms[J]. International Review of Economics and

Finance,1999(8):281—292.

[114] Mark Hirschey,Managerial equity ownership and bank performance: entrenchment or size effects? [J]. Economics Letters,1999(64):209—213.

[115] Core ,J. Holthausen ,R. and Larcker ,D.. Corporate Governance , Chief Executive Officer Compensation , and Firm Performance[J]. Journal of Financial Economics ,(1999): 371—406.

[116] Rafael La Porta,Florencio Lopez-de-Silanes,Andrei Shleifer. Governance Ownership of Banks[J]. The Journal of Finance,2002,57(1):265—301.

[117] Caprio,G. Jr. ,Levine,R. Corporate Governance in Finance: Concepts and International Observations, in Financial Sector Governance: The Roles of the Public and Private Sectors[J]. World Banking Working Paper, 2002.

[118] Renée Adams,Hamid Mehran. Is Corporate Governance Different for Bank Holding Companies? [J]. FRBNY Economic Policy Review, Apr, 2003: 123—142.

[119] Kose John,Yiming Qian. Incentive Features in CEO Compensation in the Banking Industry[J]. FRBNY Economic Policy Review,2003,9(1):109—121.

[120] Ross Levine. The Corporate Governance of Banks:A Concise Discussion of Concepts and Evidence[J]. Global Corporate Governance Forum,July 21, 2003,http://www. gcgf. org.

[121] Macey , J. R. and O'Hara, M.. The Corporate Governance of Banks, Federal Reserve Bank of New York[J]. Economic Policy Review,2003:91—107.

[122] Ross Levine. The Corporate Governance of Banks:A Concise Discussion of Concepts and Evidence[J]. Global Corporate Governance Forum,July 21, 2003.

[123] Hermalin ,B. E. and Weisbach ,M. S.. Boards of Directors as an Endogenously Determined Institution: A Survey of the Economic Literature[J]. FRBNY Economic Policy Review, 2003(9):7—26.

[124] Simon H. Kwan. Risk and Return of Held Versus Privately Owned Banks[J]. FRBNY Economic Policy Review,2004:97—107.

[125] Coles,J. L. , N. D. Daniel,L.. Naveen. Boards:Does One Size Fit All [J]. Arizona State University working Paper,2005.

[126] Chhaochharia , V. and Grinstein, Y.. CEO Compensation and Board Structure[J]. Word Bank Working Paper, 2006.

[127] Andres , P. and Gonzalez , E.. Corporate Governance in Banking: the Role of Board of Directors[J]. University of Empresa Working Papers, 2006.

[128] Robert Lensink, Ilko Naaborg. Does foreign ownership foster bank performance? [J]. Applied Financial Economics, 2007,17(11).

[129] Pablo de Andres, Eleuterio Vallelado. Corporate Governance in Banking: The Role of the Board of Directors[J]. Journal of Banking&Financing, 2008 (32): 2570—2580.

[130] Shams Pathan. Strong boards, CEO Power and bank risk-taking[J]. Journal of Banking&Finance, 2009(33): 1340—1350.

[131] Christopher M. Bruner, Corporate Governance Reform in a Time of Crisis[J]. the Journal of Corporation Law, 2011, 36(2): 309—340.

[132] Rüdiger Fahlenbrach, René M. Stulz, Bank CEO incentives and the credit crisis[J]. Journal of Financial Economics, 2011, 99(1): 11—26.

[133] Adams, R. B. , Mehran, H.. Bank Board structure and Performance: Evidence for Large Bank Holding Companies[J]. Jounal of Financial Intermediation, 2012(21): 243—267.

[134] T. G. Arun and J. D. Turner. Corporate Governance of Banks in Developing Economies: concepts and issues, 2004(12).

[135] Susan F. Shultz. The Board Book-Making Your Corporate Board a Strategic Force in Your Company's Success [M]. AMACM American Management Association, 2001.

[136] Philip Stiles, Bernard Taylor. Board at Work: How Directors View Their Roles and Responsibilities[M]. Oxford University Press, 2001.

[137] Asian Development Bank Institute. Corporate Governance of Banks in Asia: A Study of Indonesia, Republic of Korea, Malaysia, and Thailand, Asia Development Bank Institute[M]. ADBi Publishing, 2006.

后　记

本书是我们多年来研究商业银行公司治理的又一成果。

丁忠明设计了全书结构和编写提纲。杜斌对初稿进行了认真的修改加工、规范，并参与了全书的写作的有关组织工作。

参与初稿编写的人员有：杜斌编写了第一、四、十一章，谭小伟编写了第二、三、七、十章，徐金喜编写了第五、六、八、九章。

编者

2014年7月

图书在版编目(CIP)数据

中国国家控股商业银行公司治理研究/丁忠明主编．—合肥：合肥工业大学出版社，2014.8
ISBN 978-7-5650-1916-6

Ⅰ.①中…　Ⅱ.①丁…　Ⅲ.①商业银行—银行管理—研究—中国
Ⅳ.①F832.33

中国版本图书馆 CIP 数据核字(2014)第 188493 号

中国国家控股商业银行公司治理研究

丁忠明　主编　　　　责任编辑　张择瑞

出　版	合肥工业大学出版社	版　次	2014 年 8 月第 1 版
地　址	合肥市屯溪路 193 号	印　次	2014 年 9 月第 1 次印刷
邮　编	230009	开　本	710 毫米×1010 毫米　1/16
电　话	综合图书编辑部：0551-62903204	印　张	15.75
	市 场 营 销 部：0551-62903198	字　数	300 千字
网　址	www.hfutpress.com.cn	印　刷	合肥星光印务有限责任公司
E-mail	hfutpress@163.com	发　行	全国新华书店

ISBN 978-7-5650-1916-6　　　　定价：38.00 元